中小学校长领导力效能理论的实证分析

占茜 著

南京大学出版社

图书在版编目(CIP)数据

中小学校长领导力效能理论的实证分析 / 占茜著
. — 南京：南京大学出版社，2023.8
ISBN 978 - 7 - 305 - 27205 - 9

Ⅰ. ①中…　Ⅱ. ①占…　Ⅲ. ①中小学—校长—学校管
理—研究　Ⅳ. ①G637.1

中国国家版本馆 CIP 数据核字(2023)第 149139 号

出版发行　南京大学出版社
社　　址　南京市汉口路 22 号　　　　邮　　编　210093
书　　名　**中小学校长领导力效能理论的实证分析**
　　　　　ZHONG-XIAOXUE XIAOZHANG LINGDAOLI
　　　　　XIAONENG LILUN DE SHIZHENG FENXI
著　　者　占　茜
责任编辑　季　红　　　　　　　编辑热线　025 - 83595227
照　　排　南京开卷文化传媒有限公司
印　　刷　江苏凤凰数码印务有限公司
开　　本　787 mm×960 mm　1/16　印张 14.25　字数 224 千
版　　次　2023 年 8 月第 1 版　2023 年 8 月第 1 次印刷
ISBN 978 - 7 - 305 - 27205 - 9
定　　价　64.00 元

网　　址：http://www.njupco.com
官方微博：http://weibo.com/njupco
微信服务号：njuyuexue
销售咨询热线：(025)83594756

序

在这本书中,作者全面介绍了教育管理作为一种实践和一个研究领域的发展历史。在这样做的过程中,作者小心地将学校和学校教育系统中的领导力定位为一种政治活动,这种政治活动协调了整个当代社会历史中体现的社会层面的多种愿望之间的相互作用,以及这些愿望对学校教育及其目的进行影响而产生的相关实践之间的相互作用。

在教育管理领域,作者同样追溯了当代教育管理学研究的演变、特征和发展。在此基础上,作者深入挖掘当前教育管理的时代背景,将教育管理的理论与原则置于更大的语境中进行批判性分析。作者承认学校是一个开放的系统,就实证研究中学校管理实践与政策环境分析相结合所面临的挑战提出了见解。

在每一章中,作者都会分析理论和实证证据。这些分析展示了一种完整性,反映了作者为推进关于如何研究持续响应不断变化的政治优先事项的系统管理的理论和知识所做的努力。作者还分解了我们对教育和学校管理实践所掌握的相关知识,以更深入地了解学校具备的实际条件如何强烈影响管理现代社会的政治制度分配给学校的优先事项。

作者对共享式学校管理方式的细心关注和理论基础是该书特别值得注意的贡献。作者令人信服地将共享学校管理的出现和必要性,描述为开放社会系统中的自然演变。这一系统的一个重要特征是:变化是一种常态。虽然教学的专业化和学校产出的通用衡量标准(即标准化考试成绩)是当代现实,它们塑造了我们对改进什么以及如何改进的思考,但作者建议读者预期当政治和社会现实发生变化时,我们对学校的期望将随之发生变化。也就是说,虽然学校领导力的效能目前是根据考试成绩输出来定义的,但随着政治和社会优先事项的发展变化,学校领导力效能的定义也会发生变化。因此,我们可以预期我们提出的问题和我们在回应中学到的东西也会发生变化。

作者的努力以教育管理研究所需的方式将实践精神与理论完整性融为一体。在这样做的过程中,作者承认在努力推进知识基础生成和应用我们现在所知道的来改进实践之间需要权衡。我希望这本著作的重要读者——教育从业者、学者和政策制定者们——读完本书后能够更深入地了解我们当下教育管理学知识的起源,了解影响我们知识变化的因素,以及获得如何应用我们所知道的去改进今天的实践的见解。

罗杰·戈达德

2023 年 3 月 9 日

于夏威夷大学马诺阿分校

檀香山

致　谢

感谢罗杰·戈达德博士、安妮卡·安东尼博士、凯伦·彼尔德博士为本书中的理论思考和研究设计提出的宝贵意见。感谢罗杰·戈达德博士为本书作序。感谢我的硕士研究生曹敏女士为本书第八章的数据分析作出的贡献。感谢张斌贤教授、操太圣教授、陈晓清博士、马一新校长对本书的倾情推荐。感谢南京大学出版社对本书的支持。感谢我的父母和丈夫在本书的研究开展和写作过程中给予的关爱和支持。

谨以此书献给
我的父亲

目　录

第三部分 育人活动的整体性与经验的重构

引　言

　　教育管理是一项历史悠久的人类组织行为。从约公元前 2500 年人类最早的学校产生到 15、16 世纪以班级授课制为基础的近代学校,诞生了萌芽状态的零散的管理实践。这个时期的教育管理实践,突出特点是作为政治管理制度的明确的一部分,用来对繁衍和训练后代以及建立相关的训练设施,进行妥善安排。随着社会的发展,现代国家制度建立,教育管理逐渐从单一的制度内涵脱离,发展出了独立的学科内涵和社会公共服务内涵。工业革命以前,教育管理主要作为政治管理的一部分,是国家机器运作过程中,对所需人力进行分类和安排的一种手段。工业革命以后进入了分工时期,社会层面的教育培养主要是为了社会经济发展,尤其是工厂化的作业,培养工具型的人才。教育从政治附庸走向了市场,现代的教育在理念上强调培养全面发展的人才,近代分工时期提倡的教育机会均等理念,逐渐转向了提倡教育质量均等的理念。当代教育培养目标更加多元,注重人的个性发展。①

　　随着教育管理实践活动的独立开展,教育管理组织自身运行的效率需求逐渐提升,教育管理人员走向专业化,教育管理学作为一门独立的学科成长起来。几代国内外教育管理学人,基于应用学科的立场,展开了长达百年的理论和实践探究,积累了丰富的教育管理学理论和研究方法,形成了成熟的学科知识体系。尽管目前在不同的制度和政策环境下,教育管理的具体内涵还存在多样性,但现代学校已经成为各个国家和地区普遍的公共教育组织形式,从而在这一形式的基础上产生了探究具有普遍适用性的学校教育管理规律的努力。学校这一组织形态,是探索教育管理规律的关键场所,其存在和维系本身,集中反映了校长、教

---

① 王炳照.中外教育管理史[M].北京:高等教育出版社,2014:358-362.

师、教育主管部门多元主体之间错综复杂的对话路径。校长的价值体现在他与学校系统以及外部环境间的关系上,而后者所共同关注的育人成果逐渐表现为标准化考试成绩,校长的价值进而反映在了与成果之间的关系上,催生了以成绩为导向的相关领导规律探究。

教育管理不等同于学校管理,更不等同于校长领导力,然而校长领导力成为近几十年中小学学校管理理论的核心概念,这有其专门的理论和实践原因。在古代,类似于学校的机构通常存在于政治权力中心,没有像如今的独立的学校管理的概念,对于教育机构的管理本质上是权力中心下属的机构管理,其负责人所需要承担的管理责任和实践,与现代学校制度建立后的校长责任和学校管理实践大不相同。随着现代学校制度的建立,政府对管理效率的追求和市场优胜劣汰逻辑共同推动,构建了以学校办学效能为核心指标的评价体系。学校的有效性以学生标准化考试成绩为核心内涵,成为评价校长管理工作效能的主要测量指标。教育管理研究者对中小学校开展了实证研究,基于学校办学的实际情况,进行了数据的收集,其中很大一部分数据都是可量化的、可用于大规模的标准化评价的。在数据分析的基础上,研究者们提炼出管理规律,这些规律指向学校产出的提升。校长领导行为的有效性验证成为教育管理学研究的主要研究模式。这些规律反过来指导校长的管理实践。以学生标准化考试成绩为导向的办学实践,透过实证研究扩展到了理论,形成了广泛传播的知识结构。这个过程反映了贯穿学校管理实践、教育管理学实证研究、政府教育管理和市场选择的标准化倾向。每一所学校都是一个复杂的教育生态系统,在标准化的趋势下,其管理内涵的复杂性与已有的管理规律和外部评价所倡导的有效管理行为发生碰撞。在这个过程中,实证主义研究范式发挥了强化这种趋势的作用,同时也孕育着强大的反思力量。

"范式"概念由托马斯·库恩在《科学革命的结构》一书中提出,这一概念在社会科学中得到广泛使用,用来描述某一学科在不同时期的状态。当有新的学说提出,对现有范式形成挑战,意味着新范式出现的可能性。而当一段时间过去以后,新的学说有可能会被发现与旧有学说之间具有可通约性,按照库恩的观点,这就不构成范式的转变,旧学说和新学说都统一在同一个范式中。因此,关于范式的讨论是某一学科在发展过程中不断进行更高维度反思的表现,是对已有学说背后的哲学理念的提纯。管理学研究范式这一议题目前还存在着诸多讨论,从现代阶段的开端——科学管理理论开始,出现了人际关系理论、管理过程理论、人类行为理论、经验主义理论、社会系统理论、决策理论等。每一种理论都是为解决其他理论无法解决的问题而产生。目前认为这些理论彼此之间是互相补充的关系,没有跳出经验主义的范畴,其相关研究具有科学化和理性化的鲜明色彩。教育管理学中围绕校长管理行为而进行的研究同样具有鲜明的实证主义特色,受到后实证主义的冲击。批判理论、女性主义理论、后现代主义理论等理论的出现推动着对遵循确定性、可检验性、可操作性的实证主义的批判[①],关注情境的质性研究方法的使用也十分普遍。实证主义和后实证主义的逻辑并不完全割裂,后者将基于更广泛的权力分布范围和文化而产生的不确定性带入了前者关于理论统一性的讨论当中。

以校长领导力为核心概念的教育管理学研究逐渐受到了现实的挑战,这种挑战来自实证主义研究者本身。研究者们在对管理实践的调查中,发现以校长管理行为为核心概念,提炼的管理规律在推进学校改进教学上存在局限,学校的办学实际条件和外部政策环境会与管理实践协同影响,以往在单独的管理实践效果的研究中所关注的学生学业产出。组织是一个复杂的开放系统,受到环境的影响,其内部系统的复杂性和外部环境的复杂性交织在一起,让管理实践往往无法完全遵循基于规律的规划。单一的因果关系在模型中可以成立,然而管理实践无法完全依赖因果推断,因为管理实践意味着多个因素的联动。研究者们越来越重视接下来的研究中组织运行面临的复杂、动态、不确定的环境和组织内部多种矛盾关系并存的状态。潜在的研究模式转变趋势在研究方法上也得以体现:从早期的领导者特质分析,到基于量化手段的关联性分析,再到采用量化分析手段的因果关系推断,再到关注具体情境的案例分析,再到目前质性和量化手段结合分析的方法。不可否认的是,基于经验的科学研究,仍然是我们认识和改善管理实践的关键手段。目前的研究方法极大地依赖于从经验中获取知识[②]。实证主义所支持的研究范式能够容纳当下校长管理行为、学校办学实际条件和

---

① 程晋宽.论西方教育管理研究范式的转换[J].比较教育研究,2003(06):13-19.
② 彭新武.当代管理学研究的范式转换——走出"管理学丛林"的尝试[J].中国人民大学学报,2007(05):77-84.

外部政策环境共同影响教学成果的知识体系构建,相关证据的收集需要从围绕教学工作的单一的校长管理行为扩展到其他方面。在证据收集范围扩大的情况下,政策制定者、学校管理者、教育管理学研究者需要找到改进教学的抓手,形成基于学校是一个开放系统的现实的相关管理规律。

本书对当下该学科的以中小学校长领导力为核心概念的实证主义研究范式的突出地位和内涵进行了阐释。并且,遵循实证主义的研究范式,在此阐释基础上开展了一系列以探索领导力概念变迁和检验领导力效能为目标的实证研究,提炼出校长领导力的相关规律,进一步探讨学校组织结构变化趋势中通过当下实证研究所获得的规律在未来可能发生的走向。本书由三部分组成,每一部分都对已有的教育管理学实证研究成果进行了迭代性的陈述,并提出相关的研究问题,进而开展相关实证研究对研究问题进行解答,并作进一步探讨。结合文献历史分析和实证研究的双重视角,呈现当代校长领导力概念变迁和效能规律的生成过程,探寻学校作为一个开放系统所需要的有效管理建议,探寻贯穿学校办学实际条件、学校管理实践和外部政策环境的改进教学的抓手。

第一部分,经验的力量。这部分探讨教育管理学的实证研究范式,提出当代研究的特点是以校长领导力为核心概念,探索"有效"(统计意义上显著提升学生学业成就)管理规律。以学生标准化考试成绩为锚点的管理实践透过实证研究,强化了对校长管理行为的合同约定的认知,形成了广泛传播的知识结构。探讨传统研究模式下校长领导力内涵受到研究者反思的冲击现象:单一风格的校长领导力的有效性难以在复杂的管理实践中被精准复制,研究者们于是展开了领导力概念的内部重构,将多个校长领导力风格进行交叉式重构,以重新获得领导力概念的有效性。针对校长领导的理论在指导实践中的局限性,这部分提出办学实际条件和政策环境对管理效能的影响不容忽视,进而采用不同国家和地区的数据检验校长领导力模式,得出在不同的政策环境中校长领导的行为存在局部的共性。

第二部分,经验的漂移和学校内部管理模式的改革。这部分指出以校长领导力为核心概念的教育管理学知识、学校教育实践、教育政策之间存在割裂的现象。提出需要拉近视角,探究学校管理知识的面貌和产生过程。通过对分享式教学型领导力的描述和测量,更清晰地呈现校长管理行为在学校实际发生时所具有的去中心化特点。同时针对学生学业表现的测量,形成了能够反映学校管理对学生成绩影响过程的替代性衡量指标——教学活动连贯性。对分享式教学型领导力和教学活动连贯性之间的预测关系进行实证分析,从而完整地呈现学校管理知识生产经历的"从校长领导的行为到学校教学结构成熟度和可持续性"的过程。

第三部分,育人活动的整体性与经验的重构。这部分从学校组织的反应角度剖析现有的教育管理学知识结构、学校教学管理实践、学校外部政策环境之间脱节的问题。由于在办学实际条件和外部政策环境方面广泛存在多样性,管理工作发挥作用所蕴含的整体性认识没有在已有的学校管理规律中体现出来,学校办学改进的过程与已有管理规律所蕴含的因果推断逻辑不同,而是表现为动态的组织学习和适应性过程。学校的教育实践和外部政策环境之间脱节导致了资源的浪费、学校内部结构性冲突、学校采用封闭或转移矛盾的短程方式来缓冲内部结构与外部环境之间的冲突等一系列问题。提出学校管理实践的改进需要管理者和研究者进行教育管理学知识生产、学校管理实践和外部政策环境的连接性思考。采用国际数据进行相应的实证分析,探讨校长在学校办学实际和政策环境的差异中,如何推动学校管理知识的生成,对目前管理知识的中性化特征和整体性危机进行进一步探讨。

本书提出这样几个主要观点。第一,当代教育管理学的实证研究呈现在经验中浮现知识结构,在冲突性的经验中出现理论和实践的结构性铆合点,在铆合点上重建结构,在新的结构中进行新一轮经验探索的特征。第二,当代教育管理学研究具有强烈的实证主义色彩,在理论构建的过程中,实证主义是主要的构建力量,同时也扮演着主要的批判角色,相关研究展现鲜明的自我反思和批判特征。第三,当代教育管理学研究模式是以"有效"提升学生学业成就为目标来提炼"值得做"的校长领导行为,办学实际条件和外部政策环境的融入优化了这一研究模式,增强了不同办学情境下学校管理实践的可通约性。第四,应当避免基于对办学实际情境考虑不足得出的校长领导力理论来形成相应的校长和教师行为规范和绩效评价体系。第五,有效的校长领导力行为表现为,综合办学实际条件和外部政策环境,以教学质量标准化评价指标为导向,推动学校管理知识的生成。第六,学校管理知识的生成是一个动态的过程,教师是知识的构建和运用的关键参与者。第七,校长领导力结合其学校所处环境条件形成合力,提升教师的学科教学素养,是提升学生学业成就的关键条件。第八,教育管理学实证研究的开展意味着教育管理学知识生产民主化的进程,民主化蕴含着校长和教师专业化的发展方向。第九,由于存在普遍的绩效评价导向和差异化的教育政策环境,教育管理实践和相关理论具有中性特征。第十,教师专业化进程和教学管理方式变革趋势以实现新的育人活动的整体性为导向。

教育管理学研究者作为应用学科的建设者,通过遵循实证主义研究理念,提出切实可行的管理改进建议。笔者同样希望读者带着实证主义的批判视角去理解本书所展现的理论、研究设计及结果分析。

| 第一部分 |

──────────

经 验 的 力 量

校长是当代中小学校的掌舵人,在集中式的教育制度中,校长不具有完全领导学校的权利,更多的是作为整体教育制度当中行政管理的一个环节,发挥着传达政策文件的行政作用。但仍不可否认,当我们在观察一所学校的运行效率时,首先想到的是校长的工作表现怎么样,这种以人的行为为核心的行为主义分析方法在教育管理学实证研究领域占据了重要地位。实证主义的理念是根据可观察到的数据来对客观事物进行分析,得出相关的规律。教育管理学的实证研究正是从对校长行为的观察开始的。最初的实证研究关注校长的品德和行为,对学校管理的评价往往围绕着校长的个人特质而展开。在权力结构更为垂直的教育制度中,学校作为一个组织的独立运转空间较小,校长发挥领导力的空间也随之受到一定程度限制,但这并不意味着校长的领导力缺失。在这种情况下,校长发挥的领导力内涵更为复杂,并且进一步启发了研究者对校长管理行为和制度环境关系的思考。

　　这部分探讨教育管理学的实证研究范式,提出当代研究的特点是以校长领导力为核心概念,探索"有效"(统计意义上显著提升学生学业成就)管理规律。以学生标准化考试成绩为锚点的管理实践通过实证研究,强化了对校长管理行为的合同约定的认知,形成了广泛传播的知识结构。探讨传统研究模式下校长领导力内涵受到研究者反思的冲击现象:单一风格的校长领导力的有效性难以在复杂的管理实践中被精准复制,研究者们于是展开了领导力概念的内部重构,将多个校长领导力风格进行交叉式重构,以重新获得领导力概念的有效性。针对校长领导的理论在指导实践中的局限性,这部分提出办学实际条件和政策环境对管理效能的影响不容忽视,进而采用不同国家和地区的数据检验校长领导力模式,得出在不同的政策环境中校长领导的行为存在局部的共性。

第一章　校长领导力研究流变

本章对已有的校长领导风格的概念、测量方式进行梳理，基于此探讨校长领导力模式的演变。结合实证研究者对校长领导力行为研究的元分析的结果，进一步梳理校长领导力效能的相关规律。

第一节　校长领导力模式：内涵、测量和演变

关于校长领导力的实证研究起源于对这样一个问题的关心：什么样的校长领导力行为能够有效地提升学生的学业成就。在这个问题产生之前，围绕成功校长的行为讨论已经开展了许多年。在美国的 20 世纪 80 年代出现了对于学校有效性的测评。实证主义思潮下，学生标准化考试成绩成为了衡量学校绩效的重要标准，也随之对校长领导的行为和效果提出了测量的需求。在实证研究的设计中，需要回答这样的问题：什么样的校长领导力行为能够在统计意义上显著地提升学生的标准化考试成绩。要回答这样的问题，需要对校长领导力设定评价标准，基于标准制定量表，得出领导行为评价的量化结果，将量化的得分放到统计模型当中，用统计学分析手段来解读校长领导力得分和学生考试成绩之间的关系。

教学型领导力概念和量表正是在这种情况下产生。Hallinger 和 Murphy 在 1985 年的一项研究中提出了相关量表，后来成为使用最为广泛的校长领导力测量方式之一。该量表不仅在许多研究中得到完整使用，其单独的测量项目也常常被拆分出来与其他的领导力测量项目结合使用。教学型领导力的传统概念强调领导者作为检查员、监督者和主管人的角色。它强调领导者对教师教学的

指导和监督,制定学校的使命,发展支持教学和学习的氛围[①]。校长定义并传达学校的目标和期望[②],确保学校的育人使命专注于学生的学业进步[③]和学生未来成功的充分准备[④]。校长也有责任通过协调教学来控制课程的开展。校长应以发展学校的教学能量为核心工作,参与课程开发、教学和评估。最后但同样重要的一点是,校长为符合学校使命的教学和学习营造积极的氛围和支持性环境。在这个维度上,Robinson,Lloyd 和 Rowe(2008)[⑤]强调,校长应确定教师的职业发展需求,确保教学资源,并系统地监控学生的进步。校长要确保有足够的教师专业发展机会,同时要保护教师免受过度压力,并通过采取常规教学行动保持高"出镜率"和"参与度",例如定期的课堂访问和观察。

对于教学型领导力的主要批评是它过度地强调了校长在教学活动当中的作用,而忽视了教师的作用,批评者们认为校长事无巨细地参与教学活动,是对教师专业能力发展和发挥的限制。但是大量的实证研究表明它和学生标准化考试成绩之间存在显著的、直接的正向关系。领导力和学生成绩之间存在统计意义上显著的直接关系,这一点是特别引人注意的。尽管围绕教学型领导力的批评始终存在,在接下来的校长领导力概念演变中,我们始终能够看到教学型领导力的内容[⑥]。回应这一批评,其测量量表的设计者指出,设计概念和量表的初衷是提供测量工具来衡量校长的领导力行为,从而为基础教育学校管理的相关实证研究提供研究工具,而并非指教学管理工作应该忽视教师的声音。这一概念在

---

① Hallinger P, Murphy J. Assessing the instructional management behavior of principals[J]. The elementary school journal, 1985, 86(2): 217 - 247.

② Heck R H, Larsen T J and Marcoulides G A. Instructional leadership and school achievement: validation of a causal model[J]. Educational administration quarterly, 1990, 26(2): 94 - 125.

③ Hallinger P. Leading educational change: reflections on the practice of instructional and transformational leadership[J]. Cambridge journal of education, 2003, 33(3): 329 - 352.

④ Dwyer D C. The search for instructional leadership: routines and subtleties in the principal's role[J]. Educational leadership, 1984, 41(5): 32 - 37.

⑤ Robinson V M, Lloyd C A, and Rowe K J. The impact of leadership on student outcomes: an analysis of the differential effects of leadership types[J]. Educational administration quarterly, 2008, 44(5): 635 - 674.

⑥ Marks H M and Printy S M. Principal leadership and school performance: an integration of transformational and instructional leadership[J]. Educational administration quarterly, 2003, 39(3): 370 -397.

提出后经历了自我完善,并与其他领导力概念对话融通。其对话和调整的焦点在于对教师赋能,让教师参与管理,从而把教师的专业知识运用到学校教学决策中。①②③

　　教育管理学研究者们还从管理学借鉴了变革型领导力的概念和量表。变革型领导力概念强调将组织目标与个人自我价值实现联系,形成共同愿景,激励组织成员实现个人发展,共同推动组织转变。这一概念被引入教育管理学后,为研究校长领导力提供了新的视角。该概念被普遍地认为重视教师对于学校教学管理决策的贡献,进而改善教师的相关工作表现,例如教师对学校的忠诚度,从而对学生学习投入度产生积极影响。教师的个人发展和学校教学管理工作紧密结合,使该概念在学校转型的场景中得到广泛运用。该领导力风格对学生学业成就的影响是间接的。④⑤⑥⑦

　　教学型和变革型这两种领导力概念被提出后,有学者将其融合使用在研究中。逐渐产生了这样一种观点,单一的领导力概念无法充分解释校长的管理行为,采用单一的领导力概念进行以提升学生学业水平为目标的实证研究,在设计上存在概念内涵不足的问题。即使得出有效提升学生成绩的研究结论,单一的领导力概念所包含的校长管理行为内容也无法充分回应复杂的学校活动。相关的领导行为规律无法向更多的中小学校进行推广。Robinson 等人进行了一项元分析,基于已有的两种校长领导力对学生学业表现影响的实证研究进行了对

---

　　①　Hallinger P. Leading educational change: reflections on the practice of instructional and transformational leadership[J]. Cambridge journal of education, 2003, 33(3): 329 - 352.

　　②　Hallinger P. Instructional leadership and the school principal: A passing fancy that refuses to fade away[J]. Leadership and policy in schools, 2005(4): 221 - 239.

　　③　Hallinger P. Developing instructional leadership[M]//Developing successful leadership. Dordrecht: Springer, 2010: 61 - 76.

　　④　Bass B M. From transactional to transformational leadership: learning to share the vision[J]. Organizational dynamics, 1990, 18(3): 19 - 31.

　　⑤　Bass B M. Two decades of research and development in transformational leadership[J]. European journal of work and organizational psychology, 1999, 8(1): 9 - 32.

　　⑥　Leithwood K A, Poplin M S. The move toward transformational leadership[J]. Educational Leadership, 1992, 49(5): 8 - 12.

　　⑦　Leithwood K, Jantzi D. Transformational school leadership effects: a replication[J]. School effectiveness and school improvement, 1999, 10(4): 451 - 479.

比分析,该研究发现教学型领导力对学业表现的影响是变革型领导力对学业表现影响的三至四倍。这一发现体现出教学型领导力这一概念,围绕着学校教学工作的开展和学生学业表现之间的联系更为直接和紧密。这一研究发现不令人意外,在前面提到的教学型领导力和学生考试成绩关系的实证研究结果预告了这一领导力概念下管理行为的直接性。这一研究还将两种类型领导力的测量量表合并后进行主题提炼,结果显示,与其他领导力行为相比,与教师专业化发展相关的校长领导力行为最能够促进学生学业表现的提升。[①] 实际上,校长领导力往往需要通过教师来发挥对学生的影响。同时,变革性领导力对促进教师队伍建设、激发教师发挥能动性的作用不容忽视。这两种领导力概念融合,被研究者们认为是一种更为全面的学校领导力构想,遵循相关的行为准则,能够使校长发挥更为全面的领导效能。另外,这个研究发现说明,定义优秀的校长领导力,并不一定局限在统计意义上直接显著地提升学生的考试成绩,和教师与学生直接对话不同,校长对学校组织施加影响力,这为领导力内涵的进一步演变埋下了伏笔。

Marks 和 Printy 在 2003 年系统地提出了分享式教学型领导力这一概念。他们认为教学型领导力在教学活动中对学生学业表现起到更为直接的作用,而变革型领导力鼓励教师参与学校管理,是对教师队伍建设而不是学生成绩有直接影响。他们在行为理论的基础上将两者结合,提出了分享式教学型领导力,融合前者关注教学活动的内涵和后者对教师赋能的内容。[②] 另外,教师赋能、参与学校管理的内涵加入领导力概念,也是对针对传统教学型领导力概念过度地以校长为中心的回应。分享式教学型领导力的提出和对学生学业表现积极影响的验证,是教学型领导力概念逐渐发展的表现,也是不同领导力概念对话发生下的融合表现。同时,这也是对杜威民主管理理念的回响,反观领导力概念演变的过程,从理念的提出,到历经半个世纪后将校长管理行为细化提炼,校长领导力概念和测量工具的完善发展,再到一系列相关实证研究将不同的校长领导力概念

① Robinson V M, Lloyd C A, & Rowe K J. The impact of leadership on student outcomes: an analysis of the differential effects of leadership types[J]. Educational administration quarterly, 2008, 44(5): 635 - 674.

② Marks H M, Printy S M. Principal leadership and school performance: an integration of transformational and instructional leadership[J]. Educational administration quarterly, 2003, 39(3): 370 -397.

与教师、学生表现之间关系的测试推动校长领导力概念从分到合,回应到 20 世纪初的民主管理思想,学界对学校管理的理解呈现螺旋式上升,民主管理从理念落实到可推广的管理实践中。

分布式领导力由 Spllaine,Halverson 和 Diamond 提出,他们指出校长领导力应该放到权力分布中理解和运用。① 校长领导力实施是一种组织行为的发生。他们提出分布式领导力应从两个层面来理解,一个是描述性层面,即分布式领导力是指校长需要意识到在推行某一活动时支持活动发生的步骤由不同人来实施,另一个是操作性层面,即校长在活动的动态运行中领导多方协作完成任务。分布式领导力概念标志着对领导力概念构建的重要转变,这一构建不再围绕某一行为主体来进行,而是围绕着任务实施过程进行,这一概念强调校长领导力实施是一种组织行为的发生。它也不同于传统的情景式领导行为,而是基于几种较为成熟的领导力概念和教师、学生表现的关联规律,以学校工作为核心构建的领导力概念。由于分布式领导力和分享式领导力在操作层面都涉及多方合作,且两个词语的含义有重叠部分,这两个概念的运用存在混淆。分布式领导力实际上标志着对领导力概念构建的转变,这一构建不再围绕某一行为主体进行,而是围绕任务实施过程进行。

综合来看,校长领导力理念多样,到目前为止,研究者们提出的领导力风格主要包括教学型领导力、变革型领导力、分享式教学型领导力、分布式领导力。演进过程呈现多种领导理念的融合,强调教师与校长共同领导学校的特征②③④,并在学校内部治理行为与外部政策环境对话的过程中逐渐凸显多元主体共治的教育治理理念。校长领导力概念流变表现出以下两个方面的特征。

---

① Spillane J P, Halverson R, Diamond J B. Investigating school leadership practice:a distributed perspective[J]. Educational researcher,2001,30(3):23-28.

② 徐瑾劼,朱雁.面向未来的领导力:校长的专业准备与发展——基于 TALIS 2018 上海数据结果的发现与启示[J].全球教育展望,2019(09):101-113.

③ Marks H M, Printy S M. Principal leadership and school performance:an integration of transformational and instructional leadership[J]. Educational administration quarterly,2003,39(3):370-397.

④ Printy S M, Marks H M, Bowers A J. Integrated leadership:how principals and teachers share instructional influence[J]. Journal of school leadership,2009,19(5):504-532.

第一,领导力概念研究从单一的概念构建,逐步走向多种领导力概念融合。传统的教学型领导力概念构建,是当时针对绩效评价和中小学校长专业化兴起,需要对校长的治理行为作出界定和测量,从而与学校的教师相关变量、学生相关变量进行衔接,来检测有效的领导行为。Urick 和 Bowers 对同一批校长的综合领导力概念量表的得分进行了分析,发现分享式教学型领导力是一种理想状态的治理方式,不同要素领导力在特定时空的权变配合,根据面临的具体活动内容,校长会即时调整他的领导力行为,呈现不同的领导力类型主导。[①]

第二,领导力概念的构建方式从以行为主体为中心向管理过程为中心转变。这一转变离不开多种以行为主体为中心的领导力概念的构建和相关规律的探索,教学型领导力和变革型领导力,包括两者的融合、教师主体加入学校决策的分享式领导力,都围绕着行为主体应该为谁这一问题展开。进一步的,针对领导力如何影响教师和学生的表现来开展的一系列研究,积累了丰富的校长领导力运行规律,基于这些规律,领导行为在学校工作中发挥作用的流程逐渐为研究者把握,深化了对学校治理制度的认识。Goldring 等人编制的范德堡校长领导力量表,从测量的角度反映了这一转变,该量表编制的理念基于学校活动发生过程与领导力行为的交叉。他们认为校长领导力行为应该被分解到管理过程和管理内容两个维度进行描述。在管理内容的维度,他们设定了六个方面的管理内容:对学生学习设定的高标准;严格制定的课程内容;高质量的教学;塑造学习文化,鼓励教师专业化行为;学校与外部社区的联系;绩效评价体系。在管理过程维度,他们设定了六个步骤:计划,执行,支持,倡议,交流,监控。量表将两个维度进行交叉,针对校长领导力的测评是在每一个交叉处进行打分,例如对学生学习设定的高标准,这一项管理内容将会有六个步骤上的分别得分。[②]

我国学者从制度分析角度对教育管理进行了研究,校长领导力这个概念也已在政策文件中出现,以校长领导力为核心概念的实证研究,在我国的教育管理

① Urick A, Bowers A J. What are the different types of principals across the United States? A latent class analysis of principal perception of leadership[J]. Educational administration quarterly, 2014, 50(1): 96 - 134.

② Goldring E, Porter A, Murphy J, Elliott S N, Cravens X. Assessing learning-centered leadership: connections to research, professional standards, and current practices[J]. Leadership and policy in schools, 2009, 8(1): 1 - 36.

学界也在逐渐展开。学者们在国际学生项目测试(PISA)等国际数据库的支持下,获取了针对校长领导力行为的数据,在开展本土校长行为效能分析的同时,也能够开展国际比较研究。思辨分析与实证研究之间存在着紧密联系。实证研究是对可观察到的数据进行分析,得出客观事物之间的关系,而做出思辨分析的学者同样观察过数据,只是没有遵循常规科学分析的步骤来处理数据,其分析结果仍对教育管理学的知识有重要的贡献。另外,在我国的教育制度背景下,思辨分析作为一种制度分析手段,是对我国教育管理学实践理解的重要方式。我国教育治理体制强调校长在教育系统中的行政职责,赋予中小学校有限制的自主权,在有限自主权下,从国外学界引进了校长领导力概念,学校治理方式存在校长领导力和行使行政职责并行的情况。在学校中,校长运用领导力,通过提升教师主体的发展动机、加强物质和心理支持、健全培养机制等策略,可以有效提高教师专业发展水平[①],校长培养文化领导力,重塑学校文化,推动组织变革,进而从根本上促进师生表现[②③],通过提高校长课程领导力促进学校课程结构的建设,进而满足学生发展需要[④]。近年来,我国致力于推动构建现代教育治理体系,在新高考改革背景下,政策研究与校长领导力研究紧密结合,逐渐产生教育治理研究共同体。政府启动"名校长"工程,意在强调校长作为行政治理人员是教育政策实施的关键一环,在国家政策目标下,校长在决策行为、组织方式和执行效果方面存在哪些问题及如何改进亟待研究。[⑤]

①　马焕灵.校长领导力促进教师专业发展的机理与策略[J].中国教育学刊,2011(03):41-43.

②　朱炜.强化校长的文化领导力:学校组织变革的成功之道[J].教育发展研究,2013,33(24):32-35,54.

③　王智超.小学校长学校文化建设认知现状分析——基于转型领导力的视角[J].教育科学研究,2017(11):25-29.

④　赵文平.校长的学校课程结构领导力探析[J].中国教育学刊,2013(05):48-51.

⑤　张雷.中小学校长领导力问题探析[J].教育发展研究,2014,33(Z2):93-98.

第二节　校长领导力研究元分析和领导力去模式化

教育管理学被认为具有跨学科特征,受到教育学、社会学、管理学、人类学等学科的哺育。学者们从不同学科的理论和研究方法获得启发,投入教育管理学知识构建中,这个过程中产生了极为丰富的研究主题。校长领导力这一概念和相关研究在教育管理学学科知识构建过程中承担了极为重要的角色。针对其开展的元分析从领导力的视角构建了教育管理学的知识体系。随着教育管理研究的累积,出现了一系列的元分析研究,来对本领域的知识进行梳理。同时,围绕效能检测目标,元分析在发现不同模式之间的重叠性、个别模式的局限性以后,又产生了去模式化的主张。

元分析是一种系统综合单个相关主题的独立研究结果的研究方法。比较典型的一类是对教育管理研究的主题提炼,通过主题提炼梳理本领域的研究发展趋势和知识构建过程。教育管理学领域的一些主流期刊,例如《教育管理学季刊》(Educational Administration Quarterly),《教育管理学期刊》(Journal of Educaitonal Adminsitration),《教育管理、行政和领导力》(Educational Management Administration & Leadership),《学校领导力与政策》(Leadership and Policy in Schools),《学校领导力期刊》(Journal of School Leadership),在这些期刊上发表的文章以及博士论文被研究者们作为元分析的重要数据材料。历史悠久的期刊也十分关注自身发表历史中研究主题的变化趋势。[1][2][3]

在 Wang,Bowers 和 Fikis(2017)的元分析研究中,他们认同 Hallinger

[1]　Murphy J, Vriesenga M, Storey V. Educational Administration Quarterly, 1979—2003: an analysis of types of works, methods of investigation, and influences[J]. Educational administration quarterly, 2007, 43(5): 612 - 628.

[2]　Oplatka I. Fifty years of publication: pondering the legacies of the Journal of Educational Administration[J]. Journal of educational administration, 2012, 50(1): 34 - 56.

[3]　Campbell R F. Fifteenth anniversary perspective: a critique of the Educational Administration Quarterly[J]. Educational administration quarterly, 1979, 15(3): 1 - 19.

(2014)的观点,即文献综述对教育管理学学科知识的有效生产和累积十分关键①。同时他们认为由于本领域研究迅速增加,主题多样、传统的文献综述在梳理学科知识上日渐乏力,为了解决这一问题,他们使用概率潜在主题模型方法,通过自动文本数据挖掘和机器学习分析从 1965 年到 2014 年在《教育管理学季刊》上发表的所有文章,共计 1 539 篇。这本期刊在教育管理学界享有盛名,从建刊至今已有近 60 年历史。该研究将每篇文章归类到 19 个潜在主题之一,旨在回答该期刊历史中出现了哪些教育管理研究主题,以及这些主题的兴衰更替。这 19 个主题包括:不平等和社会正义,教育领导力认识论,学区集体谈判,女性领导力,组织研究,国际研究背景,研究综述和反思,政策制定和政府,教育领导力大学院系和高等教育,学校领导者职业,学校领导力的准备和发展,信任,法律视角和绩效,教育财政,教师招聘和保留,质性研究方法,教学领导力,量化研究方法,学校有效性。其中五个主题——不平等和社会正义、女性领导力、学校领导力的准备和发展、信任以及教学领导力,文章占比最高。这五个主题被认为在这 50 年间获得了较高的研究关注。他们还呈现了主题所受关注程度的变化趋势,进而指出,自 2000 年以来,与教育领导力认识论相关的研究有所下降。在 2005 年之后至 2014 年,也就是研究数据截止的年份,表现出上升趋势的主题有:不平等和社会正义、国际研究背景、法律视角和绩效、学校有效性。这里的学校有效性通常指在统计意义上显著的学生标准化考试成绩的提升。在同时段内,不具有持续上升趋势但整体占有较大比例的研究主题包括:学校领导力的准备和发展、教学领导力。②

　　将这些主题结合起来看,它们的变化趋势凸显了教育管理学领域内的研究主题变化特点。第一,对校长领导力效能的关注度提升,校长领导行为对学生标准化考试成绩统计意义上显著的积极影响,得到研究者们日益增多的关注。第二,国际研究视角的关注度提升,以往以英美文化体系内的研究为主流,除此以外的国际背景中的研究得到了越来越多的开展,并在权威期刊上进入学界视野。

---

　　① Hallinger P. Reviewing reviews of research in educational leadership: an empirical assessment[J]. Educational administration quarterly, 2014, 50(4): 539 - 576.

　　② Wang Y, Bowers A J, Fikis D J. Automated text data mining analysis of five decades of educational leadership research literature: probabilistic topic modeling of EAQ articles from 1965 to 2014 [J]. Educational administration quarterly. 2017, 53(2): 289 - 323.

第三,教育公平的关注度提升。第四,行为和制度的融合趋势出现,校长领导力这一术语蕴含的行为主义内涵逐渐发生转变。第五,校长专业化、制度和组织对学生影响因素逐渐超越校长个人特质因素。

另一类元分析研究关注领导力风格或者具体领导力行为的效能,即将多个针对领导力对学生学业表现影响的研究综合起来评估某一种领导力的效能。Leithwood 和 Sun(2012)使用元分析,综合了 79 项未发表研究的结果,探讨变革型领导力的性质及其对学校组织、教师和学生的影响。该研究出于以下考虑而选择审视未发表的硕士学位论文和博士学位论文。首先,他们认为以往的文献综述关注已发表论文,而这些未发表的论文能够补充已发表论文所没有呈现的观点。第二,他们认为期刊倾向于呈现有统计意义上显著发现的研究,可能会强化研究的复制性,造成出版偏见。第三,他们指出学位论文经过了严格评审,其质量获得了保障,并不低于期刊发表的论文,甚至高于一些已发表的期刊论文。这个研究指出,变革型领导力风格包括五个方面的 11 种特定的领导实践行为。第一个方面是设定学校发展方向,具体包括两种领导实践:发展广泛共享的学校愿景和目标,建立共识和合作决策;保持对教师专业化的高要求,并让教师对学生学业表现保持高期待。第二个方面是发展教师队伍,具体包括三种实践:给教师提供有针对性的、个性化的支持;为教师设定挑战,激发教师的创造性,并帮助教师进行自我评估,提高工作效率;做出高水平的道德行为表率,促进教师团队的荣誉感、尊重和信任。第三个方面是重构组织,具体包括:发展以关怀、信任为特征的学校文化,提高凝聚力,发展共同价值观;构建教师参与学校教学决策的组织架构和机制;学生家长和社区融入育人。第四个方面是改善教学项目,具体指关注教学。相关的措施还包括奖励机制,以及对教师出现偏离期待的行为的关注。Leithwood 和 Sun 指出,关注具体领导力行为的元分析结果说明了有效的领导力模型之间的相通性,被作为不同类型提出的领导力模型实际上共享了许多相同的领导实践行为。他们据此呼吁教育管理研究者和实践者更多地关注具体的领导力行为,而非领导力风格或类型。[①]

---

① Leithwood K, Sun J P. The nature and effects of transformational school leadership: a meta-analytic review of unpublished research[J]. Educational administration quarterly, 2012, 48(3): 387-423.

Marzano 等人在 2005 年做了一项元分析研究。他们认为,教育管理学研究者应该把自己当作收集信息的技术员,而非理论构建者,在这种立场上为学校管理实践提供规则,而并非去构建一个精确的、可预测结果的系统。这项研究从69 项研究中提炼了 21 个和学生成绩提升相关的校长领导力职责,它涵盖了1970 年起美国以及与美国文化相似地区的中小学校长领导力效能的所有实证研究,所涉及的样本分析中的样本学校一共有 2 802 所,其中 39 项研究的样本一共是 1 319 所小学,6 项研究的样本一共是 323 所初中和初级高中,10 项研究的样本一共是 371 所高中,8 项研究的样本一共是 290 所幼儿园至 8 年级学校,6 项研究的样本一共是 499 所幼儿园至 12 年级的学校。整体样本覆盖了约14 000名教师和约 140 万名学生。他们将这些研究中的校长领导力和学生标准化考试成绩的相关性进行了平均,得出校长领导力和学生成绩的平均相关性为0.25。如果校长领导力行为的得分从第 50 个百分位上升到第 84 个百分位,该所学校的学生整体学业表现会从第 50 个百分位上升到第 60 个百分位。如果校长领导力行为的得分,从第 50 个百分位上升到第 99 个百分位,相关联的学生学业表现的提升是从第 50 个百分位上升到第 72 个百分位。[①]

Marzano 等人同样认为领导力模型给予学校管理实践的建议不够具体,应该提出具体的可供中小学直接使用的实践建议。在研究结果的呈现中,他们没有陈述某一种领导力风格,而是提出了 21 项具体的与学生学业表现提升相关的校长领导职责,具体内容如下。[②] 第一,校长要认可并庆祝学校取得的成功,同时也要正视失败。第二,校长要敢于改变,勇于迎接挑战,系统性地考虑如何改进学校,在面对不确定性结果的时候愿意领导改革。第三,认可并奖励教师的成就,以教师的工作努力程度和实际结果而非资历作为奖励的标准。第四,畅通校长与教师之间、教师之间、校长与教职员工之间的沟通渠道。第五,促进信念的共享,构建合作式的校园文化,提升凝聚力。第六,设定规章制度,用于保护教师的教学指导时间不受打断,且不受学校内部和外部的影响。第七,保有管理行为的灵活性,根据具体情境和需要进行及时的调整,同时鼓励教职员工表达多样化

---

① Marzano R J, Waters T, McNulty B. School leadership that works: from research to results[M]. Aurora, CO: ASCD and McREL, 2005.

② 21 项具体内容译自①。

的,甚至相反的观点。第八,建立清晰的办学目标,设立清晰的课程、教学、评估方面的目标,并且始终关注这些目标,同时对学生提出高要求和高期待,将执行目标、标准和期待都清晰地呈现在教职工和学生面前。第九,定义并有效传达关于办学和教学的信念,与教职员工共享这些信念,展示与这些信念相符的管理行为。第十,为教职员工提供参与学校决策、制定学校政策的机会,在制定决策时组成领导的小组。第十一,校长应该让教职员工持续地获取关于有效学校的相关研究和理论,校长自身应该对相关的最新研究和理论保持积极学习的态度,同时校长还要促进针对最新研究和理论的系统化的讨论。第十二,校长应该直接参与帮助教师设计课程活动、解决评估相关的问题、解决教学相关的问题。第十三,校长需要掌握关于有效的教学实践、课程实践、评估实践方面的知识,能够为有效的班级管理提供理念性的指导。第十四,持续性的监控学校的课程、教学和评估实践的效能,对学校实践在学生学业表现上产生的影响,保持持续的、清醒的认知。第十五,激励教师勇于尝试获取在他们自身认为可能无法达到的界限以外的成就,向教职员工展示积极乐观的态度,强力推动学校各项重大措施。第十六,校长要建立健全学校运行机制,提供并强化清晰的管理结构、规章制度和流程,让教职员工和学生都易于遵循。第十七,保证学校遵循所在学区和州支持学生家长、政府和社区对学校的共建。第十八,校长应该了解教职员工体系内重要的人际关系,了解教师的个人需求,保持与教师的良好关系。第十九,校长应该保证资源,让教师有必要的教学材料和仪器,同时也要保障教师有专业化的学习和发展机会。第二十,校长应该具有预判学校可能出现的问题和危机的能力,需要对教职员工群体中非正式组织和关系有清晰的认知。第二十一,校长应该保证对班级课堂进行系统化和常态化的访问,多与学生接触交流,在学生、教师和家长面前有高出现度。

　　结合这项元分析中提炼出的校长管理职责和上节提到的多种校长领导力模式内容,我们可以发现主要领导力模式的具体管理内容都在元分析研究者提倡的管理行为中得到了呈现。这也为后来的相关实证研究提出校长灵活化地运用不同风格的领导力模式,埋下了伏笔,笔者会在之后的章节中对相关研究进行进一步讨论。在这一阶段,教育管理学的研究者已经开展了校长领导力模式和具体的管理行为之间的充分对话。到目前为止,基于对学生标准化考试成绩的提升,即学校有效性的追求,研究者和实践者都在不断地强化教育管理学的应用学科特征,呈现出了行为主义导向。强调管理行为而非某一种领导的风格,也体现了去理论化的趋势。

已有的教育管理学实证研究,以校长领导力效能的研究为主要呈现形式,研究的样本以美国中小学和相似制度文化地区的中小学为主,提炼出的校长管理理论,主要反映了这些地区的管理实践情况。我国的研究者开展了相关的实证研究,例如基于国际学生项目测试(PISA)中校长管理问卷数据进行的分析,或者对中小学校长发放汉化的校长领导力量表来收集数据进行分析,但未充分凸显本土意义。在前一种类型的研究中,数据来源于参加测试的个别城市和身份,对于我国广大地区尤其是中西部地区的中小学校借鉴意义有限。在后一种类型的研究中,数据来源地也仅是我国个别发达地区。导致这种情况出现的主要原因是以英美国家为主体的分析学派开展的实证研究的制度背景有特殊性,在不同的教育制度环境中,围绕校长个人领导行为的研究适切性不足,对于改善管理实践显得较为无力。这对校长领导力概念相关的实证研究结果的借鉴设置了阻碍。越来越多的在非英美国家开展的校长领导力实证研究在复制一些校长领导力模式的结构上出现了障碍,这些校长领导力量表的信度和效度在这些国家都无法达到令人信服的结果。这些校长领导力的量表结构是基于已有的实证研究结果构建的,当量表结构在一个国家或地区无法得到验证时,意味着支持量表设计的相关的实证研究结果有待重新验证。当这种情况出现的时候,一些实证研究者所采取的解决办法是在原有的量表结构上进行删减或者因子的重新聚合,以达到统计意义上的拟合度。这种做法有益于我们注意到相关实证研究在不同制度环境中可能存在的漂移现象,同时,对量表结构的调整也有益于探索与不同制度环境匹配的校长领导力内涵。这样做的风险在于以校长领导力为核心概念的实证研究理念和当地制度环境存在系统性的脱节,或者是与制度环境的脱节点并不存在于校长领导力概念中,而是存在于别的什么概念里。为了进一步了解在国际环境中不同的国家和地区的中小学管理情况,下一章将采用国际学生评估项目的数据,来对经济合作与发展组织的国家和地区的中小学校长领导行为模式进行探讨。

第二章 校长领导力模式内部调整的必要性检验

上一章的讨论中提到在教育管理学界产生这样的观点:单个领导力的概念对提升学生学业成就的解释度不足,相关理论对学校管理实践的指导性不足。因此有研究者们在大量检测校长领导力类型效能的实证研究的基础上,提出应该优先关注具体的校长管理实践而非模式,这对已有的领导力理论产生了冲击,呈现了去理论化的趋势。他们还指出不同领导力模式之间实际上存在重叠。传统的教学型领导力概念强调领导者参与教师的教学,制定学校的使命,并发展支持教学和学习的学校氛围,这些内容对教师教学实践能够产生直接的影响,与学生考试成绩之间的联系更为紧密。它缺乏对教师士气和自我效能感的关注,但并不反对这些内容。它与共享式领导力、变革型领导力等概念共同得到研究者们的探讨和修订,许多学校领导力的测量标准和综合框架结合了多个模型的内容,与领导力模式理论的修订相呼应。教学型领导力和变革型领导力的概念内涵包含了校长几乎可以做的所有事情。在过去研究人员倾向于单独讨论它们。针对这些概念的修订也存在分离。这种分离一直存在,直到开展了关于学校领导力的协同研究工作和领导力概念整合的研究,学者们结合学校领导力的实践并开发了一套新的、有效的学校领导行为建议。在这些研究中,以提高学生成绩为基础的不同类型领导力的实践被混合和重新构建。不同领导力风格的另一种结合的具体体现为衡量学校领导力的量表越来越多。这些测量提出了构建学校领导力的新角度,也仍然包括从以前的领导力模式的概念中得出的因素①。越来越多的关于学

---

① Goldring E, Cravens X C, Murphy J, Porter A C, Elliott S N, Carson B. The evaluation of principals: what and how do states and urban districts assess leadership? [J]. The elementary school journal, 2009, 110(1): 19-39.

校领导力的协同研究将源自不同模式的领导力概念回归实践基础,然后结合①。

实证研究得出的理论需要回到实践中再次受到检验。不同领导力模式之间的理论重叠逐渐扩大,领导力风格的灵活性也在增加,现实世界中委托人的实践倾向究竟是整合不同的领导力概念还是反对整合呢?教育管理学效能研究是否要去理论化,围绕具体校长管理行为而非某一种模式?接下来需要基于更为广泛的样本学校对校长领导力模式进行探讨。已有的领导力理论主要基于与美国制度文化类似的国家和地区的中小学管理情况得出。下面将采用 2012 年国际学生评估项目的数据,来对经济合作与发展组织的国家和地区的中小学校长领导行为模式进行探讨。

国际学生项目测评是经济合作与发展组织(OECD)开展的对组织成员国与伙伴国家(地区)15 岁学生阅读、数学、科学知识水平以及处理现实生活挑战能力进行评价和研究的项目。经济合作与发展组织还对调查学生所在的学校和教师进行了系统的问卷调查,形成了一个包含国家制度背景、学校特征、校长管理实践和教师教学的系统数据库。调查自 2000 年起每三年开展一次。接下来的分析选取了表 2-1 所列的校长管理实践的相关问题,校长们对这些问题的回答将用作分析。数据分析方法采用探索性因子分析。这种统计方法用于揭示一组变量背后的潜在结构,用于识别测量变量之间的潜在关系。探索性因子分析通常用于开发量表阶段。PISA 校长领导力行为测量量表是衡量领导行为这一主题的问题的集合,这组量表在开发过程中已经经历过信效度的检验。用于构建量表的领导力模式理论来源有其独特的制度文化特征,在这里笔者将不同制度文化特征的校长领导力行为进行共同分析,探索这一系列量表问题(在数据分析中即为一组变量)在跨文化的背景中所具有的潜在关系。样本包括 18 139 名校长。表 2-1 是 PISA 在 2012 年用于测量校长领导力行为的问卷,一共包含 21 个问题,答案是李克特量表的针对行为出现的六个频率,包括"从未发生""一年 1 至 2 次""一年 3 至 4 次""一月 1 次""一周 1 次""一周超过 1 次"。

---

① Robinson V M, Lloyd C A, Rowe K J. The impact of leadership on student outcomes: an analysis of the differential effects of leadership types[J]. Educational administration quarterly, 2008, 44(5): 635-674.

表 2-1　2012 年 PISA 学校问卷调查中的管理部分

测量项目	从未发生	一年1至2次	一年3至4次	一月1次	一周1次	一周超过1次
1. 我努力提高学校在社区的声誉。	1	2	3	4	5	6
2. 我利用学生的表现结果来制定学校的教育目标。	1	2	3	4	5	6
3. 我确保教师的专业发展活动与学校的教学目标相一致。	1	2	3	4	5	6
4. 我确保教师按照学校的教育目标工作。	1	2	3	4	5	6
5. 我推广基于最新教育研究的教学实践。	1	2	3	4	5	6
6. 我赞扬那些引导学生积极参加学习的教师。	1	2	3	4	5	6
7. 当教师在课堂上遇到问题时,我会主动与他/她讨论。	1	2	3	4	5	6
8. 我引导教师注意学生的批判性和社会能力发展的重要性。	1	2	3	4	5	6
9. 我关注课堂上的破坏性行为。	1	2	3	4	5	6
10. 我为教职员工提供参与学校决策的机会。	1	2	3	4	5	6
11. 我让教师参与进来,帮助建立一个持续改进的学校文化。	1	2	3	4	5	6
12. 我要求教师参与审查管理实践。	1	2	3	4	5	6
13. 当教师提出课堂问题时,我们一起解决这个问题。	1	2	3	4	5	6
14. 我在教师会议上与教师讨论学校的学术目标。	1	2	3	4	5	6
15. 我在与教师做课程决定时,会参考学校的学术目标。	1	2	3	4	5	6
16. 我与教师讨论学业成绩,以确定课程的优势和劣势。	1	2	3	4	5	6
17. 我领导或参加与教学有关的在职活动。	1	2	3	4	5	6
18. 我在教师会议上留出时间,让教师分享在职活动的想法或信息。	1	2	3	4	5	6
19. 我定期对教室进行非正式观察*。	1	2	3	4	5	6
20. 在评价课堂教学时,我审查学生的作品。	1	2	3	4	5	6
21. 我对教职员工的表现进行评估。	1	2	3	4	5	6

* 非正式观察是不定期的,至少持续 5 分钟,可能涉及或不涉及书面反馈或正式会议。

数据分析的第一步是使用统计分析软件 SAS 9.4 来检查数据的缺失值。如果忽视调查结果中的缺失值,数据分析结果将会出现偏差。检查结果表明存在一小部分缺失的项目数据,每个问题的缺失范围为 0.4%～0.6%。在总共 18 139 名受访者中,90.21% 的人没有缺失数据。在这里使用期望最大化算法和马尔可夫链蒙特卡洛方法对有缺失数据的剩余回答者进行缺失值估算,因为删除剩余部分会使推理分析结果产生偏差。在具有缺失值的项目下,可采用多重插补策略将缺失值替换为一组可接受的值,这些值表示可能值的分布,基于分布生成多个数据集。对于具有 10% 缺失数据的数据集,五个插补在扩展方差估计方面的效率为 98%。10 个插补达到 99.01%,20 个达到 99.5%,[①]进行了 5 次插补以估计部分回复的缺失值。5 个估算数据集中任何变量的最大平均差为 0.002,最大方差差为 0.005,最大相关差为 0.003,平均误差为 0.001。鉴于 5 个数据集之间仅存在微小的差异,因此使用中位数将它们组合成一个数据集。表 2-2 提供了数据集的描述性统计信息。包括每一道测量题目的回答频数和所占比例。

接下来进行基于斯皮尔曼等级相关性进行探索性因子分析。这里需要说明的是计算斯皮尔曼等级相关性而不是皮尔逊或者多分格相关性。鉴于使用顺序量表来测量 21 个项目,使用原始数据或皮尔逊相关矩阵来执行探索性因子分析是不合适的。斯皮尔曼等级和多变量之间的选择取决于基础分布是否为多元正态分布。由于泊松分布更可能是频率尺度的基础,因此这里将使用斯皮尔曼相关矩阵。表 2-3 报告了 21 个变量的斯皮尔曼等级相关性。

---

① Yuan Y C. Multiple imputation for missing data: concepts and new development[C/OL]. In Proceedings of the twenty-fifth annual SAS user's group international conference, SUGI, April 2000. Rockville, MD: SAS Institute Inc. https://support. sas. com/rnd/app/stat/papers/multipleimputation. pdf.

表2-2 统计性描述 (n=18 139)

测量项目	从未发生 频数	%	一年1至2次 频数	%	一年3至4次 频数	%	一月一次 频数	%	一周一次 频数	%	一周超过一次 频数	%	缺失值	平均值	标准差
Q1	444	2.45	1 487	8.2	3 767	20.77	3 543	19.53	2 327	12.83	5 837	32.18	734	4.34	1.47
Q2	685	3.78	4 612	25.43	5 785	31.89	3 211	17.7	1 165	6.42	2 015	11.11	666	3.32	1.34
Q3	525	2.89	3 939	21.72	4 866	26.83	3 882	21.4	1 764	9.72	2 499	13.78	664	3.57	1.39
Q4	195	1.08	2051	11.31	4 006	22.09	4 242	23.39	2 638	14.54	4 354	24	653	4.15	1.39
Q5	1 018	5.61	4 298	23.69	4 448	24.52	3 652	20.13	1 665	9.18	2 364	13.03	694	3.44	1.45
Q6	440	2.43	2 121	11.69	3 682	20.3	4 186	23.08	2 972	16.38	3 963	21.85	775	4.1	1.42
Q7	332	1.83	1 655	9.12	3 196	17.62	4 395	24.23	3 528	19.45	4 244	23.4	789	4.26	1.36
Q8	482	2.66	2 370	13.07	4 148	22.87	4 509	24.86	2 735	15.08	3 117	17.18	778	3.92	1.38
Q9	248	1.37	810	4.47	1 860	10.25	3 330	18.36	3 932	21.68	7 171	39.53	788	4.81	1.28
Q10	186	1.03	1 164	6.42	3 741	20.62	5 435	29.96	3 180	17.53	3 627	20	806	4.22	1.25
Q11	152	0.84	1 187	6.54	3 485	19.21	4 538	25.02	3 317	18.29	4 668	25.73	792	4.37	1.3
Q12	1 593	8.78	5 061	27.9	4 114	22.68	3 525	19.43	1 518	8.37	1 486	8.19	842	3.16	1.4
Q13	192	1.06	1 089	6	2 670	14.72	4 215	23.24	3 809	21	5 311	29.28	853	4.52	1.3
Q14	255	1.41	2 273	12.53	5 724	31.56	6 004	33.1	1 822	10.04	1 258	6.94	803	3.61	1.11
Q15	743	4.1	4 622	25.48	5 129	28.28	3 831	21.12	1 416	7.81	1 388	7.65	1010	3.28	1.28
Q16	651	3.59	4 000	22.05	6 629	36.53	3 910	24.56	1 152	6.35	987	5.44	813	3.22	1.16
Q17	960	5.29	4 057	22.37	6 092	33.59	3 797	20.93	1 229	6.78	1 171	6.46	833	3.22	1.23
Q18	739	4.07	2 911	16.05	5 712	31.49	5 531	30.49	1 609	8.87	827	4.56	810	3.39	1.14
Q19	2 902	16	2 454	13.53	2 986	16.46	3 742	20.63	2 785	15.35	2 480	13.67	790	3.49	1.65
Q20	2 916	16.08	3 621	19.96	4 086	22.53	3 761	20.73	1 779	9.81	1 148	6.33	828	3.08	1.45
Q21	1 238	6.83	6 564	36.19	4 062	22.39	2 766	15.25	1 206	6.65	1 476	8.14	827	3.03	1.37

注:"%"表示百分比。

表2-3　学校管理的斯皮尔曼等级相关系数

	Q1	Q2	Q3	Q4	Q5	Q6	Q7	Q8	Q9	Q10	Q11	Q12	Q13	Q14	Q15	Q16	Q17	Q18	Q19	Q20	Q21
Q1	1																				
Q2	0.46	1																			
Q3	0.43	0.55	1																		
Q4	0.43	0.47	0.62	1																	
Q5	0.42	0.47	0.53	0.56	1																
Q6	0.43	0.4	0.46	0.5	0.54	1															
Q7	0.34	0.33	0.37	0.42	0.38	0.52	1														
Q8	0.4	0.41	0.47	0.51	0.51	0.55	0.6	1													
Q9	0.31	0.28	0.31	0.4	0.29	0.38	0.56	0.49	1												
Q10	0.34	0.34	0.35	0.37	0.39	0.43	0.38	0.47	0.4	1											
Q11	0.41	0.4	0.42	0.47	0.47	0.5	0.43	0.56	0.44	0.63	1										
Q12	0.29	0.38	0.38	0.36	0.4	0.37	0.35	0.44	0.31	0.48	0.5	1									
Q13	0.3	0.29	0.32	0.38	0.32	0.4	0.64	0.5	0.59	0.44	0.49	0.37	1								
Q14	0.27	0.39	0.39	0.38	0.41	0.39	0.37	0.45	0.34	0.44	0.46	0.44	0.42	1							
Q15	0.27	0.42	0.38	0.36	0.4	0.37	0.33	0.42	0.29	0.44	0.43	0.44	0.34	0.6	1						
Q16	0.25	0.42	0.39	0.39	0.38	0.36	0.34	0.41	0.31	0.39	0.4	0.44	0.36	0.55	0.63	1					
Q17	0.21	0.33	0.38	0.32	0.36	0.29	0.28	0.36	0.26	0.35	0.34	0.37	0.29	0.41	0.4	0.45	1				
Q18	0.23	0.34	0.37	0.34	0.37	0.34	0.31	0.4	0.28	0.3	0.38	0.39	0.32	0.55	0.43	0.46	0.52	1			
Q19	0.21	0.27	0.31	0.32	0.32	0.33	0.33	0.36	0.28	0.35	0.29	0.3	0.29	0.31	0.29	0.31	0.37	0.36	1		
Q20	0.22	0.32	0.33	0.35	0.35	0.34	0.3	0.37	0.25	0.22	0.28	0.33	0.26	0.33	0.31	0.35	0.38	0.39	0.61	1	
Q21	0.22	0.32	0.34	0.34	0.32	0.33	0.29	0.35	0.23	0.25	0.29	0.33	0.27	0.33	0.34	0.37	0.34	0.35	0.46	0.53	1

　　基于斯皮尔曼等级相关性进行探索性因子分析,是出于考虑数据的频率性质。并且这里使用探索性因子分析,而非主成分分析,还出于如下考虑。当数据的性质是事件类型时,主成分分析更为合适,而当测量项目在受访者的控制范围内时,使用探索性因子分析更为合适。问卷测量的领导力行为不是事件。此外,行为在受访者的控制范围内,也就是说最好将这些行为描述为被访者头脑中潜在结构的表现。例如,"我努力提高学校在社区中的声誉"这一项目并不表示具体事件。基于上述综合考虑,使用斯皮尔曼等级相关性的探索性因子分析适用于数据分析。

　　在进行探索性因子分析之前,先进行平行分析以确定要保留的因子的数量,即递归地进行平行分析和探索性因子分析以找到最佳因子数。根据模拟研究,确定因子数量的普遍方法(例如 Kaiser 标准和碎石检验)的准确率分别为 22% 和 57%。[1] 平行分析保留了特征值大于从具有相同变量数和样本量的随机生成数据中得出的特征值的因子,还考虑了数据的性质(即连续与离散)和分布特征,例如每个变量的均值和方差。[2] 为了避免平行分析的偏差,只保留特征值大于模拟数据的 95% 的因子。

　　第一个平行分析的结果建议应保留四个因子。因此,接下来进行了保留四个因子的探索性因子分析。最高的因子间相关性为 0.63。采用迫近最大方差斜交旋转是因为这些因子是相关的。平行分析和探索性因子分析运行了几次,以删除在任何因子上负荷不超过 0.3 的项目以及少于五个项目的因子。[3] 基于双因子解决方案的探索性因子分析达到了最终模型。表 2-4 报告了最终的因子结构,提供了基于双因子解决方案的项目和因子负荷之间的相关性。

　　因子间相关性为 0.62,解释了两个因子之间 38.44% 的共享方差。因子 1 "指导和监督"(六个项目)的因子负荷范围从 0.44 到 0.59,因子 2"支持专业化发展"(五个项目)范围从 0.43 到 0.58。尽管因子间相关性不足以为将两个因

　　① Hayton J C, Allen D G, Scarpello V. Factor retention decisions in exploratory factor analysis: a tutorial on parallel analysis[J]. Organizational research methods, 2004, 7(2): 191-205.

　　② Gugiu P C, Coryn C, Clark R, Kuehn A. Development and evaluation of the short version of the Patient Assessment of Chronic Illness Care instrument[J]. Chronic illness, 2009, 5(4): 268-276.

　　③ Tabachnick B G, Fidell L S. Using multivariate statistics (6th ed.)[M]. Upper Saddle River, NJ: Pearson, 2013.

子结合起来提供证据,但两个因子之间的相关性不应被忽视。因子 1 根据学校的目标衡量校长对教学工作的监控。因子 2 衡量了校长支持教师专业化发展的行为。因子 3 衡量校长对教师解决问题的支持。因子 4 衡量校长评估教师和教职员工绩效的努力。另外,存在三项低负荷的量表问题(低于 0.3):"我为教职员工提供参与学校决策的机会";"我让教师参与进来,帮助建立一个持续改进的学校文化";"我要求教师参与审查管理实践"。由于因子 3 和因子 4 的问题数过少,在这里不作为因子保留。最终保留的因子结构如表 2 - 4 所示。

表 2 - 4　因子结构

测量项目	指导和监督	支持专业化发展
Q4	0.59	
Q3	0.56	
Q5	0.51	
Q1	0.51	
Q6	0.47	
Q2	0.44	
Q14		0.58
Q16		0.58
Q15		0.57
Q18		0.51
Q17		0.43

　　尽管在上一章的讨论中,研究者们认为,应该抛开固有的领导力模型而关注具体的管理行为实践,但是基于国际数据的分析结果呈现一些校长领导的行为仍然聚合成为一些因子,各个管理行为并不是完全独立,其背后仍然存在着潜在结构。第一个因子包括以下量表问题,指向相关的管理行为实践:我努力提高学校在社区的声誉,我利用学生的表现结果来制定学校的教育目标,我确保教师的专业发展活动与学校的教学目标相一致,我确保教师按照学校的教育目标工作,我推广基于最新教育研究的教学实践,我赞扬那些引导学生积极参加学习的教

师。这一因子下的问题围绕着校长对教学工作的指导和监督，也就是说，这些问题背后共同反映了指导和监督的管理内容。另一项因子包括五个量表问题：我在教师会议上与教师讨论学校的学术目标，我在与教师做课程决定时会参考学校的学术目标，我与教师讨论学业成绩以确定课程的优势和劣势，我领导或参加与教学有关的专业化活动，我在教师会议上留出时间让教师分享专业化活动的想法或信息。这一因子下的问题围绕着教师专业化发展，也就是说，这些问题背后共同反映了校长支持教师专业化发展的领导力概念。这两个因子代表了不同文化制度背景中中小学校长管理的共性——对教学工作的指导和监督，以及在教学活动中促进教师专业化发展。他们是教学型领导力中的主要内容。而列表中的其他问题，在统计意义上无法聚合成为因子，可以解读为发生在各地的零星的管理实践。值得注意的是，量表问题中的以下三个在已有的校长领导力模式中得到了广泛的关注，例如变革型领导力提到了为教师赋权和赋能，然而没有聚合成因子：我为教职员工提供参与学校决策的机会，我让教师参与帮助建立一个持续改进的学校文化，我要求教师参与审查管理实践。这可以解读为，校长没有形成这个方面的跨制度文化地区的共识。

数据分析的结果体现了领导力模型在国际数据背景中的形变。如果将两项因子作为教学型领导力模式的内容呈现，而将载荷低的三个量表问题作为变革型领导力部分内容的呈现，这里的证据并不能证明一些学者提出的两种领导力概念融合或一些更为综合的领导力模型的观点。当被问及有关两种领导力的问题时，不同制度文化背景下的校长们具有更多教学型领导力相关实践经验的共识，而非变革型领导力。尽管许多先前的研究提出了将两种领导力相关实践结合起来以更好地满足现代学校日益增长的需求，但现实世界中校长的实践与研究人员的理论构想不太一致。研究人员基于实证研究，也就是实践经验，提炼出了有效的校长领导力模式，模型上的不拟合提醒研究者校长管理实践在不同的制度文化环境中存在多样性。

现有的领导力模式理论的修订，倾向于构建更全面的促进学校效能提升的领导力风格，以更好地为学校领导者做好准备以满足日益增长的学校需求。研究者们对彻底放弃领导力模式即去理论化、去结构化持谨慎态度，在修订领导力模式时倾向于吸取不同模式的优点。在近些年的研究中，我们仍然能够看到发生形变的领导力理论以及相应量表的广泛运用。教学型领导力模型一直在发展，包括共享领导力[①]、对教师教学和专业化发展的个性化支持[②③]的维度，这在变革型领导力的概念中得到了类似的解释。实际上，努力监督学生进步、指导教师实践、开发课程和评估的校长也可以共享决策权力。校长可以鼓励教师参与关于学校目标的讨论，然后通过结合教师的意见来制定这些目标。没有为教师提供适当指导的校长也可能缺乏有效促进共享式决策过程的能力。与老师一起制定课程相关的决策，不仅强调了校长在教学专业指导上的努力，而且还蕴含了与老师合作并重视他们意见的管理特征。

校长实践和实证研究人员提出的多种校长领导力概念整合的期望出现了差异。校长领导力概念内部的调整，或许能解释部分地区成功的校长领导的行为，但当样本范围扩大到更广泛的地区和国家，这种匹配度下降了。教学型校长领导力概念结构相对稳定，是由于普遍重视标准化考试成绩的学校教学活动的同质性，在任何一个建立现代学校制度的国家或地区，由于围绕着学生发生的校内活动有很多相似之处，教师教学和相关的支持教师专业化发展的校长行为也获得了较高的同质性。而在教学型校长领导力概念之外的领导力因素在一些国家和地区就不那么稳定了。面对显然存在的制度、文化的异质性，不同校长领导力模式的相加式融合，难以匹配不同国家和地区的校长行为，这一点值得注意。研究人员在提出现实世界中的学校领导力行为可被定义为某一种模式之前，或者几种领导力模式可以整合之前，应从真实数据中找到更多证据。来自不同制度和文化背景的校长可能对已有的校长领导力模式理论有不同的理解，探究他们的管理实践效能，需要去到一个更大的、不同的背景下。此外，还需注意，本章分析中用到的数据中，领导力行为是通过频数来衡量的，这可能是不准确的。学校决策相关行为与日常教学相关行为可能

[①]　Lambert L. A framework for shared leadership[J]. Educational leadership, 2002, 59(8): 37-40.

[②]　Blase J, Blase J. Effective instructional leadership: teachers' perspectives on how principals promote teaching and learning in schools[J]. Journal of educational administration, 2000, 38(2): 130-141.

[③]　Newmann F M, King M B, Youngs P. Professional development that addresses school capacity: lessons from urban elementary schools[J]. American journal of education, 2000, 108(4): 259-299.

以不同的速度发生,教育政策环境的差异大大增加了解读不同类型领导力行为的复杂度。教育工作者、研究人员和政策制定者通过反思实践来帮助校长了解不同领导力模式的优点,在理论传播过程中需要持续地考虑如何提供切实可行的指导和适当的支持,以促进校长领导效能的提高,这个过程涉及理论的变化。

第二部分

经验的漂移和学校内部管理模式的改革

在上一部分的讨论中,我们可以看到,在追求管理效率的导向下,以校长领导力为核心概念、以检测学校有效性为目标的实证研究结论成为中小学教育管理学知识结构构建的重要材料。以学生标准化考试为核心的相关办学实践测量指标被用于构造研究变量,透过实证研究,形成了广泛传播的知识结构,反过来向管理实践传输一整套话语体系。这套话语体系内部蕴含的管理实践的通约性不断经受着办学现实的检验。学者们也对该知识结构作出了批判性思考,认为基于校长管理经验的理论构建存在调整的空间。不同情境中的校长在解读领导力模式和相关效能理论上,没有完全一致的共识。最为直接的质疑来自这个知识结构诞生地和理论传播到的其他地区之间在制度、政策和文化上的差异,导致相关理论漂移在了学校管理的实践经验之外。校长领导力模式的内部调整体现了这种批判精神和对质疑的回应。本质上,这一知识结构的认识论基础拥抱这些质疑。实证研究能够且应该根据实践情况(其中包含这些差异)来更新理论,生成新的知识。

这部分描述校长领导力模式理论的内部调整方式——围绕教学的领导力在校内多元主体之间的分享。该调整强调这样一种理念:尽管办学实践具有多样性,但学校管理实践在组织层面实际发生时具有去中心化和操作权力分布式的特点,需要让影响教学决策质量的信息充分进入决策过程,来让领导力更恰当地回应多样化的办学实践需求,让领导力转化为组织层面的有效教学管理知识。第三章对分享式教学型领导力进行描述和测量,第四章针对学生学业表现的测量,形成了能够反映学校管理对学生成绩影响的过程性衡量指标——学校内部的教学活动连贯性。第五章对分享式教学领导力和教学活动连贯性之间的预测关系进行实证分析,从而探索教学管理知识经历的"从校长领导的行为到学校教学知识生产结构成熟度和可持续性"的产生过程,探讨分享式领导力作为校长领导力模式内部调整方式的作用。这一作用应该是,更真实地印证管理实践,更准确地抓取管理实践中普遍存在的问题,更有效地帮助管理实践改进。

第三章　校长领导力模式的调整:领导力共享

本章对分享式教学型领导力的概念进行描述和测量,以说明校长管理行为在学校中实际发生时所具有的去中心化特点。

第一节　分享式教学型领导力

中小学校长领导力的共享主要聚焦于教学相关的决策。分享式教学型领导力的出现是对传统校长领导力模式的一次突破尝试,也是对教育管理概念的一次提纯,它抓住了教学活动当中最重要的需要校长发挥作用的环节,也就是支持教师不断改进教学,并且支持的办法是由教师团队来决定的。接下来的部分将从分享式教学型领导力的概念、相关量表的初步开发、量表的修订,以及用于分析量表的心理测量特性这几方面对其进行描述,基于数据给这一概念提供一幅完整的肖像。

本质上,分享式教学型领导力并未完全跳出领导力的概念框架,而是发挥了将领导力放在学校结构中进行解释的作用。这反映了以明确推进某种领导力来提升学生学业表现的因果关系研究和更多考虑办学条件等环境因素的解释性研究,这两种研究模式之间的争辩与磨合。这是传统的实证研究在单一的因果关系外的一种尝试,它以更为包容的领导力概念来融合并处理学校内部的诸多矛盾。这些矛盾产生于学校管理人员和教师队伍之间的复杂关系,让教师参与学校教学管理决策不单纯是对民主管理的一种倡导,更是为促进多重因果推断在管理实践中有效联动而进行的概念修正。其概念产生的过程如下。

教学型领导力研究起源于 20 世纪 80 年代初期,研究对象是那些被认为能有效提高教学质量和学生成绩的学校。教学型领导力的传统概念强调校长作为教育问题的检查员、指导者和监督者的作用。事实上,根据 Hallinger 在 2010 年一篇文章中的说法,在 20 世纪 80 年代,教学型领导力几乎被认为完全由校长提供,教师作为共同承担育人责任者的身份并未得到突出体现。从这个角度来看,校长制定并传达了学校的目标和期望,确保其使命专注于学生的学业进步和为学生的成功做好准备。这种观点设想校长是一个旨在努力地改进和协调课程、促进教师专业成长和确保系统问责制的领导者角色。早期的教学型领导力模式还设想校长负责营造一种积极的氛围和支持性的教学环境,并使其与学校的使命相一致。教学型领导力的一个关键特征是支持教师对专业发展的承诺、参与和能力。因此,对这一概念结构的学术理解逐渐发展为将其视为共享式,因为当校长让教师和行政人员参与教学决策过程时,他们成为关键参与者,他们的士气和教学改进能力是提高学生的学习能力的必要条件。换句话说,校长不能孤立地领导,他们需要依赖专业工作人员对实现共同学校目标的承诺和参与。校长的教学型领导力的实施需要包括教师、副校长和教学专家在内的其他专业教育工作者的协调和创造性工作,这使其"有效"实施成为一种权力共享的形态。

为了回应对校长权威的关注而忽略了他人的共同贡献的疑问,学者们提出分享式教学型领导力作为教学型领导力的修订概念。分享式教学型领导力强调校长和教师在改善教学和学习方面的合作与努力①②。分享式教学型领导力并不局限于单一的角色或职位,而是通过学校社区的网络和成员之间的互动来实现共同的教学目标,部署个人资源③④。

分享式教学型领导力要求教师参与与教学问题相关的决策过程。这种领导风格的关键要素是教师对学校领导力的承担,它在其他学校领导力概念的发展中也变

---

① Goddard R D, Hoy W K, Hoy A W. Collective efficacy beliefs: theoretical developments, empirical evidence, and future directions[J]. Educational researcher, 2004, 33(3): 3-13.

② Kaplan L S, Owings W A. Assistant principals: the case for shared instructional leadership[J]. NASSP bulletin, 1999, 83(610): 80-94.

③ Bolman L G, Deal T E. Reframing organizations: artistry, choice and leadership[J]. San Francisco, CA: Jossey-Bass, 2013.

④ Ogawa R T, Bossert S T. Leadership as an organizational property[J]. Educational administration quarterly, 1995, 31: 224-243.

得越来越重要，包括教学型领导力、变革型领导力、教学型领导力和变革型领导力的整合、分布式领导力①。分享式教学型领导力抓住了这些概念中教学有效性的关键，即教师集体参与决定教学问题，运用他们的专业知识改善教学决策质量。

分享式教学型领导力对学校的组织教学能力能够产生积极影响，包括整体学术能力、教学型领导力质量、教师协作和集体效能。② 这些组织特征与学生成绩有极强的关联性，但关于分享式教学型领导力对学生成绩的影响仍然存在争议。③ 决定学校能量的校内因素之间的一致性程度以及学校能量与政策背景之间的一致性程度，都会影响分享式教学型领导力在实践中的真实性及对学生表现的影响。④ 分享式教学型领导力对学生成绩的积极影响是基于教师专业素养，而教师专业素养由教师资格和专业发展决定，资格和专业发展都受到校长领导的影响。此外，教师专业技能如何发挥作用取决于校长的领导。当手头的问题是教师缺乏专业知识或不对教师构成直接影响的问题时，校长倾向于避免和教师共享决策权，例如设定学校的预算。从外部影响的角度考虑分享式教学型领导力，如果政府代理人就学校的重大问题做出决定，包括人事、资源、课程和纪律，校长在让教师参与发挥组织领导力方面的权力有限。⑤ 研究人员注意到，当在各种教育系统中引入国际场景时，基本的分享式教学型领导力模型需要进行调整，否则无法满足相应量表的信度和效度。⑥⑦ 分享式教学型领导力和教育政

　　① Leithwood K, Jantzi D. Principal and teacher leadership effects: a replication [J]. School leadership and management, 2000, 20(4): 415 – 434.

　　② Goddard R, Goddard Y, Kim E S, Miller R. A theoretical and empirical analysis of the roles of instructional leadership, teacher collaboration, and collective efficacy beliefs in support of student learning[J]. American journal of education, 2015, 121(4): 501 – 530.

　　③ Miller R J, Rowan B. Effects of organic management on student achievement[J]. American educational research journal, 2006, 43(2): 219 – 253.

　　④ Superfine B M, Gottlieb J J, Smylie M A. The expanding federal role in teacher workforce policy[J]. Educational Policy, 2012, 26(1): 58 – 78.

　　⑤ Paletta A. Improving students' learning through school autonomy: evidence from the international civic and citizenship survey[J]. Journal of school choice, 2014, 8(3): 381 – 409.

　　⑥ Litz D, Scott S. Transformational leadership in the educational system of the United Arab Emirates[J]. Educational management administration and leadership, 2017, 45(4): 566 – 587.

　　⑦ Bellibaş M Ş, Kılınç A Ç, Polatcan M. The moderation role of transformational leadership in the effect of instructional leadership on teacher professional learning and instructional practice: an integrated leadership perspective[J]. Educational administration quarterly, 2021, 57(5): 776 – 814.

策背景条件之间的联系可能模糊了分享式教学型领导力对学生成绩的影响。

以前,在政策制定者没有对绩效问责提出严格要求的时候,教师是否参与决策过程主要取决于校长的领导风格。分享式教学型领导力鼓励校长与教师合作以提高教学质量,尊重教师专业性,已被广泛认为是一种理想的领导风格。问责制强调教学计划之间的协调性和连贯性,推动着教师与学校领导合作形态的改变,校长往往需要考虑政策因素。因此,学校的管理权力实际上分布在了学校以外的教育系统中,学校教学活动的连贯性是建立在分布式管理网络中。同时,基于校内外正式和非正式网络的利益相关者对集体投入的看法,认为这不一定会使教师始终如一地参与领导。因此,尽管从提升学校教学质量上看,校长和教师共享教学领导力是一种研究者普遍倡议的理想的领导力形态。实际上,校长除了单一的领导风格之外,主要实践通常包含合作式领导与其他风格实施的拼凑,而何时转变取决于环境和具体任务。由于学校必须遵循问责政策的要求,校长需要整合多种领导风格;这可能涉及面对不同员工时需要不同的领导能力,然后确定如何执行具体任务。① 领导力不被视为一种以人为中心的权力或责任,相反,它分布在那些完成与教学问题相关任务的所有程序中的正式和非正式领导者之间,这种完成依赖于制度化的结构和权力的相互作用。在与教学问题相关的任务中,即使是与教师专业技能密切相关的任务,也不一定完全由教师决定。利益相关者将各自的决策决定统筹为一种集体性的努力,再将针对这种集体性努力的检验嵌入以学生标准化考试成绩为驱动的、以系统性协调循证为方法打造的知识结构中。将分享式教学型领导力分解为其组成部分——教学型领导力和教师参与决策的机会,有助于确定其背景要求以及完善驱动它的机制。

此外,Urick 和 Bowers 指出,分享式教学型领导力与教学型领导力、变革型领导力和分布式领导力等概念结构相关。延伸教学领导力,承认教师对学校改善的贡献,分享式教学型领导力强调校长和教师的合作,以改善课

---

① Urick A, Bowers A J. What are the different types of principals across the United States? A latent class analysis of principal perception of leadership[J]. Educational administration quarterly, 2014, 50(1): 96-134.

程、教学和评估。[1] 与变革型领导力类似，[2]但分享式教学型领导力更侧重于教学并承认教师和其他人的正式和非正式领导力，[3]致力于发展和传达连贯的教学愿景；分享式教学型领导力还与共同领导相似，[4]但它强调教学，为教师提供了参与制定部门或全校范围内改善课堂内外教学决策的机会。[5] 与分布式领导力相比，分享式教学型领导力的实践"延伸到学校的社会和情境背景"，[6]是在校长和学校社区成员在学校改进工作的背景下进行的合作。[7][8] 作为一种理想的领导力类型，分享式教学型领导力借鉴了教学型、交易型和变革型领导力的各个方面。[9]

　　以美国为例，尽管学校一直在努力实现分享式教学型领导力的各个方面，例如在教学决策方面的广泛合作，[10][11][12][13]但在 20 世纪 90 年代初到 21 世纪初，美国的多项教育改革要求学校用增加与利益相关者（如教师、综合学校改革提供者、

---

[1]　Hallinger P. Instructional leadership and the school principal: a passing fancy that refuses to fade away[J]. Leadership and policy in schools, 2005, 4: 221 – 239.

[2]　Finnigan K S, Stewart T J. Leading change under pressure: an examination of principal leadership in low-performing schools[J]. Journal of school leadership, 2009, 19(5): 586 – 618.

[3]　Hallinger P. Leading educational change: Reflections on the practice of instructional and transformational leadership[J]. Cambridge journal of education, 2003, 33(3): 329 – 352.

[4]　Wahlstrom K L, Louis K S. How teachers experience principal leadership: the roles of professional community, trust, efficacy, and shared responsibility [J]. Educational administration quarterly, 2008, 44(4): 458 – 495.

[5]　Youngs P, King M B. Principal leadership for professional development to build school capacity[J]. Educational administration quarterly, 2002, 38(5): 643 – 670.

[6]　Spillane J P, Halverson R, Diamond J B. Investigating school leadership practice: a distributed perspective[J]. Educational researcher, 2001, 30(3): 23 – 28.

[7]　Harris A. Distributed leadership and school improvement: leading or misleading? [J]. Educational management administration & leadership, 2004, 32: 11 – 24.

[8]　Spillane J P. Distributed leadership[M]. San Francisco, CA: Jossey-Bass, 2006.

[9]　Printy S M, Marks H M and Bowers A J. Integrated leadership: How principals and teachers share instructional influence[J]. Journal of school leadership, 2009, 19(5): 504 – 532.

[10]　Cohen E. Sociology looks at team teaching [J]. Research in sociology of education and socialization, 1981, 2: 163 – 193.

[11]　Little, J W. Teachers and colleagues[M]//Schools as collaborative cultures: creating the future now: chapter 9. Bristol, PA: The Falmer Press, Taylor and Francis, 1990: 164 – 193.

[12]　Lortie D. Schoolteacher: a sociological study. Chicago, IL: University of Chicago Press, 1975.

[13]　Rosenholtz S J, Kyle S J. Teacher isolation: barrier to professionalism[J]. American educator, Winter, 1984: 10 – 15.

家长和社区成员)参与的方式进行重组。①② 对美国有代表性的校长样本的研究
表明,很大比例的美国公立学校经常行使分享式教学型领导力的某些方面,例如
校长和教师共同努力做出教学改进决策。③ 事实上,由于认识到分享式教学型
领导力对学校改进的重要性,多个州已将分享式教学型领导力的各个方面纳入
其校长评估框架。④⑤ 然而,虽然各州采用的框架用于评估设计,但它们很少配
备验证信度和效度的证据。⑥

分享式教学型领导力提高了教师的专业地位,并利用他们的专业知识来支
持自己的专业成长以及学校的改进。⑦ 实践分享式教学型领导力的校长与教师
和行政人员合作,为学校的改进制定共同愿景,鼓励教师合作研究学生学习的证
据,并帮助教师实施改进教学的策略。⑧⑨ 广泛合作以及逐渐形成的教师领导力

---

① Louis K S, Marks H M. Does professional community affect the classroom? Teachers' work and student experiences in restructuring schools[J]. American journal of education, 1998, 106(4): 532 – 575.

② Bryk A S, Sebring P B, Allensworth E, et al. Organizing schools for improvement: lessons from Chicago[M]. Chicago, IL: University of Chicago Press, 2010.

③ Jackson K M, Marriott C. The interaction of principal and teacher instructional influence as a measure of leadership as an organizational quality[J]. Educational administration quarterly, 2010, 48(2): 230 –258.

④ Pennsylvania Department of Education. Framework for leadership: types of evidence[R/OL]. (2014). http://www.education.pa.gov/Documents/Teachers-Administrators/Educator％20Effectiveness/Principals％20and％20CTC％20Directors/General％20 -％20Framework％20for％20Leadership％20Evidence％20List.pdf.

⑤ Virginia Department of Education. Principal evaluation training materials[R/OL]. (2012). http://doe.virginia.gov/teaching/performance_evaluation/principal/training/index.shtml.

⑥ Teh B R, Chiang H, Lipscomb S, et al. Measuring school leaders' effectiveness: an interim report from a multiyear pilot of Pennsylvania's framework for leadership[R/OL]. (2014). https://ies.ed.gov/ncee/edlabs/regions/midatlantic/pdf/REL_2015058.pdf.

⑦ Printy S M, Marks H M. Shared leadership for teacher and student learning[J]. Theory into practice, 2006, 45(2): 125 – 132.

⑧ Graczewski C, Knudson J, Holtzman D J. Instructional leadership in practice: what does it look like, and what influence does it have? [J]. Journal for students placed at risk, 2009, 14(1): 72 – 96.

⑨ Merrill C, Daugherty J. STEM education and leadership: a mathematics and science partnership approach[J]. Journal of technology education, 2010, 21(2): 21 – 34.

反过来又促进了教学的连贯性[①]和教师的动机、效能和反思性教学[②]。强调教学问题的广泛合作可以改善教学实践和提高学生成绩。[③] 综上所述,分享式教学型领导力的要素包括以下内容:

(1)共同愿景:校长与教师和行政人员一起制定和传达学校的愿景,所有学校成员都知道这些愿景为何以及如何影响学校。

(2)专注教学:校长与教师、行政人员和其他人一起改进和调整教学计划,包括学校文化和氛围、家长和社区参与、专业发展、教学质量、课程和评估。

(3)进度监控:校长、教师和行政人员协同监控和评估学校在实现教学改进目标和学生成果方面的进展。

(4)广泛合作:校长重视教师、行政人员和其他人的意见,并与他们合作为教学决策提供信息。学校有参与性的决策结构和流程。

学者们认为,分享式教学型领导力的概念赋予了学校社区成员权力,不再强调自上而下的控制,并促进教师和员工的专业成长。让教师和教职员工参与教学决策过程并鼓励讨论教学问题,可以提高教师的士气,提高他们改进教学的能力,从而提高学生的学习成绩。校长领导力对于促进教师专业发展很重要,并间接影响学校绩效。教师领导力在学校教育中发挥着重要作用。一些教师扮演教师领导者的角色,向其他教师传达建设性的批评、建议和教学策略。学校领导鼓励教师与他人合作并共享专业知识。[④] 广泛合作和教师领导力的提出,提高了教师的动机、效能、自尊和反思行为。[⑤] 分享式教学型领导力的概念化提高了教

---

① Newmann F M, King M B, Youngs P. Professional development that addresses school capacity: lessons from urban elementary schools[J]. American journal of education, 2000, 108(4): 259 - 299.

② Yost D S, Vogel R, Rosenberg M D. Transitioning from teacher to instructional leader[J]. Middle school journal, 2009, 40(3): 20 - 27.

③ Newmann F M, Smith B, Allensworth E, et al. Instructional program coherence: what it is and why it should guide school improvement policy[J]. Educational evaluation and policy analysis, 2001, 23(4): 297 - 321.

④ Merrill C, Daugherty J. STEM education and leadership: a mathematics and science partnership approach[J]. Journal of technology education, 2010, 21(2): 21 - 34.

⑤ Blase J, Blase J. Effective instructional leadership: teachers' perspectives on how principals promote teaching and learning in schools[J]. Journal of educational administration, 2000, 38(2): 130 - 141.

师的专业地位,并利用专业知识来支持教师的专业成长和学校的改进,它淡化了学校领导的控制,并促进教师和行政人员的专业成长。同时,变革型领导力的模式已经被重新塑造,包括了更多的教学支持和学校领导力的监督。① 根据Marks 和 Printy(2003)的建议,将分享式教学型领导力和变革型领导力概念化结合起来可以更好地满足学校的需求。他们指出,学校发展经历着"一阶"和"二阶"变化。校长对教学活动的直接指导更多地反应为一阶变化,而变革型领导力可以更好地服务于二阶变革,因为它对教师队伍进行赋能,让教师关注发展共同愿景、促进自我发展能力、促进自主管理和团队合作。实际上,学校发展的二阶变化中蕴含了一阶的变化,因为教师团队的整体进步将对教学活动带来长远的益处,而且校长在指导教学活动的过程当中,也会发现已经升级的教师团队能够更好地开展教学活动。

尽管存在大量关于教学型领导力和分享式教学型领导力的实证研究,但很少有专门评估分享式教学型领导力的量表。接下来呈现的是分享式教学型领导力量表设计的过程,设计的重点是在内容上强调校长、教师和行政人员之间的协作,在测量对象上选择教师队伍。该量表突出了关键的教学型领导力实践,包括制定和传达教学愿景、确保资源,以保证高质量教学、参与性决策、检查教学数据和不断改进教学。量表内容融合了不同风格校长领导力内涵中,对学生学业成就真正发挥作用的部分,也就是让校长支持教师去改进与教学相关的决策的部分,这样的问题设计蕴含了结构化的特征。因为校长和教师在教学活动中属于不同的层级,校长支持教师进行决策是跨越层级发挥作用的一种方式,同时,校长对教师进行赋能这一行为带动了教师队伍"一阶"和"二阶"的变化。测量对象的选择也是结构化设计的一部分,因为只有教师团队才能真正感受赋能的发生。

---

① Leithwood K, Jantzi D. Transformational school leadership effects: a replication[J]. School effectiveness and school improvement, 1999, 10(4): 451-479.

第二节　现有的分享式教学型领导力相关测量方式

　　尽管没有经过验证的量表，但已存在一些相关的分享式教学型领导力的测量方式。在此做一个大概的整理。使用"学习的领导力"或"校长和教师对改进教学的领导力"等各种术语来描述分享式教学型领导力的各个方面，利用关键字在 EBSCO 研究数据库和 WorldCat 图书馆内容集合中搜索同行评审的期刊文章，其中包括标题或摘要中的"共享""教学"和"领导力"等词。通过搜索的结果，确定了分享式教学型领导力的三个现有衡量方式[①]。这里还对现有分享式教学型领导力的评估中增加了校长和教师教学影响力的衡量方式[②]和合作学习领导力的衡量方式[③]。尽管本节中描述的每一项衡量方式都能让我们深入了解学校是如何实施共同教学领导的，但这些方式主要是将分享式教学型领导力作为教师参与教学决策的操作。在这五项标准中，Hallinger 和 Heck 的方式是唯一一项涉及共同愿景设定的。此外，大多数衡量方式都没有涉及进度监控问题。其中三个衡量方式[④]使用了来自"学校和人员调查"（Schools and Staffing Survey, SASS）的数据，各方式中的调查项目问题共享一个因子负荷，但不是基于理论得出的，这可能解释了为什么分享式教学型领导力的四个组成部分没有完整地反映在五项衡量方式中。

---

　　① Urick A，Bowers A J. What are the different types of principals across the United States? A latent class analysis of principal perception of leadership[J]. Educational administration quarterly，2014，50(1)：96 - 134.

　　② Jackson K M，Marriott C. The interaction of principal and teacher instructional influence as a measure of leadership as an organizational quality[J]. Educational administration quarterly，2012，48(2)：230 - 258.

　　③ Hallinger P，Heck R H. Leadership for learning：does collaborative leadership make a difference in school improvement? [J]. Educational management administration & leadership，2010，38(6)：654 - 678.

　　④ Urick A. Examining US principal perception of multiple leadership styles used to practice shared instructional leadership[J]. Journal of educational administration，2016，54(2)：152 - 172.

Marks 和 Printy(2003)通过将九个项目相加,创建了一个衡量分享式教学型领导力的指数($\alpha=0.77$)。其中三个项目被虚拟编码(0=否,1=是),评估是否"有证据表明学校具有显著的教学型领导力",无论是"来自校长或其他学校管理人员"还是"来自一名教师或一群教师"(第 383 页)。他们的测量还包括六个项目,采用三点式李克特式量表(低、中、高),对教师对课程、教学和评估的实际影响,以及校长对课程、教学和评估的实际影响进行评分。两组项目均表现出令人满意的内部一致性,但未报告其结构效度。Marks 和 Printy 对分享式教学型领导力的衡量方式部分地涉及了分享式教学型领导力的四个组成部分中的两个,即关注教师和管理人员的教学和彼此间的协作。他们的标准没有涉及家长、教职员工和学生对教学的影响;也没有涉及共同愿景设定或进度监测问题。

Hallinger 和 Heck(2010)开发了一种用于测量合作式学习型领导力的方法,其中包括两个分量表,每个分量表有五个项目,每个项目都加载到合作学习领导力因子上。一个分量表侧重于教师对学校领导力的看法。它包括五点李克特式量表($\alpha=0.82$)的五个问题。第二个分量表侧重于家长对学校领导力的看法,以及家长参与改进学校教学计划的情况。它包括五点李克特式量表($\alpha=0.88$)的五个问题。虽然 Hallinger 和 Heck 没有列出他们测量问题,但他们将这些问题描述为涉及分享式教学型领导力的所有四个组成部分,包括利益相关者对学校愿景的贡献、对教学的关注、对进展的监控,还有教师、行政人员、家长和工作人员在教学改进决策方面的广泛合作,以及学生对学校治理的参与。

根据校长对 2003—2004 年 SASS 的调查回复,Jackson 和 Marriott(2012)确定了两个因子——第一个因子包括五个测量项目,采用四点式李克特量表来衡量教师的教学影响,第二个因子包括测量校长教学影响的四点李克特式量表的五个项目。他们的测量涉及了分享式教学型领导力的四个组成部分中的三个。在所讨论的三个组成部分中,他们有最多的项目反映了对教学的关注(例如,为学生设定表现标准、建立课程、确定专业发展的内容和雇用新教师)。他们仅通过评估教师而不是评估学生成绩来涉及进度监控问题。在广泛合作方面,他们把教师和校长作为影响教学决策的个人,但不包括行政人员、学生或学校社区的其他成员。他们的衡量标准并不强调教和学的共同愿景。

Urick 和 Bowers 在 2014 年分析了 1999—2000 年 SASS 调查的数据,并确

定了一个因子,其中包含三个测量问题,采用五点式李克特量表,代表校长对他们与教师共享的教学影响量的看法,例如为学生设定学业表现标准、建立课程和为教师规划在职专业发展。在分享式教学型领导力的四个组成部分中,Urick和 Bowers 的测量涉及了两个组成部分,即校长和教师在教学问题上的教学和协作。他们的标准没有涉及广泛的利益相关者的合作、共同的愿景设定或对进展的监控。

Urick 在 2016 年还分析了 1999—2000 年 SASS 调查的数据,并确定了一个代表分享式教学型领导力的因子。该因子包括六个测量项目($\alpha = 0.836$),采用李克特式五点量表。与 Urick 和 Bowers 一样,该因子的数据基于校长对校长和教师在为学生制定绩效标准、制定课程和规划教师在职专业发展方面的影响的看法。在分享式教学型领导力的四个组成部分中,这项标准涉及其中两个组成部分,即注重教学以及校长和教师在教学问题上的合作。

鉴于分享式教学型领导力是其他理想领导力类型的延伸,甚至在实践中与它们重叠,在这里还将它与其他领导力量表进行比较,包括现有的分布式领导力[1][2]、教学型领导力[3][4][5]和变革型领导力[6]相关量表。对它们进行一系列筛选,筛选标准除了专注于教学外,要至少与前面描述的分享式教学型领导力的三个剩余方面中的一方面保持一致:共同愿景设定、监控进度或广泛合作。表 3-1 总结了与分享式教学型领导力概念框架相关的现有领导力衡量方式。第一列列

---

① Heck R H, Hallinger P. Assessing the contribution of distributed leadership to school improvement and growth in math achievement[J]. American educational research journal, 2009, 46(3): 659-689.

② Hulpia H, Devos G, Van Keer H. The influence of distributed leadership on teachers' organizational commitment: a multilevel approach[J]. The journal of educational research, 2009, 103(1): 40-52.

③ Goddard R D, Goddard Y L, Kim E S, Miller R. A theoretical and empirical analysis of the roles of instructional leadership, teacher collaboration, and collective efficacy beliefs in support of student learning[J]. American joarnal of education, 2015, 121(4): 501-530.

④ Goldring E. Assessing learning-centerad leadership: connections to research, professional standards, and current practices[J]. Lendership and policy in schools, 2009, 8(1):1-36.

⑤ Hallinger P, Murphy J. Assessing the instructional management behavior of pricipals[J]. The elementary school journal,1985,86(2):217-247.

⑥ Leithwood K, Jantzi D. Transformational school leadership effects: a replication[J]. School effectiveness and school improvement, 1999, 10(4): 451-479.

出了分享式教学型领导力的四个组成部分,作为组织框架;第二列总结了与每个组成部分对应的文献;第三列总结了现有的分享式教学型领导力测量工具;第四列总结了与分享式教学型领导力的四个组成部分相关的分布式领导力、教学型领导力和变革型领导力的现有量表。

如表3-1所示,现有的分享式教学型领导力衡量标准强调校长和教师围绕教学问题的合作,但是对教学的愿景设定和监测进度的重视程度较低。在现有的分享式教学型领导力指标中,Hallinger 和 Heck(2010)的协作领导学习指标是唯一一个涉及概念和质性研究文献中反映的分享式教学型领导力的所有四个方面的指标,其中包括关注教学、愿景设定、广泛合作和监督教学。下一节将描述如何利用有关分享式教学型领导力的概念和质性研究文献,以及现有的分享式教学型领导力测量方法和现有的分布式领导力、教学型领导力和变革型领导力测量来为分享式教学型领导力的量表研制提供信息。

表3-1　分享式教学型领导力的要素与现有的领导力概念及测量之间的一致性

分享式教学型领导力的组成部分	质性研究的共享式教学型领导力概念框架	分享式教学型领导力的量化测量	分布式领导力、教学型领导力和变革型领导力量化测量
共同愿景	Hallinger, 2003; Lambert, 2002; Printy and Marks, 2006; Printy et al., 2009	Hallinger and Heck, 2010	Hallinger and Murphy, 1985; Heck and Hallinger, 2009; Leithwood and Jantzi, 1999
专注教学	Hallinger, 2003; Lambert, 2002; Printy and Marks, 2006; Printy et al., 2009	Hallinger and Heck, 2010; Jackson and Marriott, 2012; Marks and Printy, 2003; Urick, 2016; Urick and Bowers, 2014	Goddard et al., 2015; Goldring et al., 2009b; Hallinger and Murphy, 1985; Heck and Hallinger, 2009
监控进度	Hallinger, 2003; Lambert, 2002; Printy and Marks, 2006; Printy et al., 2009	Hallinger and Heck, 2010; Jackson and Marriott, 2012	Goddard et al., 2015; Goldring et al., 2009b; Hallinger and Murphy, 1985; Heck and Hallinger, 2009

续　表

分享式教学 型领导力的 组成部分	质性研究的共享 式教学型领导力 概念框架	分享式教学型 领导力的 量化测量	分布式领导力、教学型 领导力和变革型 领导力量化测量
广泛合作	Hallinger，2003； Lambert，2002；Printy and Marks，2006； Printy，Marks，and Bowers，2009	Hallinger and Heck， 2010；Jackson and Marriott，2012； Marks and Printy， 2003；Urick，2016； Urick and Bowers， 2014	Goddard et al.，2015； Goldring et al.，2009b； Heck and Hallinger，2009； Hulpia et al.，2009； Leithwood and Jantzi，1999

第三节　分享式教学型领导力量表开发

为了保证分享式教学型领导力量表的内容效度,需要确保构成该量表中的项目与这种领导力形式相关。[1] 为了形成该工具的理论基础,首先查阅了上述关于分享式教学型领导力的学术文献以及现有的教学型、分布式和变革型领导力量表中的项目,这些量表涉及分享式教学型领导力的各个方面。基于这些参考文献,起草了反映分享式教学型领导力四个组成部分的测量项目:① 制定和传达共同的教学愿景;② 强调调整和改进教学计划;③ 监控和评估学校在改善教学实践和学生成绩方面取得的进展;④ 与学校内外的利益相关者广泛合作以做出教学决策。使用分享式教学型领导力的这四个组成部分作为组织框架,同时引用了现有相关量表中包含的项目来起草和修订分享式教学型领导力量表的项目。

现有的分享式教学型领导力衡量标准主要关注校长和教师围绕教学问题的合作,在此基础上,接下来的量表设计扩大了合作范围,将教学行政人员也包括在内。除了注重教学之外,还考虑了围绕制定和传达共同愿景以及监督教学计

---

① DeVellis R F. Scale development：theory and applications［M］. Thousand Oaks, CA：Sage Publications，2012.

划的合作努力。在现有分享式教学型领导力标准的基础上,本量表关注学校内部成员之间的合作,结合成员们的集体努力,来协调与更广泛的学校社区一起改进教学计划。相较于教师,校长历来是领导并与社区成员建立关系的人。[1][2] 然而,自 21 世纪初以来,教育政策和倡议越来越多地要求学校与外部利益相关者合作,开发和提供教学计划。例如,文化相关的教学,基于问题的学习,职业和技术教育,融合科学、技术、工程、艺术和数学的 STEAM 教育,(美国的)早期大学高中学校。在我国颁布的《家庭教育促进法》《职业教育法》也以一系列倡导性规范引导学校与更广泛的外部利益相关者合作。尽管学校和学区行政管理人员仍然是建立社区伙伴关系的核心人物,但在筛选和推荐社区资源并将其与教学改进工作相结合的方方面面,为教学型领导力做出贡献的教师发挥着更大的作用。

本量表的开发基于美国某中西部州的公立学校系统,相关的制度环境需要纳入对量表的批判性思考和运用。分享式教学型领导力被表示为由七个量表问题组成的一维结构,这些问题测量了跨越校长、教师和学校其他行政人员之间的分享教学型领导力的程度。七个问题要求教师描述他们在多大程度上同意校长、教师和行政人员在他们的教学工作里合作完成每一项具体的工作,从六点的李克特式量表选项中选择他们的回答:"非常不同意"(1 分),"不同意"(2 分),"一定程度不同意"(3 分),"一定程度同意"(4 分),"同意"(5 分),"非常同意"(6分),使用六点量表的目的在于来增加反应可变性,并尽可能捕捉倾向性,防止产生"中性"反应。

在最初的量表开发和初步修订之后,三位具有中小学学校领导经验的教育管理学专业的大学教授参与了以下相关讨论:工具是否合理地反映了分享式教学型领导力的概念;是否有任何量表问题模棱两可或难以理解;以及是否建议对量表说明、调查问题或李克特六点量表进行任何编辑。他们指导了对项目内容和措辞的修订,其所有反馈都为修订量表提供了参考。完成了量表编制之后,进

① Epstein J L. School, family, and community partnerships: preparing educators and improving schools[M]. Boulder, CO: Westview Press, 2001.

② Sanders M G, Harvey A. Beyond the school walls: a case study of principal leadership for school-community collaboration[J]. Teachers college record, 2002, 104(7): 1345 - 1368.

行了两轮量表发放，并分析了潜在因子结构的内部信度和结构效度。从分析的结果来看，这七个问题在因子上具有实质性加载，所有测量问题都被保留。量表的最终版本如表3-2所示。

表3-2 分享式教学型领导力量表

说明：请选择最能反映您学校实践的选项来回答本问卷上的每个项目。仔细阅读每一个陈述。然后，选择表明您对上一学年是否在您的学校表现出每种特定行为的感受的同意程度的回答。对于每种行为，6代表"非常同意"，1代表"非常不同意"。

校长、教师和其他工作人员通力合作……	非常不同意	不同意	一定程度不同意	一定程度同意	同意	强烈同意
	1	2	3	4	5	6
1. 发展教学愿景。						
2. 传达教学愿景。						
3. 确定与学校目标一致的潜在社区伙伴关系。						
4. 确保高质量教学资源。						
5. 做出教学决定。						
6. 检查学生成绩数据。						
7. 改进学校的教学计划。						

量表用于从两个样本中收集有关教师对其学校中分享式教学型领导力的看法的数据——第一个样本用于创建四个子样本进行探索性因子分析，第二个样本用于验证性因子分析。对于第一个样本，在线调查的链接通过电子邮件分发给美国中西部一个州的150所公立中学的6 200名校长和教师，通过电子邮件发送了两次提醒，要求被招募的人员对调查做出回应。随后总共收到了422份来自教师的有效回复。由于只收到了校长和其他行政人员的两份答复，不足以进行任何推论统计分析，因此研究仅使用了教师的答复。

为了对第一个样本进行探索性因子分析，通过分析处理，生成了四个子样本：子样本Ia，包含所有教师回答的个人层面样本（$n=422$）；子样本Ib，学校层面的样本，包括回复率超过其教师总数10%的学校（$n=60$）的回复；子样本Ic，学校层面的样本，包括所有学校的答复，其中至少有一名教师提供了答复（$n=117$）；子样本Id，学校层面的样本，包括回复率低于其教师总数10%的学校($n=57$)的回复。学校层面的反应是通过平均教师的回答得分而产生的。然后,对每个子样本进行探索性因子分析。子样本的设计用于考虑观察到的因子结构是否受到平均学校水平回复率或使用平均数可能带来的偏差的影响。

对于第二个样本,通过第二个调查将电子邮件分发给同一个州的 141 所公立中学的 5 269 名教师,总共收到了 658 份有效的教师回复。最终,使用了一个学校层级的样本($n=103$),其中包括回复率超过其总教职工 10% 的学校($n=587$)的回复,用于验证性因子分析。验证性因子分析样本包括来自 103 所公立中学的 587 名教师。同样,学校层面的得分是通过平均教师的得分而产生的。

一、探索性因子分析

（一）子样本 Ia 个人层级样本

1. 缺失值插补

首先使用 SAS 9.4 来检查所有回复,发现了一小部分缺失的项目数据。在问题 3 下,只有一个受访者有缺失值。使用多重插补策略将缺失值替换为一组可接受的值,这些值代表可能值的分布,生成多个数据集。对于具有 10% 缺失数据的数据集,五个插补在增加方差估计方面的有效率超过 98%。尽管缺失数据相对较少,但仍然使用期望最大化算法和马尔可夫链蒙特卡罗方法来估算缺失值,因为删除剩余部分会使推理分析结果产生偏差。[①] 因此进行了五次插补来估计部分回复的缺失值。五个估算数据集中变量的最大平均差为 0.002,最大方差差为 0.012,最大相关差为 0.001,平均误差小于 0.001。鉴于五个数据集之间仅存在微小差异,因此使用中位数将它们组合成一个数据集。表 3 - 3 报告了样本 I(个体水平样本)的描述性统计数据。

---

① Fichman M, Cummings J N. Multiple imputation for missing data: making the most of what you know[J]. Organizational research methods, 2003, 6(3): 282 - 308.

表 3 - 3　子样本 Ia 的描述性统计,个体层面样本($n=422$)

	项目 1	项目 2	项目 3	项目 4	项目 5	项目 6	项目 7
平均数	4.47	4.39	4.09	4.6	4.33	4.62	4.6
中位数	5	5	4	5	5	5	5
标准差	1.28	1.27	1.38	1.25	1.34	1.26	1.27
方差	1.64	1.61	1.91	1.56	1.8	1.59	1.61
偏度	−0.92	−0.76	−0.51	−0.96	−0.85	−0.96	−1.06
峰度	0.46	0.14	−0.5	0.41	0.07	0.53	0.87

2. 多分格相关性

基于多分格相关性进行探索性因子分析,而不是斯皮尔曼等级相关性或皮尔逊相关性。鉴于使用顺序量表来衡量这七个项目,使用原始数据或皮尔逊相关矩阵来执行探索性因子分析是不合适的。斯皮尔曼等级和多分格相关性之间的选择取决于基础分布是否为多元正态分布。由于多元正态分布更可能是李克特范围量表的基础(从"非常同意"到"非常不同意"),最终决定使用多分格相关矩阵。[①] 表 3 - 4 报告了七个变量的多分格相关性。

表 3 - 4　子样本 Ia 的多变量相关性($n=422$)

	项目 1	项目 2	项目 3	项目 4	项目 5	项目 6	项目 7
项目 1	1						
项目 2	0.94**	1					
项目 3	0.77**	0.77**	1				
项目 4	0.84**	0.82**	0.73**	1			
项目 5	0.84**	0.85**	0.70**	0.82**	1		
项目 6	0.70**	0.71**	0.57**	0.71**	0.74**	1	
项目 7	0.85**	0.85**	0.74**	0.86**	0.85**	0.82**	1

＊＊ 相关性在 0.01 水平上显著。

---

① Choi J, Peters M, Mueller R O. Correlational analysis of ordinal data from Pearson's r to Bayesian polychoric correlation[J]. Asia pacific education review, 2010, 11(4): 459 - 466.

3. 平行分析、探索性因子分析和信度

接下来基于多元相关矩阵进行了探索性因子分析。使用探索性因子分析代替主成分分析。再次说明,当数据的性质是事件类型时,主成分分析是合适的,而当测量项目在受访者的控制范围内时,探索性因子分析是合适的。问卷测量的实践不是事件而是受访者头脑中潜在结构的表现。例如,"校长、教师和其他行政人员协同工作以制定教学愿景"这一项目并不表示具体事件。基于上述考虑,使用多变量相关性的探索性因子分析更为适用。

使用 SAS 9.4 进行并行分析和探索性因子分析。在进行探索性因子分析之前,进行了平行分析以确定要保留的因子的数量。为了避免偏差,仅保留特征值大于模拟数据中第 95 个百分位的因子。

平行分析的结果建议应保留一个因子。因此,后续进行了保留一个因子的探索性因子分析。采用最大方差正交旋转法作为预旋转方法。由于提出了单因子解决方案,所以没有进行旋转。所有项目在因子上的负荷都高于 0.78,并被保留了下来,因为它们超过了 0.3 的最小建议保留值。表 3-5 报告了每个项目的因子结构和特征值。该因子占组合项目方差的 78.80%。克隆巴赫系数为 0.95,格特曼折半系数为 0.91,表明量表中的项目具有良好的内部一致性。

表 3-5 子样本 Ia 的因子模式和特征值($n = 422$)

	因子加载	特征值
项目 7	0.94	-0.1
项目 1	0.94	5.51
项目 2	0.94	0.16
项目 5	0.91	-0.04
项目 4	0.9	0.01
项目 3	0.79	0.03
项目 6	0.79	-0.06

(二) 子样本 Ib 回复率超过员工总数 10% 的学校

1. 皮尔逊相关性

此样本中没有缺失值。在汇总了每所学校成员的回复后,发现这些学校的回复率高于其总教职工的 10%，于是生成了学校样本($n=60$)。平均教师得分将序数数据转换为连续数据。因此，采用皮尔逊相关性作为探索性因子分析的基础。表 3-6 报告了子样本 Ib 的描述性统计数据，而表 3-7 代表了皮尔逊相关矩阵。

表 3-6 子样本 Ib 的描述性统计(回复率 10% 及以上的学校层面样本，$n=60$)

	项目 1	项目 2	项目 3	项目 4	项目 5	项目 6	项目 7
平均数	4.57	4.45	4.15	4.65	4.35	4.73	4.67
中位数	4.78	4.63	4	4.78	4.53	4.83	4.92
标准差	0.86	0.83	0.93	0.81	0.86	0.88	0.86
方差	0.73	0.69	0.87	0.65	0.73	0.78	0.74
偏度	−0.85	−0.69	−0.23	−0.99	−0.67	−1.31	−0.88
峰度	0.44	0.12	−0.78	0.92	−0.12	2.49	0.36

表 3-7 子样本 Ib 的皮尔逊相关性 ($n=60$)

	项目 1	项目 2	项目 3	项目 4	项目 5	项目 6	项目 7
项目 1	1						
项目 2	0.96**	1					
项目 3	0.84**	0.87**	1				
项目 4	0.91**	0.92**	0.81**	1			
项目 5	0.92**	0.93**	0.82**	0.93**	1		
项目 6	0.74**	0.75**	0.62**	0.77**	0.76**	1	
项目 7	0.90**	0.92**	0.83**	0.93**	0.91**	0.82**	1

＊＊相关性在 0.01 水平上显著(双侧检验)。

2. 平行分析、探索性因子分析和信度

根据平行分析的结果，接下来将采用单因子解决方案。使用与子样本 Ia 相同的过程进行了探索性因子分析。所有载荷在系数上高于 0.30 的项目被保留。表 3-8 报告了每个项目的因子结构和特征值。该因子占方差的 85.51%。克隆巴赫系数为 0.97，格特曼折半系数为 0.94，表明量表项目具有良好的内部一致性。

表 3 - 8　子样本 Ib 的因子模式和特征值

	因子载荷	特征值
项目 2	0.97	0.13
项目 7	0.96	−0.09
项目 4	0.96	−0.01
项目 1	0.96	5.99
项目 5	0.96	−0.02
项目 3	0.86	0.02
项目 6	0.79	−0.03

　　随后进行对子样本 Ic(至少有一名教师回复的所有学校)和子样本 Id(回复率低于 10% 的学校)进行了补充学校层面的探索性因子分析。子样本 Ic 和 Id 的探索性因子分析和信度测试结果指向保留所有 7 个项目的一个因子。具体来说,为子样本 Ic 提取的单因子解释了 71.54% 的共有项目方差,克隆巴赫系数为 0.94,格特曼折半系数为 0.87。对于子样本 Id,单个提取因子占共享项目方差的 78.81%,克隆巴赫系数为 0.96,格特曼折半系数为 0.91。由于这些项目侧重于学校的整体实践,而不是学校教职员工的个人行为,最终决定在学校层面对样本 2 进行验证性因子分析,以代表平均每所学校更大比例的教师。由于子样本 Ib (10% 或更多的回复率)解释了更大比例的总项目方差,子样本 Ic 具有更高的信度系数,于是对样本 2 中回复率为 10% 或更高的学校进行了验证性因子分析。

　　3. 验证性因子分析

　　首先,使用与探索性因子分析相同的方法来估算缺失值。在总共 587 名受访者中,有 6 名数据缺失。在验证性因子分析中,研究使用回复率超过总员工 10% 的学校来更好地代表每所学校。在汇总了每所学校教职员工的反馈后,为学校样本(n=103)生成了一个连续数据集。该样本中包含的大多数回复率在 10% 到 20% 之间的学校。表 3 - 9 报告了该样本中学校的回复率,表 3 - 10 报告了估算数据集的描述性统计数据。表 3 - 11 表示项目之间的皮尔逊相关性,偏度和峰度的所有值都在 −2 和 2 之间,表明数据没有违反正态性假设。因子分析采用最大似然法作为估计方法。

表 3 - 9 回复率

学校数量	回复率	百分比	累计百分比
50	10%—14.99%*	48.54%	48.54%
31	15%—19.99%	30.10%	78.64%
13	20%—24.99%	12.62%	91.26%
4	25%—29.99%	3.88%	95.15%
4	30%—44.99%	3.88%	99.03%
1	60%	0.97%	100%

*6 所学校的回应率四舍五入至 10%,其中最低的回复率为 9.52%。

表 3 - 10 验证性因子分析的描述性统计($n=103$)

	项目 1	项目 2	项目 3	项目 4	项目 5	项目 6	项目 7
平均数	4.07	4.02	3.71	4.33	4.18	4.65	4.33
中位数	4.14	4	3.67	4.4	4.33	4.67	4.38
标准差	0.67	0.69	0.73	0.76	0.76	0.66	0.73
方差	0.45	0.47	0.54	0.58	0.58	0.43	0.54
偏度	0.77	0.71	—0.07	0.55	0.69	0.39	0.55
峰度	0.83	0.93	0.57	0.3	0.81	0.38	0.34

表 3 - 11 验证性因子分析的皮尔逊相关性($n=103$)

	项目 1	项目 2	项目 3	项目 4	项目 5	项目 6	项目 7
项目 1	1						
项目 2	0.88**	1					
项目 3	0.67**	0.68**	1				
项目 4	0.71**	0.71**	0.62**	1			
项目 5	0.81**	0.79**	0.59**	0.80**	1		
项目 6	0.65**	0.65**	0.42**	0.62**	0.77**	1	
项目 7	0.82**	0.82**	0.67**	0.77**	0.80**	0.66**	1

**相关性在 0.01 水平(双侧检验)显著。

使用 LISREL 9.2 进行验证性因子分析,图 3 - 1 代表最终模型。参考有关文献,对项目 1 和 2、4 和 5、5 和 6 之间的误差协方差进行建模,以将项目的其他常见影响纳入模型拟合指数的计算中。这样做是因为这三对项目在它们所代表的学校实践方面彼此密切相关。三对之间的误差协方差是依次添加的。每次释放误差协方差后,都需要重新分析整个模型。进行这样的调整有几个原因:首先,协作开发和传达教学愿景(第1项和第2项)可能会因为构建和阐明学校目标之间的联系而发生变化。① 其次,由于社区对某些教学计划的价值和需求,协作确保高质量教学资源和做出教学决策(第4项和第5项)可能会发生变化。② 最后,由于学校在教学问题上的自主程度和当地问责制支持的不同,协作制定教学决策和检查学生成绩数据的表现(第5项和第6项)可能会有所不同。③ 在最终模型中,所有指标都表明模型拟合良好。所有结构系数和因子载荷均显著($p<0.001$)。卡方值不显著,表明模型拟合良好($p=0.33$)。近似误差均方根值为0.04,小于0.05。近似误差均方根的值为0.03,小于0.05。GFI值为0.97。该模型是过度识别的(df=11)。④

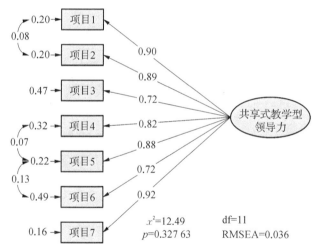

图3-1 分享式教学型领导力的最终模式

---

① Harmon H L, Schafft K. Rural school leadership for collaborative community development[J]. The rural educator, 2009, 30(3): 4-9.

② Major M L. How they decide: a case study examining the decision-making process for keeping or cutting music in a K-12 public school district[J]. Journal of research in music education, 2013, 61(1): 5-25.

③ Wohlstetter P, Datnow A, Park V. Creating a system for data-driven decision-making: applying the principal-agent framework[J]. School effectiveness and school improvement, 2008, 19(3): 239-259.

④ Hooper D, Coughlan J, Mullen M R. Structural equation modelling: guidelines for determining model fit[J]. Electronic journal of business research methods, 2008, 6(1): 53-60.

以上分析结果是基于教师对分享式教学型领导力在其学校表现的看法。模型的验证有如下启示。分享式教学型领导力量表工具反映了分享式教学型领导力的关键内容,即共享教学愿景设定、对教学的关注、进度监督和广泛合作。在重视学校成员在领导力实践上的集体贡献的学校中,校长、教师和其他学校工作人员倾向于在以下活动上进行合作:制定和传达教学愿景、改进教学计划、确保教学资源、检查学生成绩数据,以及确定支持教学改进工作的社区伙伴关系。分析结果表明,校长、教师和其他人员在确定潜在的社区伙伴关系方面的协作投入较少,但在涉及教学、资源和检查学生成绩数据的实践中投入更多。即便如此,正如测量模型结果所表明的那样,教师在学校中体验任何这些类型的分享式教学型领导力行为的程度往往与本分析开发的量表中发现的其他分享式教学型领导力指标呈正相关。

测量项目 3 在探索性因子分析的四个子样本中的平均值最低,这表明虽然它与其他六个测量项目呈正相关,但受访者倾向于报告"校长、教师和其他行政人员协同工作,以确定与学校目标保持一致的潜在的社区伙伴关系"的程度低于调查中发现的其他的分享式教学型领导力实践。这可能是因为该项目最直接地侧重于与校外参与者共享教学型领导力。相比之下,询问有关教学愿景、教学、资源和学生成绩数据方面协作努力的项目,得到了受访者的更多同意。因此,虽然分享式教学型领导力量表中反映的所有协作实践(例如,定义和传达学校的使命、资源管理、管理课程和评估以及促进学校与社区的伙伴关系)已经从现有文献中得到了丰富的支持,[①]相较于校内,教育工作者可能倾向于较少关注在校外共享领导力的机会。如果要改变这一点,校长可能需要建立更为完善的沟通和决策机制,帮助教职工了解和识别社区伙伴关系如何能够支持学校的教学计划。如果要切实促进政府、学校、家庭、社会、社区对学生的共育,这更是学校管理实践中不容忽视的内容。

通过比较四个探索性因子分析结果,可以发现,尽管这些项目的因子负荷在四个分析子样本中是稳定的,但来自回复率较高的学校的数据似乎最适合研究

---

① Leithwood K. Leadership for school restructuring[J]. Educational administration quarterly, 1994, 30(4): 498-518.

者对调查的心理测量特性的检查。从数据来看与其他样本的因子相比,来自该样本的因子解释了项目之间共享方差的最高比例。当分析从个体水平数据和回复率超过 10% 的学校切换到回复率较低的学校样本和所有学校的样本时,峰度和偏度的值趋于增加,一种可能的解释是这与一些学校的低回复率有关。其中许多学校只有 1 或 2 个回复,这意味着后两个样本实际上混合了个人层面的数据和学校层面的数据,这种混合可能导致较弱的正态性。尽管这些样本都没有违反正态性假设,但依然建议保持数据在层级上一致,无论是教师个人层级还是学校层级。然而,考虑到该调查的目的是评估学校层面的结构,领导力行为是组织层面的特征,因此建议使用学校层面的数据来更准确地代表学校的管理情况。

验证性因子分析中模型的修改表明了有三对项目之间存在相关性:"校长和教职工合作开发教学愿景"和"校长和教职工合作传达教学愿景";"校长和教职工合作确保资源用于高质量教学"和"校长和教职工合作做出教学决策";"校长和教职工合作做出教学决定"和"校长和教职工合作检查学生成绩数据"。这说明校长和教职工倾向于在这些成对的实践中做出更多的合作性工作。也就是说,如果他们合作开发了一个教学愿景(第 1 项),那他们也倾向于以共享的方式传达愿景(第 2 项)。同样,如果校长、教师和其他行政人员合作确保资源用于高质量教学(第 4 项),那他们也倾向于对其他教学决策做出共同贡献(第 5 项)。在具有分享式教学型领导力的学校中,校长可能会授权教职工在数据驱动的决策过程中使用他们的专业知识,因为这样做能够提高数据的相关性,让数据更有效地被开发和用于改进决策(第 5 项和第 6 项)。[1][2] 总体而言,研究结果表明,教师对这些项目的反应背后,是由基于第一节和第二节文献回顾所推测的分享式教学型领导力的一维结构所支撑。

需要指出的是,虽然分享式教学型领导力的概念涉及校长、教师和其他行政人员,但此研究中使用的样本仅包括中学教师,这意味着一维因子结构是基于中

---

① Park V, Datnow A. Co-constructing distributed leadership: district and school connections in data-driven decision-making[J]. School leadership and management, 2009, 29(5): 477 - 494.

② Wayman J C. Involving teachers in data-driven decision making: using computer data systems to support teacher inquiry and reflection[J]. Journal of education for students placed at risk, 2005, 10(3): 295 - 308.

学教师的观点,而非校长和其他行政人员的观点得出。在问及学校管理实践方面的观点,教师通常更倾向于表达单一结构的内容,而校长则有可能从多个维度思考和阐述。未来的研究应该尝试探索校长和其他行政人员的观点,以允许将测量推广到其他人群或者探索这些人群之间所持领导力观点的因子结构的差异。此外,样本学校是美国的公立中学,这份量表的信度和效度在公立中学得到验证不代表能够在小学和私立学校等不同特征的样本学校中依然成立,在不同制度背景中使用量表,最起码也需要重新验证信度和效度。在未来研究中,如果使用了不同特征的样本,尤其是存在学段和政策环境上的差异,则需要重新考察测量项目的因子结构和内部一致性。

在完成调查回复收集之前,教师们收到了三轮提醒。第一个样本的总体个体水平回复率为 6.80%,第二个样本的总体回复率为 12.50%。在这项研究中抽样的大多数学校的回复率在 10% 到 20% 之间。最终样本(用于验证性因子分析的样本)的个人层面回复率为 15.60%,最终样本(回复率在 10% 以上)的平均组织层面回复率为 16.42%,略高于从组织研究的回复率整体考察得出的平均值(35.00%)1 个标准差(18.20)。① 由于调查饱和度的增加,组织研究的回复率可能会下降。② 此外,未答复者可能对其组织的满意度较低。③ 回复分数的分布并没有聚集在分享式教学型领导力的较低或较高水平,这提供了证据表明受访者在某种程度上可以公平地代表教师群体。但是,相比起所使用的教育领域调查的几项研究,这个比率还是偏低的。这可能限制了教师集体意见的表达。尽管本节的数据结果呈现了分享式教学型领导力结构的有效衡量标准,并且可以被未来的研究人员进一步验证使用;但是,未来的研究人员应在平均回复率较高的学校样本中检查分享式教学型领导力量表的心理测量特性。以人为研究对象的数据调查应符合研究伦理,遵循教师知情、自愿的原则,教师无论是否参与回答问卷,其身份信息应作匿名处理,充分保障教师的隐私,使其免受潜在的压力和

---

① Baruch Y, Holtom B C. Survey response rate levels and trends in organizational research[J]. Human relations, 2008, 61(8): 1139 - 1160.

② Rogelberg S G, Stanton J M. Understanding and dealing with organizational survey non-response[J]. Organizational research methods, 2007, 10: 195 - 209.

③ Rogelberg S G, Luong A, Sederburg, M E, Cristol D S. Employee attitude surveys: examining the attitudes of noncompliant employees[J]. Journal of applied psychology, 2000, 85(2): 284 - 293.

伤害。在知情同意的前提下,研究人员可进行面对面的问卷发放调查,而不是在线数据收集。并且,应当采取合适的激励措施,这样做可能有助于未来的研究人员达到更高的调查回复率。

　　总结一下,在教师和学校的四个子样本中,具有不同回复率的因子结构是稳定的。然而,未来的研究人员可能希望关注某些测量项目的相对较低的负荷,例如教师参与确定合适的社区伙伴关系,这项工作目前可能主要涉及校长,但在越来越多的利益相关主体参与学校决策的过程中,教师发挥的作用不容忽视。最后,未来的研究人员还应该进行并发性和预测性的效度测试,以进一步了解量表的效度以及可能与之相关的过程和结果。并发性的效度测试指将该量表与其他可能与分享式教学型领导力相关的概念的量表进行相关性测试,如果相关性符合严谨的理论预测,则意味着较好地通过该测试。预测性的效度测试指用该量表评估学校的分享式教学型领导力,然后检查学校在该领导力上的表现与其他基于理论假设的结果性变量之间的关系,例如教学实践的质量、学生和教师的社会和情感幸福感以及学生的学习表现。效度测试也可以有其他形式,例如将教师自我效能感作为分享式教学型领导力和学生成绩之间的中介来检验量表的预测有效性。① 效度测试的设计基于变量之间的关系的假设,假设的提出基于已有的理论,而理论基于实践,这是一个不断优化实践的循环思路。

---

　　① Comrey A L. Factor-analytic methods of scale development in personality and clinical psychology[J]. Journal of counseling and clinical psychology, 1988, 56(5): 754 - 761.

第四章　学业产出的结构化:教学活动连贯性

本章针对学生学业表现的测量,形成了能够反映学校管理对学生成绩影响过程的结构化衡量指标——教学活动连贯性。这一指标衡量了学校教学结构成熟度和可持续性。

第一节　教学活动连贯性的内涵界定

连贯性是一所学校在内部和外部环境中协调需求、资源和关系的过程。现有研究对连贯性提供了两种描述:① 学校与其外部环境之间的连贯性,特别是注重学校与地区政策之间的连贯性;[①]② 注重协调教学活动之间的连贯性。尽管这两种类型的连贯性在文献中有所区别,但它们为学校管理实践提供了互补的见解。学校管理者在其目标、教学计划和外部环境(例如政策授权或学区支持)之间与其他利益相关者进行协商,调整办学实践和策略。同样,每所学校内部也在不断发生教学愿景和目标、可用资源和决策权力之间的博弈。两种类型的连贯性都不是以简单的双向方式发生的,而是一个复杂的过程,不仅涉及多方利益相关者的参与,例如教师、管理人员和其他工作人员,还涉及愿景、资源、教师专业发展和教学计划这些本就处于变动之中的办学元素之间的协调。学校是作为政策环境中的一个组织在运行,学校领导力的概念和效能都需要放在政策

---

① Honig M I, Hatch T C. Crafting coherence: how schools strategically manage multiple, external demands[J]. Educational researcher, 2004, 33(8): 16 - 30.

环境当中去考虑。在此之前,需要对学校内部的管理行为和效能进行充分的探讨,避免陷入缺失细节而无法给予实际的管理建议的思路。本章将针对学校内部连贯性,也就是教学活动连贯性的内涵和测量,进行讨论。学校和外部政策环境的连贯性,将放到后面的章节进一步探讨。

教学活动连贯性是基于教学活动和学生学业成就之间密切的联系而提出的一个测量学校整体教学质量的指标,可以被看作学生学业成就所需教学环境和条件成熟度的衡量指标。学校在采用新的教学计划或者修改已有教学计划时,面临着拉通和协调一系列教学活动的挑战。通常学校的育人理念和目标不会频繁变动,但是相关的教学计划、活动以及配套资源都处于不断变化中。Newmann 等人基于对美国芝加哥市公立小学的调查,指出教学成果不佳的学校采取的一项改进措施是引入新的教学项目,以期通过这些新项目来改善学生学业表现。然而,许多不相关且不可持续的教学项目的引入,并没有带来预期的效果。他们描述了这样一种现象:教职工分散在各个不同的教学活动中,包括已有的和新引入的,耗费了时间和精力参加研讨会,新引入的项目没有改进教学,让他们产生职业疲劳和挫败感,最后新项目终止,又有新的项目引入。[①]

引入教学项目的不可持续性问题是由缺乏教学活动连贯性保障所导致的。想要让这些项目活动真正为学校所用,需要以连贯性为导向考虑融入机制。例如,教育信息化的兴起,一些学校引入了相关的教学技术设备后,就遇到了教学活动连贯性不足的困境。仅仅引入设备是不足以真正让技术为教学所用的,首先需要对教师及时进行相应的使用技能培训。除此之外,更重要的是要开展教学内容、教学目标与教学设备有机融合的专业发展活动,教学材料也要及时更新从而得以在设备上更好地呈现。一些数学、自然科学课程在多媒体设备上的优质呈现能够为教学带来更好的效果,教师能够借助信息化手段将难以用语言表达的抽象思维传达给学生。同时,信息化设备有及时更新换代的需求,更新换代需要用到的资源以及教师对升级技术知识的更新,都是保障教学活动连贯性的必备条件。教学资源的背后是学校财政的支持,相关的财务预算需要提前整合

① Newmann F M, Smith B, Allensworth E, Bryk A S. Instructional program coherence: what it is and why it should guide school improvement policy[J]. Educational evaluation and policy analysis, 2001, 23(4): 297 - 321.

教学活动的多方面需求。如果没有这样的提前全盘考虑，可能会造成教学资源的浪费，牵制教职工精力，以及教学改革的无效结果。课堂改变需要学校给予的结构性支持，如果支持不够立体化，教学活动连贯性就无法保证，教师在具体教学工作中能够清晰地感觉到工作环节之间的断裂。

Mishra 和 Koehler 在 2006 年提出的技术、教学法和教学内容知识框架（TPACK，Teachnological pedagogical and content knowledge），就是针对实现教育信息化的教学活动连贯性的一种努力。他们从设定教师专业素养内涵的角度，为纳入教育技术后教学活动连贯性的实现方向提出了建议。[①] 他们基于 Shulman 的教学法和教学内容作为知识的观点提出了一个教育技术的理论框架，并用其诠释技术融入教学的现象。该理论框架在长达 5 年的针对中小学教师专业发展和高等教育教师专业发展的一系列研究中进行检验。这个框架是为了说明在教学中整合技术所需的教师基本素质。他们认为，真正做到对技术的有效使用，需要教师具备复杂的、情境化的、系统的教学知识。他们将教学环境分为教学内容、教学法和教学技术的三个组成部分，教师则须掌握这三个部分的知识，将其融合于教学设计。[②] 缺失其中任何一部分的知识，都无法有效地使用教育技术。他们的理论框架为教师在实施教育技术时面临的困境提供了解决思路方法。为了支持教师达成这三个方面知识的持续性获得，学校需要在财务预算、教师专业素养、设备配备和更新、相关设备支持人员等方面做好准备。[③]

学校面临教育政策环境的变动，也需要及时地做出回应和调整。教学是学校办学工作的核心，学校的调整需要围绕教学展开，保持教学活动连贯性是调整的抓手。忽视这一抓手会导致各项教学工作之间协调性的缺失。例如，生涯教育得到重视，在中小学里开展起来，但一些学校存在师资缺失的困境，生涯教育与学生的课程选择和学业规划没有得到深度的结合，生涯教学活动和学科教学活动之间缺乏连贯性，生涯教育没有得到实践意义上的重视。诚然，难以达成生

---

① Mishra P, Koehler M J. Technological pedagogical content knowledge: a framework for teacher knowledge[J]. Teachers college record, 2006, 108(6): 1017 - 54.

② Shulman L S. Knowledge and teaching: foundations of the new reform[J]. Harvard Educational Review, 1987, 57(1): 1 - 22.

③ Anderson R E, Dexter S. School technology leadership: an empirical investigation of prevalence and effect[J]. Educational administration quarterly, 2005, 41(1): 49 - 82.

涯教学活动和学科教学活动之间的连贯性,也有其他的外部政策原因。考试制度对学科成绩的持续性关注,势必会影响投入其他与标准化考试成绩提升不直接相关的教学工作的资源。因此,当学校需要根据教育政策环境来调整教学活动的安排时,往往面临着超出实施具体活动所需资源以外的压力。外部政策成为教学活动调整的一个契机,同时也意味着挑战,调整以达成新的连贯性的过程中需要校长和教师付出巨大的努力。外部政策主要以提供方向的形式出现,并不会也不能够为每一所学校提供实现的具体路径和所有必须配备的资源。这让教学活动连贯性成为一个难以达成的目标,而是更多的让它以一种发挥指引作用的指标来让学校检视已有的教学活动安排和潜在的改革方向。

教学活动连贯性的操作性含义是指,强调质量教学并使用学校范围内的通用教学框架来指导和协调教学计划。这种协调需要通过校长和教师的沟通和合作来实现,教师的专业知识能够为教学活动调整所涉及的一系列决策提供有针对性的见解。教师和学生的直接对话所带来的对学生需求的深入了解,能够为教学活动的协调式改善提供更为准确的信息来源。因此,教学活动连贯性的可持续性实现更表现为一种合作式、学习型的学校氛围。[1] 提高教学活动连贯性的学校往往能够做到避免因教学资源和实践协调不佳而产生的资源浪费、无效教学现象。

在教学活动具有明显连贯性的学校中,通常存在一个通用的教学框架,这一框架用来指导管理人员、教师和其他工作人员之间的协作,以改进动态的教学[2]。管理人员和教师可以通过将共同的教学框架制度化,来确保为教学提供足够的制度支持和所需资源,协调相关活动,协调社区合作伙伴的多方面支持,保障合作的时间和空间。如果要寻求教学活动连贯性,这些内容需要在管理工作中得到充分实现。高度的教学连贯性可以通过减少教师分心从而提高教师的效率,培育教师专业精神,优化教学资源的使用以及促进学生的参与和积极性,

---

① Newmann F M, King M B, Youngs P. Professional development that addresses school capacity: lessons from urban elementary schools[J]. American journal of education, 2000, 108(4): 259 - 299.

② Youngs P, Holdgreve-Resendez R T, Qian H. The role of instructional program coherence in beginning elementary teachers' induction experiences[J]. The elementary school journal, 2011, 111(3): 455 - 476.

促进有效的教与学。[①] 同时也能减少资源的分散性。强调高度的教学活动连贯性也存在一定的风险。过度关注教学活动之间的一致性结果，而没有关注其可持续发展的合作机制，可能会限制教师在决策中的发言权和投入。这可能会危及教师的士气并可能对教学产生负面影响。

教学的连贯性实现取决于学校是否有能力将与教学相关的活动进行协调，并为教与学提供充分的组织支持。高度教学活动连贯性支持教师的专业成长，促进教学改进，并调节学校领导、教学实践和学生成绩之间的关系。[②] Newmann等人（2001）认为教学活动连贯性是通过一个共同的、不断发展的框架来指导教学、专业发展、评估和社区伙伴关系的。共同教学框架的关键组成部分可以在教师、员工和管理人员之间建立强烈的共识，并支持学校活动的连贯性，从而最大限度地提高其有效性。这一通用的教学框架的内涵，包括以下内容。[③④]

首先，框架意味着在年级内和年级之间存在协调的教学策略、教学评估和教学计划。除此之外，框架本身的存在意味着相关的保障机制，包括支持共同认识和实施共同教学框架的行政机制；使教师和工作人员具备执行和适应共同教学框架变化能力的专业发展；充分和稳定的资源分配，能够对共同教学框架的持续性改进提供支持。框架的这些组成部分共同强调了对教学改进工作采取系统观点的重要性。尽管与共同教学框架相关的实践因学校而异，取决于不同的领导实践和学校活动，其关键组成部分对于确保教学活动连贯性至关重要。这种连贯性需要强有力的学校领导、教师的专业精神、合作伙伴的支持、学校内部和社区资源的有效组织以及协作。

教学活动连贯性是改进教学的一种策略，而不是一个学校目标。如果把它

① Lee M, Hallinger P, Walker A. A distributed perspective on instructional leadership in International Baccalaureate (IB) schools[J]. Educational administration quarterly, 2012, 48(4): 664 - 698.

② Youngs P, King M B. Principal leadership for professional development to build school capacity[J]. Educational administration quarterly, 2002, 38(5): 643 - 670.

③ Hubers M D, Schildkamp K, Poortman C L, Pieters J M. The quest for sustained data use: developing organizational routines[J]. Teaching and teacher education, 2017, 67: 509 - 521.

④ Woulfin S L, Rigby J G. Coaching for coherence: how instructional coaches lead change in the evaluation era[J]. Educational researcher, 2017, 46(6): 323 - 328.

当成目标,其概念会出现异化。Newmann 等人(2001)指出了以建立教学活动连贯性为目标的几个潜在风险。高度连贯性的学校可能会排挤个性化需求。教师发展适合其背景和教学环境的教学技能的机会可能有限。同样,高度统一的教育活动可能会阻止学生个性化表达。鉴于这些风险,教学活动连贯性应置于满足教学目标的过程中,为教学目标服务。为了促进教学活动连贯性,管理人员和教师需要确保以下几点:一个共同的教学框架、支持该框架功能的充足资源、教师高度参与开发、实践和改进该框架。教师高度参与开发、实践和改进该框架包含教师对通用教学框架设定的一系列规范的遵守,即教学活动的拉通和协调。接下来对通用教学框架的具体定义,以及拉通和协调进行阐释。

第二节　实现教学活动连贯性

对于许多学校来说,实现教学活动连贯性具有挑战性,因为在实现过程中必须考虑以下几个因素。

第一,协调不同的学生群体所具有的不同的需求。学校面临的学生群体具有多样性,在一些国外研究中,我们常常能够看到性别、种族、语言、学习能力、社会经济地位差别导致的学生需求的多样性。例如,在美国的学校中存在第二语言教师助理,为母语非英语的学生在课堂上提供学习帮助。一些学校还区分出了有天赋的学生群体,进行针对性教学。在这种认可和鼓励多样性的文化中,教学管理工作中需要照顾到的学生多样化需求是显性的。在我国的中小学学校中,学生群体也存在多样性。教育政策和制度背景中产生了通用的教学标准和规范,但是在学校所具有的生源和师资等其他资源上无法实现可通约性。这就对学校教学管理,提出了在差异化的办学实际中同时满足学生多样化的需求,以及产出必须达到通用标准的教学成果。在教学资源不够丰富的欠发达地区的学校中,应对学生多样化的需求尤为有挑战性。

第二,长期连贯性需要教职工人员之间在工作上的持续沟通和协同一致。短期的协调一致可能通过行政命令来达成,然而,中小学的育人工作是一个长期的过程,各方面的教学工作需要在一个相当长期的规划中进行持续性的协调。学校的育人理念、育人文化、育人精神更是需要在一个长期的过程中逐渐发育起来,这伴随着教学管理队伍和教师团队内部的持续有效沟通和对学校文化的深度认可。

第三,各种改进计划和校外合作伙伴提供的材料往往是独立的,因此需要与学校的目标和战略进行协调和调整。学校外部存在丰富的育人资源,学校教学活动融入外部的育人资源并不是简单地拿来和添加,而是需要将其有机融入学校内部的育人活动,参与共建学校育人目标导向下的育人体系。在资源匮乏的学校中,学校教学管理不仅面临着内部资源不足,无法充分推进内部教学活动的局面,也同样面临着难以获取优秀的校外育人资源的尴尬处境。其改进教学活动、融合社区资源的协调性工作内容往往十分复杂。而对于这些学校来说,由于教学活动的连贯性在资源优化配置、优化管理机制和提高资源使用效率方面的指导性意义,实现连贯性是值得追求的目标。

第四,如果新设立的活动与学校的共同教学框架相冲突,可能会有损连贯性。共同教学框架的制定凝聚了学校管理人员和教师长期的心血,历经检验,当新设立教学活动时,需要首先考虑活动与已有框架的一致性。同时共同教学框架的形成,不仅仅代表教学活动方面的安排,更是学校管理机制、教学资源分配、人际关系网络等多个要素在教学上的共识性体现,新的教学活动的顺利推行需要得到这些方面的支持,这也是应遵循已有框架的另一层原因。当新的教学活动的融入产生了对已有框架修订的需求,相关的改革工作需要充分考虑已有框架的内涵和相关支持机制,从而做出妥善的修订安排。

实现教学连贯性需要从制定通用教学框架和在框架下进行全校范围内的拉通和协调以达到整体性的教学目的。如前所述,通用教学框架作为一种机制,用于阐明对学生学习目标的期望,指导教学实践、教师专业发展、教学评估、社区伙伴关系,指导对学校所处地区的更广泛的教学计划的评估。当教师、教师领导和管理人员共同构建框架文件、确定反映框架的实践、设计和提供教师专业的学习体验,使教师能够实施框架中涉及的实践并参与用于监控框架实施和有效性的

反思实践。^① 作为提问、对话和协商的产物,通用教学框架可以支持学校和学区
人员之间的互动、协作学习和建立共识。专业组织、地方政府和学校都有可能参
与制定学校可以采用的通用教学框架。管理人员和教师还可以在内部开发共同
的教学框架,以满足特定学校的背景需求。在提供旨在帮助教师准备实施通用
教学框架中概述的教学策略的专业学习体验时,给予教师足够的时间来理解框
架、发展共同语言、改变教学和学习的信念、实践新策略至关重要,除此之外还要
接收和回应有关他们努力参与新实践的反馈。Osborne 及其同事(2013)的一项
研究发现,那些被分配不到 30 小时的专业发展时间来制定和实施向中学生教授
科学推理的通用教学框架的教师,最终并没有比对照学校的教师在提升学生的
认知理解方面产生更大的收益。除了确保教师有足够的时间参与开发或学习如
何使用通用教学框架来指导实践之外,其他实施支持包括寻求教师针对框架的
清晰度和有用性的反馈^②。教师关于通用教学框架的清晰性和其与教学工作的
相关性的反馈反过来可以支持框架的定期修订。

实现教学活动连贯性需要全校范围内的拉通和协调以达到整体性的教学目
的。教学通用框架具体表现为一系列教学实施标准和规范,教师对通用教学框
架的遵守是指在教学框架的指导下,其教学活动符合这些既定的标准和规范,教
学活动得以根据标准进行对齐和拉通。协调是指实现一致性的程序保障,其核
心内涵在于教师协作。教师协作不仅是在既定标准下合作实施教学活动,还意
味着教师参与教学决策,以不断修订和完善标准。小学教师合作是学生数学和
阅读成绩的积极预测因素。在高中,教师合作促进了教师学习共同体的建设,从
而为学生在整个学期间的学业成绩的提高带来长期有效的效益。^③

教学活动连贯性强调全校范围内的合作。分散的协作,例如将管理人员群
体与教师群体分开,会产生限制连贯性形成的不确定性。管理者群体的合作促

---

① Oxley D. Creating instructional program coherence[J]. Principal's research review, 2008, 3(5):
1-7.

② Kedro M J. Coherence: when the puzzle is complete[J]. Principal Leadership, 2004, 4(8):
28-32.

③ McLaughlin M W, Talbert J E. Building professional learning communities in high schools:
challenges and promising practices[M]//Professional learning communities: divergence, depth, and
dilemmas. McGraw-Hill Education, 2007: 156-165.

进了教师的合作,管理者群体内部的冲突则会限制它,进而影响整个学校的教学过程。① 由于学校成员之间存在固有的障碍,这种合作形式变得不稳定。学校范围内的合作培养了一种专业文化,在这种文化中,教师专业发展程度和教师的工作满意度都会提高,从而对学生的成绩产生积极影响。②③ 它的精神核心是民主管理,这意味着可持续的教学活动连贯性无法通过强制执行共同的教学框架来实现。通过构建和支持教师协作,学校不仅实现了更大的一致性和协调性,而且还有助于培养教师对标准、课程材料、评估和专业发展活动的意识和理解④。由于其部门结构、教师专业知识的范围和离散的课程设置,在中学实现这种协作和协调可能具有挑战性。⑤

通用教学框架可以作为价值资源,支持年级内和年级之间的连贯性,以及协调教学计划的交付和改进。通过行使共同的教学领导力,管理人员、教师领导者和教师可以共同努力,确保共同的教学框架到位,并将其积极用于支持服务的系统调整和协调。协调还可能带来新职位,要求学校聘用教学人员和支持性岗位人员,以及为管理人员,并为员工提供持续的专业学习经验。在额外的战略人员配置中,管理人员还需要通过保护或重新分配诸如财务、空间、教学材料、共同计划时间和教学时间等资源来促进协调。⑥⑦

---

① Stosich E L. Principals and teachers "craft coherence" among accountability policies[J]. Journal of educational administration, 2018, 56(2).

② Banerjee N, Stearns E, Moller S, Mickelson R A. Teacher job satisfaction and student achievement: the roles of teacher professional community and teacher collaboration in schools [J]. American journal of education, 2017, 123(2): 203 – 241.

③ Carroll K, Patrick S K, Goldring E. School factors that promote teacher collaboration: results from the Tennessee Instructional Partnership Initiative[J]. American journal of education, 2021, 127(4): 501 – 530.

④ Allen C D, Penuel W R. Studying teachers' sensemaking to investigate teachers' responses to professional development focused on new standards[J]. Journal of teacher education, 2015, 66(2): 136 – 149.

⑤ Oxley D. Creating instructional program coherence[J]. Principal's research review, 2008, 3(5): 1 –7.

⑥ Miles K H, Frank S. The strategic school: making the most of people, time, and money[M]. Corwin Press, 2008.

⑦ Archibald S, Coggshall J G, Croft A, Goe L. High-Quality professional development for all teachers: effectively allocating resources. Research & Policy Brief [R/OL]. National Comprehensive Center for Teacher Quality, 2011: 1 – 32. https://files.eric.ed.gov/fulltext/ED520732.pdf.

第三节　教学活动连贯性量表开发

本节呈现了衡量教学活动连贯性的量表开发过程。该量表除了基于已讨论的文献,重点参考了 Newmann 等人的研究成果。Newmann 等人(2001)开展了一项"芝加哥学校联盟研究"。他们在 1994 年和 1997 年向美国芝加哥市的所有公立小学的教师分发了测量教学项目连贯性的调查,样本数据来自 222 所完整参加了两轮数据收集的小学。在 1994 年有 5 358 名教师对连贯性问卷作出有效回答,每所学校平均有 24 名教师,在 1997 年有 5 560 名教师做出回答,每所学校平均有 25 名教师。数据具有充分的当地代表性。在学生学业成就的数据收集上,他们采用了"爱荷华州基本技能测试"(Iowa Tests of Basic Skills, ITBS)这套题目,发放给 1993 年至 1997 年这 222 所学校的 2 至 8 年级的所有学生,测量他们的阅读和数学成绩。每年参加考试的平均学生人数有 81 493 人,每所学校平均有 367 名学生。他们提取了教师问卷中的部分问题,用来衡量学校教学活动的连贯性。1994 年使用的测量问题如下。

　　您在多大程度上同意或不同意以下每个陈述(非常不同意、不同意、同意、非常同意)?

　　1. 您可以在这所学校看到从一个教学项目到另一个教学项目之间存在真正连续性。

　　2. 许多专门的教学项目在我们的学校里来来去去。(该题为反向得分题,越同意则教学活动连贯性越低。)

　　3. 一旦我们开始一个新的教学项目,我们会跟进以确保它正常工作。

　　4. 我们有很多不同的教学项目,我无法跟上每一个。(该题为反向得分题,越同意则教学活动连贯性越低。)

在 1997 年,他们添加了新的测量项目:

5. 课程、教学和学习材料在不同的年级之间得到了很好的协调。

6. 同一年级的教师在课程、教学和学习材料方面具有一致性。

7. 这所学校引入的大多数新教学项目与教师和学生的实际需求和利益关系不大。(该题为反向得分题,越同意则教学活动连贯性越低。)

8. 这所学校引入的大多数教学项目变化都有助于促进学校的学习目标。

此外,他们还添加了一个总体评价问题:过去两年,你的学校教学活动协调性和教学关注重点在什么程度上发生了变化(变得更糟糕,没有变化,变得更好)?

他们的研究结果显示了教学活动连贯性对学生成绩的积极预测作用。他们基于分析结果指出,1993 年至 1997 年,芝加哥公立学校的阅读和数学考试成绩平均提高了 12%～13%;连贯性下降的学校相对而言表现不尽人意;连贯性显著改善的学校在 1997 年的平均分数比 1994 年高出近五分之一(阅读 19%,数学 17%),与教学计划连贯性没有变化的学校相比,他们的考试成绩提高几乎是其两倍,相当于每年多上一个月的学。他们为测量教学活动连贯性提供了理论基础和量表题目基础。

一、量表设计

基于他们的研究以及其他学者的研究所构建的理论框架,以及他们的测量问题,这里的量表设计作了继承、细化和改进,突出对连贯性的操作性内涵的测量。这个改进的目的在于通过问讯连贯性在实践细节上所需的保障,捕捉教师对连贯性的更细微的感知。具体的设计思考如下。

第一,量表问题全面地展示了理论框架,包括共同的教学框架、支持性工作条件和适当的资源分配,从这三个方面设计了相关问题,问询教师对教学框架的感知情况,问询学校是否提供相关支持条件和必要的资源来保障教学活动连贯性。

第二,构建量表的调查侧重于实现框架的手段的实施状态,即拉通和协调。该设计旨在衡量学校在教学连贯性方面的状况。量表有三个组成部分,包括通用教学框架、教师对通用教学框架的遵守、协调和评估学校的教学连贯性氛围。拉通和协调在量表中不能互换使用。对齐需要满足通用教学框架设定的标准。它是通过协调全校资源和教学活动来实现的。

第三,这三个部分相互嵌入,因此不设置为三个维度,而是统一在一个维度下。每个部分都有相应的测量项目。项目1—5展示了共同的教学框架,项目6—8用于测量协调,项目9和10用于测量拉通协调。此外,该量表通过各个项目的主体设置为"这所学校"或"这所学校的教师",以此来强调整个学校作为教学活动连贯性的背景。① 第一个组成部分从共同教学框架的意义(第1项和第2项)、支持性专业发展(第4项)、教学实践与共同教学框架的拉通对齐(第3项)以及定期修订等方面描述了共同教学框架在学校中的存在(第5项)。第二部分从共同语言(第6项)以及年级内和跨年级的协调(第7项和第8项)等方面评估协调水平,呈现框架存在的可持续性。第三部分评估教师对资源充足性的看法(第9项),其中介绍了由框架确定的适当资源分配,以及他们对调整学校教育目标、课程、教学策略的方式的理解和评估(第10项)。

第四,除了课程和教学上的协调,量表问题还强调了教学测评的协调。在Newmann等人的调查问题中,课程、教学和学习资料是作为并列的协调内容。在本节的量表中,学习资料被替换为教学测评,这是出于两个考虑。如今,教学资源多样性相比于20多年以前已大大提升了,教育信息化的深入正是多样化的表现,教学活动连贯性的保障需要协调更多种资源,学习资料在本量表中被包含在了更全面的资源相关的问题中。同时,基于数据的决策被越来越多地纳入教学决策中,学生学习表现的评估内容设定、结果沟通、结果使用已成为教学活动中不可缺少的内容,这也是连贯性所必须考虑的方面。

第五,项目围绕衡量教师心理状态,使用了"分享""理解""语言"等词语,以区别于描述是否存在框架或资源的事实表述。这种设计旨在捕捉正式活动中几乎抓取不到的教师之间的非正式协作和教师队伍内部的凝聚力。这种非正式合

---

① Lu J, Hallinger P. A mirroring process: from school management team cooperation to teacher collaboration[J]. Leadership and policy in schools, 2018, 17(2): 238 - 263.

作和凝聚力是在学校实现长期的、可持续的教学活动连贯性后才能够产生的。[①]另外,本量表针对中学设计,这是与 Newmann 等人的小学样本不同之处。由于中学和小学存在差异,笔者建议针对不同学段使用相应的量表。最初的量表版本包括 10 个问题,答案选项使用 6 点李克特量表,表示同意程度(1—非常不同意,2—不同意,3—有点不同意,4—有点同意,5—同意,6—非常同意)。量表如表 4-1 所示。

表 4-1　教学活动连贯性量表

说明:请回答本问卷上的每一个项目,选择最能反映贵校实践的答案。仔细阅读每个陈述。然后,选择能表明你对过去一学年针对你的学校出现了每种具体情况的认同程度的回答。对于每种情况,6 表示"非常同意",1 表示"非常不同意"。

	非常不同意 1	不同意 2	有点不同意 3	有点同意 4	同意 5	非常同意 6
1. 这所学校有一个共同的教学框架,传达了对学生学习和教学实践的具体期望。						
2. 这所学校有一个共同的教学框架,指导课程、教学和评估。						
3. 这所学校的教师经常将教学实践与一个共同的教学框架相结合。						
4. 这所学校的教师参与专业发展,以实施一个共同的教学框架。						
5. 这所学校的通用教学大纲会被定期修订而加以改进。						
6. 这所学校的教师在讨论教学(如教学目标、教学策略、评估等)时使用共同的语言体系。						

---

① Murphy J T. But aren't we extinct?: inhabited reform and instructional visibility in an open space school 40 years later[J]. Teachers college record, 2020, 122(9): 1-44.

	非常 不同意 1	不同意 2	有点 不同意 3	有点同意 4	同意 5	非常同意 6
7. 在这所学校,课程、教学策略和对学生的评价在每个年级的教师之间得到了协调。						
8. 在这所学校,课程、教学策略和对学生的评估在各个年级内的教师之间得到了协调。						
9. 这所学校提供资源(例如,材料、时间、人员等)来支持课程、教学策略和评估之间的一致性。						
10. 这所学校的教师了解以下所有元素是如何对齐拉通的:教育目标、课程、教学策略和评估。						

二、样本及数据收集

量表分析使用到两个样本。第一个样本用于探索性因子分析,第二个样本用于验证性因子分析。量表的链接通过电子邮件分发给美国中西部一个州的150 所公立中学的 6 200 名校长、教职工,共收到的 402 份来自教师的有效回复,这些回复同样被用于生成四个子样本进行敏感性分析。敏感性分析的目的是调查不同的个体和集体层面的回复率的差异是否影响因子结构的稳定性。一共进行了四个验证性因子分析和敏感性分析:① 样本Ⅰ,包含所有回复的个人级别样本($n=402$);② 样本Ⅱ,学校级别的样本,其中包括来自有回复的学校的回复($n=60$);③ 样本Ⅲ,学校级别的样本,包括回复率低于其总员工 10%($n=57$)的学校的回复;④ 样本Ⅳ,学校级别的样本,包括所有学校的回复,其中至少有一名教师提供了回复($n=117$)。学校层面的反应是通过汇总教师的反应得出的。然后对每个子样本进行验证性因子分析。以美国中西部一个州的 141 所公立中学为样本完成第二版调查,在这些中学招募了 5 296 名教师,并收到了 658份有效回复。在回复的学校中,103 所学校的回复率超其员工总数的 10%,提供了 558 份个人回复。通过汇总 558 份个人回答($n=103$)生成了学校层面的样本,该样本用于验证性因子分析。

三、探索性因子分析

(一) 样本 I:个体水平样本

1. 缺失值插补

为了避免推理分析结果出现偏差,使用 SAS9.4 对数据集进行多重插补。数据集有一小部分缺失值,每个项目的缺失值范围从 0.25 到 1.24。收集到的 402 份回复中有 98.51% 没有缺失数据。多重插补使用期望最大化算法和马尔可夫链蒙特卡罗方法,用一组值替换缺失值,这些值是从缺失值项目下的可能值分布推导出来的。五个估算数据集的任何变量的最大平均差为 0.010,最大方差差为 0.032,最大相关差为 0.005,平均误差小于 0.001,表明这些数据集之间存在微不足道的差异。中位数用于将五个数据集组合成一个最终数据集。表 4-2 报告了样本 I 在五次插补后的描述性统计结果。

表 4-2 样本 I 的描述性统计($n=402$)

	项目 1	项目 2	项目 3	项目 4	项目 5	项目 6	项目 7	项目 8	项目 9	项目 10
平均数	4.50	4.53	4.62	4.64	4.43	4.60	4.57	4.25	4.28	4.41
中位数	5.00	5.00	5.00	5.00	5.00	5.00	5.00	4.00	5.00	5.00
标准差	1.24	1.22	1.21	1.28	1.25	1.24	1.25	1.28	1.35	1.26
方差	1.55	1.49	1.46	1.63	1.56	1.55	1.57	1.63	1.82	1.58
偏度	−0.95	−0.97	−1.06	−1.01	−0.78	−1.10	−0.88	−0.70	−0.79	−0.79
峰度	0.71	0.74	0.93	0.60	0.13	1.01	0.28	0.04	−0.02	0.14

2. 多分格相关性

数据是有序的并且显示出多元正态分布,因此计算了多分格相关性,而不是将斯皮尔曼等级相关性或皮尔逊相关性作为探索性因子分析的基础。表4-3报告了 10 个变量的相关性。

表 4 - 3 样本 I 的多元相关性($n=402$)

	项目 1	项目 2	项目 3	项目 4	项目 5	项目 6	项目 7	项目 8	项目 9	项目 10
项目 1	1.00									
项目 2	0.90**	1.00								
项目 3	0.75**	0.82**	1.00							
项目 4	0.67**	0.70**	0.73**	1.00						
项目 5	0.71**	0.75**	0.74**	0.82**	1.00					
项目 6	0.74**	0.76**	0.71**	0.70**	0.79**	1.00				
项目 7	0.61**	0.65**	0.62**	0.65**	0.65**	0.71**	1.00			
项目 8	0.57**	0.62**	0.61**	0.64**	0.64**	0.70**	0.82**	1.00		
项目 9	0.59**	0.62**	0.57**	0.60**	0.62**	0.63**	0.61**	0.67**	1.00	
项目 10	0.69**	0.71**	0.70**	0.69**	0.74**	0.76**	0.68**	0.69**	0.71**	1.00

**相关性在 0.01 水平上显著。

3. 平行分析、探索性因子分析和信度

与上一章类似,这里基于多元相关矩阵而不是主成分分析的探索性因子分析,因为调查提出的问题在受访者的头脑中表现出潜在的结构(即受访者可以控制答案)。在进行探索性因子分析之前,使用 SAS9.4 对推荐保留的因子数量进行了平行分析。在分析中,只保留特征值大于从模拟数据集中派生的第 95 个百分位的因子。平行分析的结果推荐了因子结构的单因子解决方案,因此使用最大方差正交旋转法作为预旋转方法的单因子探索性因子分析。所有加载在因子上高于 0.3 的项目被保留。表 4 - 4 显示了每个项目的因子结构和特征值。单因子模型与 69.26% 的共同方差解释相关,克隆巴赫(信度)系数值为 0.95,格特曼折半(信度)系数为 0.90,表明调查具有良好的信度。

表 4 - 4 样本的因子模式与特征值

	因子 1	特征值
项目 2	0.88	0.39
项目 6	0.87	—0.04
项目 5	0.87	0.03

续 表

	因子 1	特征值
项目 10	0.85	−0.21
项目 3	0.84	0.15
项目 1	0.84	6.93
项目 4	0.83	0.07
项目 7	0.80	−0.10
项目 8	0.79	−0.12
项目 9	0.74	−0.17

(二) 样本 II:回复率超过员工总数 10% 的学校

1. 皮尔逊相关性

该数据集的缺失值百分比较小,每个项目的缺失值范围从 0.31 到 1.86。在 322 名受访者中,97.52% 的人没有缺失数据。该样本采用了相同的多重插补并组合上述数据集。通过汇总每所学校成员的回复,生成了学校样本($n=60$),该样本特征为学校的回复率高于其总教职工人数的 10%。数据的性质从序数型转换为连续型,因此计算皮尔逊相关性作为探索性因子分析的基础(表 4-5)。表 4-6 报告了样本 II 的描述性统计结果。

表 4-5 样本 II 的皮尔逊相关系数检验($n=60$)

	项目 1	项目 2	项目 3	项目 4	项目 5	项目 6	项目 7	项目 8	项目 9	项目 10
项目 1	1.00									
项目 2	0.88**	1.00								
项目 3	0.75**	0.82**	1.00							
项目 4	0.70**	0.77**	0.75**	1.00						
项目 5	0.72**	0.77**	0.73**	0.86**	1.00					
项目 6	0.72**	0.72**	0.75**	0.69**	0.74**	1.00				
项目 7	0.69**	0.73**	0.61**	0.71**	0.76**	0.67**	1.00			
项目 8	0.65**	0.62**	0.63**	0.50**	0.53**	0.70**	0.68**	1.00		
项目 9	0.77**	0.67**	0.58**	0.59**	0.64**	0.59**	0.62**	0.72**	1.00	
项目 10	0.81**	0.75**	0.70**	0.69**	0.78**	0.70**	0.67**	0.61**	0.81**	1.00

** 相关性在 0.01 水平显著(双侧检验)。

表4-6 样本Ⅱ的描述性统计(n=60)

	项目1	项目2	项目3	项目4	项目5	项目6	项目7	项目8	项目9	项目10
平均数	4.63	4.63	4.72	4.74	4.56	4.77	4.54	4.30	4.40	4.44
中位数	4.71	4.73	4.75	4.80	4.73	4.80	4.67	4.31	4.50	4.60
标准差	0.67	0.66	0.65	0.70	0.71	0.67	0.69	0.65	0.82	0.80
方差	0.45	0.43	0.42	0.49	0.50	0.44	0.48	0.43	0.68	0.65
偏度	−0.27	−0.43	−0.50	−1.08	−0.62	−1.13	−0.81	−0.66	−0.63	−1.01
峰度	−0.25	−0.19	−0.04	1.49	−0.24	2.10	0.78	0.32	0.21	1.09

2. 平行分析、探索性因子分析和信度

平行分析的结果建议应保留一个因子,并使用与样本Ⅰ相同的过程进行探索性因子分析。表4-7报告了每个项目的因子结构和特征值。该因子占方差的70.27%,克隆巴赫信度系数值为0.96,格特曼折半信度系数值为0.93,表明测量问题具有良好的内部一致性。

表4-7 样本Ⅱ的因子模型与特征值

	因子1	特征值
项目2	0.87	0.36
项目1	0.87	7.03
项目5	0.84	0.05
项目10	0.83	−0.27
项目3	0.83	0.17
项目4	0.81	0.16
项目6	0.79	−0.06
项目7	0.74	−0.11
项目9	0.87	−0.16
项目8	0.87	−0.14

(三)样本Ⅲ:回复率低于员工总数10%的学校

样本Ⅲ没有缺失值。通过汇总每所学校教师的回复,生成了学校样本,该样本中回复率低于其员工总数的 10%。教师个人回答被汇总为学校层面的回答,生成学校样本($n=55$)。表 4-8 报告了样本的描述性统计结果。表 4-9 报告了该样本项目之间的皮尔逊相关性。

表 4-8 样本 Ⅲ 的描述性统计($n=57$)

	项目 1	项目 2	项目 3	项目 4	项目 5	项目 6	项目 7	项目 8	项目 9	项目 10
平均数	4.37	4.49	4.61	4.60	4.36	4.34	4.53	4.26	4.09	4.57
中位数	4.67	4.50	5.00	5.00	4.50	4.50	4.50	4.00	4.33	4.50
标准差	1.18	1.08	1.01	1.15	0.98	1.10	1.08	0.98	1.10	0.93
方差	1.41	1.16	1.02	1.33	0.96	1.22	1.16	0.97	1.22	0.87
偏度	−1.24	−1.61	−1.51	−1.05	−0.90	−1.22	−0.55	−0.38	−0.56	−0.45
峰度	1.74	4.03	4.13	1.13	2.07	1.79	−0.23	−0.13	−0.43	0.59

表 4-9 样本 Ⅲ 的皮尔逊相关系数检验($n=57$)

	项目 1	项目 2	项目 3	项目 4	项目 5	项目 6	项目 7	项目 8	项目 9	项目 10
项目 1	1.00									
项目 2	0.86**	1.00								
项目 3	0.54**	0.60**	1.00							
项目 4	0.58**	0.52**	0.54**	1.00						
项目 5	0.63**	0.59**	0.60**	0.79**	1.00					
项目 6	0.78**	0.75**	0.51**	0.66**	0.72**	1.00				
项目 7	0.59**	0.61**	0.51**	0.63**	0.56**	0.64**	1.00			
项目 8	0.61**	0.64**	0.59**	0.67**	0.65**	0.61**	0.88**	1.00		
项目 9	0.32*	0.43**	0.33*	0.38**	0.30*	0.40**	0.64**	0.61**	1.00	
项目 10	0.46**	0.48**	0.42**	0.63**	0.71**	0.58**	0.54**	0.57**	0.50**	1.00

＊＊相关性在 0.01 水平显著(双侧检验)。

＊相关性在 0.05 水平上显著(双侧检验)。

根据平行分析结果,探索性因子分析保留了一个因子。最大方差正交旋转法被用作预旋转方法。所有项目加载高于 0.3 的因子并被保留。表 4-10 报告了每个项目的因子结构和特征值。该因子占方差的 58.97%,克隆巴赫信度系数值为 0.93,格特曼折半信度系数值为 0.90,表明调查的内部一致性很高。

表 4 - 10　样本Ⅲ的因子模型与特征值

	因子 1	特征值
项目 8	0.85	−0.21
项目 6	0.83	−0.13
项目 5	0.82	−0.01
项目 7	0.81	−0.14
项目 2	0.80	0.54
项目 1	0.79	5.90
项目 4	0.79	0.10
项目 10	0.70	−0.30
项目 3	0.67	0.42
项目 9	0.55	−0.26

（四）样本Ⅳ:所有学校

对于样本Ⅳ,删除两个没有学校信息的案例。在总共 400 例中,98.50% 没有缺失数据。估计缺失值的方法与之前的样本相同。由于五个数据集之间的差异很小,因此使用中位数将五个数据集组合成一个数据集。按学校汇总回复后,每所学校都有回复,生成学校样本($n=117$)。因为数据在聚合后具有连续性,所以需要计算皮尔逊相关性作为探索性因子分析的基础。表 4 - 11 报告了样本的描述性统计结果。表 4 - 12 表示皮尔逊相关矩阵。

表 4 - 11　样本Ⅳ的描述性统计($n=117$)

	项目 1	项目 2	项目 3	项目 4	项目 5	项目 6	项目 7	项目 8	项目 9	项目 10
平均数	4.49	4.54	4.65	4.66	4.45	4.54	4.54	4.25	4.22	4.47
中位数	4.67	4.67	5.00	4.83	4.50	4.75	4.67	4.25	4.33	4.60
标准差	1.00	0.93	0.91	0.96	0.96	0.93	0.95	0.87	1.03	0.90
方差	1.00	0.86	0.82	0.91	0.75	0.87	0.90	0.76	1.07	0.81
偏度	−1.29	−1.50	−1.67	−1.14	−0.87	−1.43	−0.70	−0.71	−0.77	−0.69
峰度	2.57	4.14	5.00	1.91	1.81	2.96	0.31	1.28	0.26	0.71

表 4-12 样本 Ⅳ (n=117)的皮尔逊相关系数检验

	项目 1	项目 2	项目 3	项目 4	项目 5	项目 6	项目 7	项目 8	项目 9	项目 10
项目 1	1.00									
项目 2	0.87**	1.00								
项目 3	0.63**	0.69**	1.00							
项目 4	0.62**	0.59**	0.59**	1.00						
项目 5	0.65**	0.63**	0.63**	0.81**	1.00					
项目 6	0.75**	0.72**	0.57**	0.67**	0.73**	1.00				
项目 7	0.64**	0.67**	0.58**	0.65**	0.63**	0.63**	1.00			
项目 8	64**	0.67**	0.65**	0.63**	0.62**	0.61**	0.85**	1.00		
项目 9	0.49**	0.55**	0.48**	0.47**	0.44**	0.48**	0.66**	0.68**	1.00	
项目 10	0.57**	0.59**	0.57**	0.66**	0.72**	0.58**	0.63**	0.63**	0.63**	1.00

平行分析的结果建议应保留一个因子。使用最大方差正交旋转法作为预旋转方法进行了保留一个因子的探索性因子分析。所有项目都被保留，因为它们都加载到 0.3 以上。表 4-13 报告了每个项目的因子结构和特征值。该因子占方差的 63.45%，克隆巴赫信度系数值为 0.95，格特曼折半信度系数值为 0.92，表明量表项目的内部一致性很高。

表 4-13 样本 Ⅳ 的因子模式与特征值

	因子 1	特征值
项目 2	0.84	0.42
项目 8	0.84	−0.17
项目 7	0.83	−0.15
项目 1	0.83	6.34
项目 5	0.82	0.03
项目 6	0.80	−0.10
项目 4	0.80	0.06
项目 10	0.78	−0.23
项目 3	0.75	0.33
项目 9	0.67	−0.20

四个子样本的探索性因子分析和信度测试的结果都表明保留了所有十个项目的一维因子结构。因为该调查旨在检查学校的状况,而不是个体层级的看法或行为,样本Ⅱ的结果(其中包括回复率高于10%的学校)需要重点关注。回复率较高的学校级样本可以更好地代表学校的状况,并最大限度地减少因受访者数量少而造成的偏差。因此,验证性因子分析使用了学校层级的样本,仅包括回复率超过10%的学校。

验证性因子分析使用了与探索性因子分析相同的过程检查和估算数据。每个项目的缺失项目数据百分比范围从0.002到0.007。在558名受访者中,96.59%的人没有缺失数据。使用中位数将五个估算数据集组合成一个数据集,并汇总每所学校教职员工的反馈,从而生成学校样本的连续数据集($n=103$)。表4-14报告了估算数据集的描述性统计数据。偏度和峰度的所有值都在-2和2之间,表明数据没有违反正态性假设。采用最大似然法作为估计方法。皮尔逊相关矩阵被用作验证性因子分析的基础(表4-15)。

表4-14　验证性因子分析的描述统计($n=103$)

	项目1	项目2	项目3	项目4	项目5	项目6	项目7	项目8	项目9	项目10
平均数	4.22	4.24	4.43	4.5	4.17	4.41	4.14	3.95	4.02	4.19
中位数	4.29	4.33	4.5	4.5	4.17	4.4	4.25	4	4	4.17
标准差	0.65	0.66	0.67	0.72	0.63	0.67	0.69	0.66	0.83	0.66
方差	0.42	0.44	0.45	0.52	0.40	0.46	0.48	0.44	0.69	0.44
偏度	0.10	0.42	0.46	0.27	0.19	0.43	0.31	0.10	0.29	0.16
峰度	0.20	0.07	0.20	-0.21	0.003	-0.16	0.33	-0.11	-0.48	-0.41

表4-15　验证性因子分析的皮尔逊相关系数检验($n=103$)

	项目1	项目2	项目3	项目4	项目5	项目6	项目7	项目8	项目9	项目10
项目1	1.00									
项目2	0.89**	1.00								
项目3	0.74**	0.79**	1.00							
项目4	0.60**	0.66**	0.69**	1.00						

续 表

	项目1	项目2	项目3	项目4	项目5	项目6	项目7	项目8	项目9	项目10
项目5	0.73**	0.81**	0.69**	0.73**	1.00					
项目6	0.65**	0.72**	0.69**	0.65**	0.70**	1.00				
项目7	0.58**	0.69**	0.56**	0.65**	0.62**	0.67**	1.00			
项目8	0.55**	0.64**	0.53**	0.58**	0.64**	0.63**	0.76**	1.00		
项目9	0.63**	0.69**	0.58**	0.65**	0.67**	0.69**	0.61**	0.64**	1.00	
项目10	0.66**	0.71**	0.66**	0.63**	0.71**	0.71**	0.64**	0.72**	0.73**	1.00

** 相关性在 0.01 水平显著（双侧检验）。

考虑到项目与被试的比例为 1∶10，相对较小，并且因子结构在四个样本中似乎是一维且稳定的，根据项目内容将项目分为四个打包组合。[1][2][3] 项目 1、2和 5 相加为第 1 部分，重点是学校存在一个共同的教学框架。第 3、4、6 和 10 项被归为第 2 部分，重点关注教师对通用教学框架的理解和实践。第 3 部分包含第 7 和第 8 项，重点关注年级内和年级之间教学活动的连贯性。第 4 部分只有第 9 项，侧重于教学框架的资源。基于 4 个组合之间的相关性进行验证性因子分析。表 4-16 表示相关矩阵。

表 4-16　4 个组合的皮尔逊相关性

	组合1	组合2	组合3	组合4
组合1	1			
组合2	0.86	1		
组合3	0.71	0.77	1	
组合4	0.71	0.76	0.66	1

使用 LISREL9.2 进行验证性因子分析。图 4-1 表示基于打包项目的教学

---

① Todd L D, Cunningham W A, Shahar G. To parcel or not to parcel: exploring the question, weighing the merits[J]. Structural equation modeling, 2002, 9(2): 151-173.

② DeVellis R F. Scale development: Theory and applications[M]. Thousand Oaks, California: SAGE Publications, Inc, 2012.

③ Comrey A L. Factor-analytic methods of scale development in personality and clinical psychology[J]. Journal of consulting and clinical psychology, 1988, 56(5): 754-761.

活动连贯性模型。所有指标均表明模型拟合良好,所有结构系数和因子载荷均显著($p<0.05$)。卡方的值不显著,表明模型拟合良好($p=0.77$)。近似误差均方根的值低于 0.001。标准化均方根残差的值为 0.007,小于 0.05。GFI 的值为0.997。模型被过度识别(df=2)。

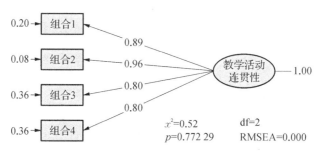

图 4-1　教学活动连贯性的模型

　　整体而言,因子结构在用于探索性因子分析的四个子样本中是稳定的,并得到了验证性因子分析的确认。研究结果证实了教学活动连贯性的一维结构。所有测量项目都表现出高因子负载,因此被保留。在探索性因子分析中,样本Ⅰ(个人水平)和样本Ⅱ(回复率超过 10%的学校)在项目的因子载荷方面更加相似,而样本Ⅲ(回复率低于 10%的学校)和样本Ⅳ(所有学校)彼此相似。然而,第 2 项("这所学校有一个共同的教学框架,指导课程、教学和评估")始终具有较高的因子负载,而第 9 项(资源)始终具有较低的因子负载。第 2 项的措辞是解释教学活动连贯性的最直接方式,因为它指出了结构的关键,即一个共同的教学框架。此外,第 9 项似乎是该结构中最弱的指标,在实践中受到的关注最少。接下来针对教师的共识程度最高和较低的调查问题展开讨论。

　　通过比较四个探索性因子分析子样本和验证性因子分析样本中每个项目的平均值,可以发现教师对于参与专业发展以实施共同的教学框架(项目 4)的认同度最高。这反映了教师在面对不同的教学活动以及教学项目变化时,普遍地需要知道相关的技能,即关注应该怎么做的问题。除样本Ⅲ(回复率低于 10%的学校)外,该项目在样本中保持最高的因子负载,而样本Ⅲ回复率过低可能无法准确地呈现该所学校教师群体针对连贯性的整体感受。这个发现的启示是,学校领导在决定实施共同的教学框架时应该关注教师的专业化发展,让教师获得相关的知识和技能准备。尽管还有其他相关支持能够促进连贯性，但教学工作的执行主体——教师，通过专业化发展做好准备是保障教学框架顺畅实施最直接的方法，也是必要的投资。除了教职工的技能准备，积极参与也是实施教学计划的关键。[①] 通过参与专业化培训，教师能够提前参与针对计划的思考，这有助于提升教师的投入度。另外，在学习过程中，教师能够针对教学计划表达、交流自身的观点，这有利于计划的潜在改进，有利于管理者找到教师对于计划的困惑点。针对这些困惑点的处理，是推进教学活动协调的抓手。

样本学校中的教师对教学活动连贯性表现在存在跨年级协调方面的认同程度是最低的（第 8 项）。产生这一结果可能的原因是，在中学，学科之间可能存在很强的连贯性，这会掩盖或削弱跨年级的连贯性。[②] 与此相对照的是，在 Newmann 等人（2001）采用小学样本制定的量表中，则保留了相关测量问题。不同学段的教学目标、教学计划、教学内容存在差异，相关的测量问题需要根据学段来专门设计。在中学样本中，未来对量表改进的方向可以是添加学科内部教学活动的一致性的调查问题。并且，也要针对初中和高中进行学段量表的区分。使用学段区分是一种手段，本质上是针对教学活动差异进行区分性的衡量。这也提醒我们，在不同的教育制度和政策环境中，如果教学目标存在差异，教学活动相应地也会出现差异，那么要制定一个具有实践测量意义的量表（针对具体的保障连贯性的学校管理实践的测量），需要根据当地情况来编写相应的问题。在普遍的标准化考试导向下，这些差异似乎在淡褪，但是，研究者和实践者仍然需要保持对这种差异的谨慎态度，防止出现量表带来的理论和实践的同化，进而避免测量给改进实践带来的抑制。基于数据的决策，本质上是基于实践效果的决策。量表在衡量实践效果上应当发挥更为准确测量的作用。另外，与样本 III 和 IV 相比，样本 I 和 II 中第 8 项的因子加载（每个年级的之间一致性）完全相反。尽管所有项目在样本间的因子载荷都很高，这意味着项目因子载荷的变化对因

---

① Graczewski C, Knudson J, Holtzman D J. Instructional leadership in practice: what does it look like, and what influence does it have? [J]. Journal of education for students placed at risk, 2009, 14(1): 72 - 96.

② McLaughlin M W, Talbert J E. Building professional learning communities in high schools: challenges and promising practices [M]//Professional learning communities: divergence, depth, and dilemmas. McGraw-Hill Education, 2007: 151 - 165.

子解释或因子结构的变化没有太大影响,但建议保留回复率较高的学校样本,以更好地代表学校。

样本学校中的教师对于获得教学活动连贯性必要资源的共识程度较低(第9项)。值得注意的是,这一结果并不完全否认教学活动连贯性和所需资源之间潜在的积极关系,而是提示我们教师可能缺乏对这种关系的理解。一个有远见的教学管理者应当确保持续、稳定地为学校教职工实施教学工作提供充足的资源。例如,教育信息化的相关研究指出,许多学校在购买技术设备时,没有制定全面和可持续的技术计划来确保这些设备得到及时维护和更新,或者没有为帮助教师学习如何使用设备提供足够的支持[①]。在问到教师使用教育技术设备的时候,教师的表述反映了他们的直观感受,简而言之为设备不好用,反而制造了麻烦,尤其当使用技术成为一种显性或者潜在的规则时,这种无力感会更加明显。深入剖析这种感觉产生的教学管理机制,是研究者、政策制定者和管理实践者需要做的。教师的感受来源可以分解到专业知识和技能储备与技术使用资源支持上。在前面的章节中提到,教师倾向于将管理实践带来的感受描述为单一维度,这与校长进行的多维度表述不同。在保障教学活动连贯性这一点上,教师可能倾向于将专业知识和技能准备作为关键。例如,在教育技术产品的使用上,相关培训能够解决很多问题。教师对于资源支持的感知程度可能受到专业化发展的影响,也就是更重视将专业知识技能的获得作为改进连贯性的手段。本量表中专业化发展的相关问题的共识程度的确是最高的。这一发现并没有降低资源的重要性。相反,它提醒学校行政管理人员和教师队伍领导者:努力确保有足够的资源用于教学连贯性可以为学校带来改变。总体而言,该量表的设计强调针对实践的测量,这有助于为制定旨在提高教学连贯性的干预措施提供信息。

该量表的制定存在一些不足。其中一项不足涉及由项目打包引起的方差掩蔽。尽管因子结构在用于探索性因子分析的四个子样本中已经保持稳定并且是一维的,但项目打包可能会降低方差,使得探测到的方差低于实际的方差。未来

---

① Vanderlinde R, Dexter S, van Braak J. School-based ICT policy plans in primary education: elements, typologies and underlying processes[J]. British journal of educational technology, 2012, 43(3): 505 – 519.

的研究应该使用更大的样本重新检查该量表的效度。另外一项不足是,使用的样本仅包括美国中学公立学校的教师。它对将结果推广到其他人群有所限制,例如其他国家和地区的其他类型学校的校长和教师。未来的研究可以尝试在其他团体或其他类型的学校(例如私立或特许学校)中检测该量表。此外,未来的研究可以比较教师和校长的反应,以探索他们各自对学校教学活动一致性状态的看法之间的关系。为了进一步验证(例如预测效度),未来的研究应该检查该量表与其他变量之间的关系,例如教师学术乐观[①]和分享式教学型领导力[②]。根据现有文献,这些变量应该彼此高度相关。如果使用此量表测量的学校教学活动连贯性表现,与学校在这些变量上的表现之间的关系,符合预测,那么将为该量表提供预测性效度证据。下一章将对分享式教学型领导力和教学活动连贯性的关系做出分析。

---

① Beard K S, Hoy W K, Hoy A W. Academic optimism of individual teachers: confirming a new construct[J]. Teaching and teacher education, 2010, 26(5): 1136-1144.

② Zhan X, Anthony A B, Goddard R, Beard K S. Development, factorstructure, and reliability of the Shared Instructional Leadership Scalein public secondary schools [J]. Educational management administration & leadership, 2023, 51(1): 75-94.

第五章　分享式教学型领导力和
教学活动连贯性的关系

　　本章对分享式教学型领导力和教学活动连贯性之间的预测关系进行实证分析,基于分析呈现学校管理知识经历的"从校长领导的行为到学校教学结构成熟度和可持续性"的产生过程。

第一节　关系的理论架构

　　Lambert 在 2002 年提出分享式领导力的理论框架,强调要基于探究来使用教学活动中的信息,进而来指导决策和实践。产生共享的知识是学校的驱动力量,即教师、校长、学生和家长检查数据以寻找答案并提出新问题,多元主体一起反思、讨论、分析、计划和行动。[①] 根据 Urick(2016)的说法,分享式教学型领导力的概念界定将学校校长和教师纳入协作制定核心工作决策中来,决策制定过程表现为合作发展教学知识。从概念上看,分享式教学型领导力强调多元主体共同获得知识。根据知识的定义,这个概念强调对教学工作中产生的观点进行集体审视,让集体对教学工作中产生的观点进行可重复性的实验,观察和测量成果,从而产生教学知识。这个定义从管理理念上,为教学知识是需要多元主体参与检视、获得和更新的,而非由自上而下的指令传达的信息这一观点提供了合法性。这一协作产生知识的过程建立了学校集体育人能力,为教学计划的实施提

---

① Lambert L. A framework for shared leadership[J]. Educational leadership. 2002,59(8):37-40.

供全校范围的支持。① 之所以强调全校范围，是因为这一过程的参与主体和包容的教学工作内涵的广泛性。这个概念将教学成果的优劣归因为是否有足够的真正保障教学质量的知识产生，其操作性含义的重点在于校长和教职工进行合作。然而，合作本身并不是目的。

教学领导力的共享被认为提高了教学计划有效改进的可能性，因为这种共享支持了教师的自主教学权力。这种自主权让教师得以根据学生的具体情况，来进行相关的教学决策，而不是不得已采取"一刀切"的做法，教师得以对学生的实际需求做出更迅速的反应。这种共享还有助于提升教师对学校的忠诚度，通过让教师投入教学计划的设计和实施，增强其归属感。同时，这种共享带来的及时沟通、增进理解还给教师群体提供了共同方向。分享式教学型领导力发生在校长和教师合作改进课程、教学和评估上，②而不是在学校运营的其他必要领域（如预算、设施和安全）上。这些领域的决策固然是十分重要的学校管理内容，但和教师的专业领域并不直接相关，让其参与决策会占用教师的精力，其专业知识并不直接能解决这些领域的问题。在以高度分享式教学型领导力为特征的学校中，校长赋予教师教学决策权力，促进他们的专业成长，并在与其教学职责相关的教育问题上与他们展开真实的合作。这种赋权与教师的集体效能感以及最终他们所服务的学生的学习成绩呈正相关。

分享式教学型领导力能够导向协调一致的教学管理和改进方法，因此有助于开发全校教学系统。该系统依赖于一个通用框架来指导教学、学习、专业发展、课程和评估。发展教师对学校通用教学框架的共同理解和制定相应的改进策略的工作，能够减少教师对可能来自同事或行政管理人员的零碎指导的依赖。通过避免零散的指导，分享式教学型领导力促进了教学改进，部分原因是它促进了教学活动连贯性的生成。这反过来又提高了教师的个人效能感和专业精神，

---

① Brown C, MacGregor S, Flood J. Can models of distributed leadership be used to mobilise networked generated innovation in schools? A case study from England[J]. Teaching and teacher education, 2020, 94: 1-11.

② Marks H M, Printy S M. Principal leadership and school performance: an integration of transformational and instructional leadership[J]. Educational administration quarterly, 2002, 39(3): 370-397.

优化了教学资源的使用,并促进了学生学习投入度的提升。分享式教学型领导力和教学活动连贯性不是独立运作的,而是围绕有利于改善学生成绩的教师赋权产生了结构性连接。分享式教学型领导力的程度取决于教师对为实现教学实践可持续性的、协调的参与程度。[1][2] 如果教学改进缺乏对教学活动内部连贯性的关注,一味强调共同决策可能导致资源浪费,教师工作效率降低,学校工作人员之间的真实协作减少。同样,让教师参与制定教学活动连贯性的框架和执行机制,进而要求教师按照已制定的内容开展教学实践,高度的连贯性才有可能充分发挥其作用。

现有的领导力研究表明,高质量教学与校长—教师之间协作的关系一直受到关注[3][4]。分享式教学型领导力的概念是一项民主事业,校长通过该事业赋予教师权力,不再强调自上而下的控制。它回应了批评者对于教学领导力的忧虑,即传统的教学领导力概念只强调校长,不关注教师改善教学决策的力量。分享式教学型领导力强调教师参与教学管理,因此往往会提升教师的士气,提高他们改进教学的能力,从而给学生带来更好的学习成果。实施分享式教学型领导力的校长应该做到以下几点:① 认识到正式和非正式领导者、环境和教育实践之间的相互作用;② 培养学校成员参与包容性民主管理的能力;③ 授权教师改进教学;④ 积极地将教师的实践与支持性文化中的领导任务结合起来。但教师的集体贡献并不总能确保领导力的有效性。如果学校没有能力组织相关的投入以

① Talbert J E. Professional learning communities at the crossroads: how systems hinder or engender change [M]//Second international handbook of educational change. Springer international handbooks of education, 2010(23). Springer, Dordrecht.

② Burke P F, Aubusson P, Schuck S, Buchanan J, Prescott A. How do early career teachers value different types of support? A scale-adjusted latent class choice model[J]. Teaching and teacher education, 2015, 47: 241 – 253.

③ Bowers A J, Blitz M, Modeste M E, Salisbury J, Halverson R. Is there a typology of teacher and leader responders to CALL, and do they cluster in different types of schools? A two-level latent class analysis of CALL survey data[J]. Teachers college record, 2017, 119(4): 1 – 66.

④ Hallinger P, Heck R H. Leadership for learning: does collaborative leadership make a difference in school improvement? [J]. Educational management administration & leadership, 2010, 38(6): 654 – 678.

建立跨教学活动的一致性,分享式教学型领导力的实际效果可能事与愿违。[①]

　　教学活动连贯性促进了当前教学实践的改进,并以符合全校教学指导框架的方式采用新的实践。该框架通过协调各种教学计划和资源分配满足需求,从而促进教学的有效性。它通过最大限度地减少不相关举措的干扰来优化教师对教学工作的输入。它还需要教师之间就他们教学实践的协调方式达成共识。它往往与教师的效能感、教师合作和学生成绩呈正相关。然而,如果教师发现很难在学校的教学框架中看到他们的想法或需求,那么高度的教学活动连贯性可能无法发挥其潜力。如果没有投入,教师感觉自己的想法没有受到学校重视,就会有教师士气低迷的可能。校长应将教学活动连贯性视为促进质量教学的一种策略,而不是一个里程碑。为了发挥其潜力,应通过分享式教学型领导力来实现教学活动连贯性。

　　整合分享式教学型领导力和教学活动连贯性,是学校管理知识产生的必经过程。校长需要真正让教师参与学校教学框架的发展。让教师参与学校领导有助于以满足学校成员不同但相关的需求方式组织教学计划。教师参与教学领导也有助于确定教师对专业发展的需求,并将教师专业知识纳入学校的教学改进愿景和目标。相比之下,威权式的决策过程往往会限制教师对教学计划的投入,限制信息流入决策,其中包括教师基于专业知识技能的观点,教师基于学生反馈的观点,教师在实施教学工作时对组织支持机制的反馈。这就会导致学校对教师需求的反应不如与教师合作时的反应积极,从根本上破坏知识产生的流程。与教师共同开发的框架相比,自上而下的、未听取教师意见而开发的教学框架往往会导致学校范围内的知识生成投入的减少。在学校面对挑战时,教学框架的可持续性会降低。在教师参与的基础上开发一个连贯的教学框架也往往会提升士气,增强教师效能信念,改善教师关系,同时减少因不协调的努力而引起的分心乃至效率低下、教学效果不佳的问题。分享式教学型领导力和教学活动连贯性的发展都有助于增强学校克服障碍的能力和协调回复学生需求的教学能力。

---

　　① Leithwood K, Mascall B, Strauss T, Sacks R, Memon N, Yashkina A. Distributing leadership to make schools smarter: taking the ego out of the system[J]. Leadership and policy in schools, 2007, 6(1): 37 - 67.

　　分享式教学型领导力理念承认推行有效教学的权力分布在学校系统中。对这一分布状态的认可是校长和教师共同构建教学管理知识的前提,因为它体现出了对教学工作质量评价的相关信息来源的多样性的关注。广纳信息有助于校长和教师真正在整个学校组织的范围内构建教学管理知识,这种系统性知识进而影响教学工作。在学校中进行一系列有效教学工作并不是通过自上而下的行政命令来实现的,而是要让教师参与到教学管理知识的共建中来。这种知识共建的机制和知识产出的稳定状态意味着教学工作连贯性。

　　上述理论需要通过对接下来的研究假设的检验来进一步验证:分享式教学型领导力是学校之间教学活动连贯性差异的正向且在统计学意义上显著的预测因子。除了如上所述假设来测试分享式教学型领导力和教学活动连贯性之间的线性关系外,接下来还将进一步调查,学校是如何根据其分享式教学型领导力和教学活动连贯性级别以特定方式分组的。更具体地说,如果数据支持以上假设,预计存在一些学校在这两个结构上的表现得分都相对较高,而一些学校在这两个结构上的表现得分都相对较低。然而,分组分析将探索学校是否可以在一项指标上得分较高而在另一项指标上得分相对较低的可能性。因为回归系数没有揭示这种细微差别的信息,对数据进行潜类别分析能够探索学校细分类别。

　　对学校分类的思考基于下面的理论框架,该框架将分享式教学型领导力和教学活动连贯性整合到学校教学环境的类型学中。该类型学根据分享式教学型领导力或教学活动连贯性程度的高低对学校进行分类。一所学校的分享式教学型领导力和教学活动连贯性程度都高,或都低,或一个高一个低,据此创建了四种不同的理论上可能的学校概况。在这种类型学中,低程度的分享式教学型领导力被描述为“集中式”,指的是教师参与教学决策有限的状态;相比之下,高程度分享式教学型领导力被描述为“分享式”领导状态。对于教学活动连贯性,低水平表现被称为“不连贯”,高水平表现则被称为“连贯”。交叉分区的象限呈现了四种可能的学校领导概况。这种假设分类回复了 Newmann 等人的定性分析。[①] 他们发现学校能够通过民主也能够通过自上而下的威权式管理方法实现更高的教学活动连贯性。在他们的样本中,具有威权管理特征的学校的教学活动连贯性高于其他学校,但低于具有民主管理特征的学校。根据这一结果,应用更大的样本从分类的角度来检验教学活动连贯性与两者之间的关系,以进一步揭示在它们可能的线性相关中是否隐藏着更微观的关系。图 5-1 总结了这里描述的交叉分区。

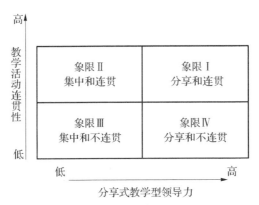

图 5-1 分享式教学型领导力和教学活动连贯性的交叉分区四象限

象限 Ⅰ:分享和连贯。一所以分享式教学型领导力和教学活动连贯性为代表的学校的特点是,有一个共同的教学框架,教师们致力于该框架并围绕该框架进行协作,以达到实现和改进的目的。在这样一所学校,教师和校长共同做出教学决策,并且因为不同的教师的声音都受到了重视,对现有教学框架的修订结合了教师关于如何尽可能满足所有学生需求的专业知识。即使冲突不可避免,分享和连贯的教学领导有助于最大限度地减少其破坏性影响,并且可以导向高效解决,因为学校社群以共同商定的目标为指导。当教学型领导力是分享且连贯时,教师以符合学校改进框架的方式、避免分裂和冲突的合作,决定现行策略的改进。[②]

象限 Ⅱ:集中和连贯。图 5-1 所示类型学中的另一种可能状态是分享式教

① Newmann F M, Smith B, Allensworth E, Bryk A S. Instructional program coherence: what it is and why it should guide school improvement policy[J]. Educational evaluation and policy analysis, 2001, 23(4): 297-321.

② Hubbard L, Datnow A. Design thinking, leadership, and the grammar of schooling: implications for educational change[J]. American journal of education, 2020, 126(4): 499-518.

学型领导力低而教学活动连贯性高的学校。这样一所学校将以统一的教学框架为指导,并为教师提供协调的资源和支持,以促进框架的实施。然而,由于教师在制定框架的决策过程中参与有限,因此实施往往是混合的,因为并非所有教师都会积极配合它。例如,虽然教师可能会遵循现有的教学、课程、评估和专业发展程序,但很难改变教学实践以应对出现的问题,因为投入最少的教师可能对变革的效能感减弱。此外,如果一个人的投入不被重视,其士气和忠诚度可能会下降。如果现任校长离开学校,可持续性也可能成为问题,因为与共同商定的方向相比,威权式的指导不太可能自我延续。鉴于有证据表明,当决定与教师直接相关时,应邀请教师提供意见,否则连贯的教学制度就有可能难以真实实施。[①]

象限Ⅲ:集中和不连贯。第三种可能的状态涉及一所主要由校长领导且教学活动连贯性薄弱的学校。在这样一所学校,教学计划协调不力,教师可能会感到脱节并只能独自指导他们的教学决策。不协调的教学计划可能会产生冲突,从而导致士气下降,可能会破坏回复学生需求的努力。在这样的学校里,教师往往孤立地工作,许多人不理解甚至不支持学校的教学愿景或改进目标。这些学校的特点还通常表现为在专业发展、资源、教学、课程和评估方面的不一致,而同时教师发现他们的观点很难影响学校的教学决定,他们也缺乏有效途径去表达诉求。

象限Ⅳ:分享和不连贯。第四象限描述了这样一种学校,在该学校中教师可以表达自己的想法并可以自由地实施他们关于教学的决定;然而,由于教学实践没有得到教学活动连贯性的保障,也就是说没有达到学校层面通用的教学指导框架下的具体标准,教师的教学实践没有得到充分的协调,教学实践无法得到系统改进,反而会引发混乱。这种混乱使学生的教育体验更多的是完成教师分配的教学任务,而不是在连贯的教学活动设计中的顺畅地学习。例如,在学校资源不足或不协调的情况下,教师认为必要的改变可能难以实施。如果没有一个共同的教学框架来保障教师教学实践所需的配套资源,就可能在教学实践上产生冲突,教师缺乏方向感。低连贯性同样可能对教学实践的效果产生负面影响,并导致教师感到沮丧。

---

① Moon J M, Camburn E M, Sebastian J. Streamlining your school: understanding the relationship between instructional program coherence and school performance[J]. School effectiveness and school improvement, 2021: 1-20.

第二节　数据分析和关系验证

　　本节将采用数据来检验学校中分享式教学型领导力和教学活动连贯性的关系。这部分分析旨在帮助扩展对校长如何以支持持续教学改进的方式调动教师专业知识的理解。首先,采用分层线性模型,测试分享式教学型领导力和教学活动连贯性之间的关联。分享式教学型领导力作为学校级别的变量,因为它属于组织层面的特征。采用平均数作为结果的回归模型[①]来估计分享式教学型领导力在统计意义上正向显著预测学校间教学活动连贯性差异的程度。这部分分析侧重于分享式教学型领导力和教学活动连贯性之间的关系。具体的研究问题是,在控制学校关键特征(包括学生成绩、学生流动性、入学人数和学生群体的社会经济地位)的前提下,分享式教学型领导力与教学活动连贯性之间存在什么关系?第二部分分析将潜类别分析方法用于测试样本学校分类到四个亚组中的程度,即根据分享式教学型领导力和教学活动连贯性的水平,来检测是否存在区别显著的学校亚组。根据上一节的假设,存在以下四个学校亚组的可能性。① 分享式教学型领导力和教学活动连贯性都高(高—高)。② 分享式教学型领导力低而教学活动连贯性高(低—高)。③ 分享式教学型领导力和教学活动连贯性都低(低—低)。④ 分享式教学型领导力高而教学活动连贯性低(高—低)。样本包含来自美国中西部一个州的 113 所公立高中的 624 名教师,其样本描述性统计特征是在学生先前成绩、学生流动性、入学人数和社会经济地位方面没有出现超过三个标准差的异常值。样本中的教师回答了有关他们学校的分享式教学型领导力和教学活动连贯性程度的调查问题。具体的分析步骤是,先进行分层线性模型分析,再进行潜类别分析。具体介绍如下。

---

　　① Raudenbush S W, Bryk A S. Hierarchical linear models (2nd edition)[M]. Newbury Park: Sage, 2002.

一、分层线性模型

此分析包括三个多层次模型。首先由第一个模型确定教学活动连贯性在学校之间的差异程度。接下来求证了学校的学生前一年标准化考试成绩、流动性、社会经济地位和入学人数等背景特征在多大程度上解释了学校在教学活动连贯性水平上的差异。最终的模型旨在保持前面模型中包含的其他学校条件的水平不变的情况下,探究分享式教学型领导力解释了多少教学活动连贯性在学校间的差异。下面分别介绍这三个模型及其关联。

模型1:具有随机效应的单向方差分析(以教学活动连贯性作为结果变量)。

层级-1模型:$IC_{ij} = \beta_{0j} + r_{ij}$

层级-2模型:$\beta_{0j} = \gamma_{00} + u_{0j}$

混合模型(IC为教学活动连贯性):$IC_{ij} = \gamma_{00} + u_{0j} + r_{ij}$

模型2:使用均值结果模型进行回归(不包括分享式教学型领导力为预测条件)。

层级-1模型:$IC_{ij} = \beta_{0j} + r_{ij}$

层级-2模型:$\beta_{0j} = \gamma_{00} + \gamma_{01} \cdot (M_j) + \gamma_{02} \cdot (E_j) + \gamma_{03} \cdot (ED_j) + \gamma_{04} \cdot (P_j) + u_{0j}$

混合模型:$IC_{ij} = \gamma_{00} + \gamma_{01} \cdot (M_j) + \gamma_{02} \cdot (E_j) + \gamma_{03} \cdot (ED_j) + \gamma_{04} \cdot (P_j) + u_{0j} + r_{ij}$

(M—流动性;E—入学人数;ED—社会经济地位;P—前一年标准化考试成绩)

模型3:使用均值结果模型进行回归(纳入分享式教学型领导力为预测条件)。

层级-1模型:$IC_{ij} = \beta_{0j} + r_{ij}$

层级-2模型:$\beta_{0j} = \gamma_{00} + \gamma_{01} \cdot (M_j) + \gamma_{02} \cdot (E_j) + \gamma_{03} \cdot (ED) + \gamma_{04} \cdot (P_j) + \gamma_{05} \cdot (SIL_j) + u_{0j}$

混合模型:$IC_{ij} = \gamma_{00} + \gamma_{01} \cdot (M_j) + \gamma_{02} \cdot (E_j) + \gamma_{03} \cdot (ED_j) + \gamma_{04} \cdot (P_j) + \gamma_{05} \cdot (SIL_j) + u_{0j} + r_{ijd}$

(SIL:分享式教学型领导力)

二、潜类别分析

潜类别分析根据学校的分享式教学型领导力和教学活动连贯性分数将学校划分为不同类别,测试学校间根据这两个结构上的表现的区分程度。[①]

两个分析中涉及的变量定义和测量方式如下。分享式教学型领导力和教学活动连贯性使用前两章的量表测量结果。学校级别协变量除了分享式教学型领导力和教学活动连贯性之外,还加入了四个学校级别的协变量,每个协变量都是在调查执行前一年获得的。它们是从提供公开数据的州行政数据库中获得的。包括以下变量:

(1)学生的前一年标准化考试成绩。该变量衡量本分析收集调查数据前一年的数学和阅读平均标度分数。

(2)学生群体的社会经济地位。该指标是指每所学校经济困难学生的比例。

(3)学生流动性。这个变量是指学生在校就读的时间少于一个完整学年的百分比。

(4)学生入学人数。这个数字描述了根据该州行政数据库在每个抽样学校注册的学生总数。

表5-1报告了教师层级的分享式教学型领导力和教学活动连贯性分数的描述性统计数据。它还提供了连续学校级别变量的描述性统计数据,包括在学校级别汇总的分享式教学型领导力和教学活动连贯性分数。表5-2报告了学校变量之间的相关性。分享式教学型领导力和教学活动连贯性呈显著正相关。学生流动性与先前成绩呈负相关,与社会经济地位呈正相关,这意味着在学校停留超过一学年的学生越多,学校中社会经济地位低的学生越少,先前成绩越高。

---

① Hagenaars J A, McCutcheon A L（Eds.）. Applied latent class analysis［M］. Cambridge University Press，2002.

表 5-1　描述性统计数据

	$n=624$		$n=113$					
	分享式教学型领导力[a]	教学活动连贯性[a]	分享式教学型领导力[b]	教学活动连贯性[b]	学生流动性	前一年标准化考试成绩	入学人数	社会经济地位
平均值	4.25	4.27	4.23	4.24	0.09	0.36	624.43	0.36
标准差	1.05	1.00	0.68	0.55	0.04	0.36	392.85	0.23
最小值	1.00	1.00	1.93	2.84	0.02	-0.65	154.00	0.00
最大值	6.00	6.00	5.64	5.60	0.24	1.21	1780.00	1.00

a 个体层级。

b 学校层级。

表 5-2　学校层级变量间的相关性($n=113$)

	分享式教学型领导力	教学活动连贯性	学生流动性	前一年标准化考试成绩	学生入学人数	社会经济地位
分享式教学型领导力	1.00					
教学活动连贯性	0.63**	1.00				
学生流动性	0.07	0.08	1.00			
前一年标准化考试成绩	0.06	0.06	-0.55**	1.00		
学生入学人数	-0.01	0.17	0.08	0.11	1.00	
社会经济地位	0.13	0.14	0.60**	-0.48**	-0.15	1.00

**相关性在 0.01 水平显著(双侧检验)。

表 5-3 报告了分层线性模型分析的三个模型的输出结果。以下对每一个模型进行解读。

表 5-3　分层线性模型

	模型 1	模型 2	模型 3
固定影响			
截距(γ_{00})	4.26***	4.16	4.17***
学生流动性(γ_{01})	—	0.02	—0.003
入学人数(γ_{02})	—	0.10	0.09*
社会经济地位(γ_{03})	—	0.13	0.03
前一年标准化考试成绩(γ_{04})	—	0.26	0.16
分享式教学型领导力(γ_{05})	—	—	0.59
教学活动连贯性在学校间的异质性:(%)	—	4.44	90.91

* $p \leqslant 0.05$。

*** $p \leqslant 0.001$。

模型 1:具有随机效应的单因子方差分析。完全无预测条件的模型的结果表明,教学活动连贯性的教师报告在学校之间存在显著的平均异质性($\tau_{00}=0.14, p < 0.001$)。组内相关系数为 0.15835,这表明学校之间存在15.84%的基于教师报告的教学活动连贯性差异。

模型 2:以平均数作为结果的回归分析(不包括分享式教学型领导力作为预测条件)。该模型包括学校背景变量,以解释学校之间教师对教学活动连贯性看法的差异。该模型在 2 级预测变量中不包含分享式教学型领导力。它表明,仅包含学校特征控制变量的模型解释了教学活动连贯性中 4.44%的校际差异。然而没有一个变量是教学活动连贯性的统计意义上显著的预测变量。

模型 3:以平均数作为结果的回归分析(包括分享式教学型领导力作为预测条件)。该模型将分享式教学型领导力作为预测变量添加到模型 2 包含的变量中。模型 3 解释了教学活动连贯性中 90.91%的学校间差异。鉴于模型 2 仅解释了相同方差的 4.44%,结果表明,分享式教学型领导力独立地解释了教学活动连贯性中学校之间方差的 86.47%。分享式教学型领导力是教师对其学校教学活动连贯性看法的一个积极且重要的预测因子($r=0.59, p < 0.001$)。此外,在

考虑到教师对分享式教学型领导力的看法后,学校规模是教师对教学活动连贯性看法的适度积极和显著的预测因子($r=0.09$,$p=0.035$)。也就是说,在分享式教学型领导力水平相同的情况下,学生较多的学校往往教学活动连贯性程度略高。

三、潜类别分析

基于四象限的理论框架,这里使用统计分析软件 Mplus7.3,来测试将样本学校分为一组(不分组)、分为二组、分为三组和分为四组的模型。此外,本次分析还扩展到分为五组的模型,以探索理论框架的边界。表5-4比较了这些模型的拟合情况。熵和 Lo-Mendell Rubin 测试(LMR)调整后的测试结果在一组模型中不可用。将学校分为两组的模型的 LMR 的 p 值小于 0.05,而将学校分为三组的模型的 LMR 的 p 值大于 0.05,表明将学校分为三组的模型的拟合效果并不明显优于两组模型解决方案。然而,bootstrap LR 检验的结果表明,将学校分为三组的模型的拟合效果显著优于两组模型($p<0.001$)。bootstrap LR 测试的结果而不是 LMR 的结果被用于判定组数,因为模拟研究表明它比 LMR 测试在确定类数方面更准确。[1] 将样本学校分为三组模型的 AIC、BIC 和 aBIC 值最小。熵值范围从 0.68 到 0.83。将学校分为三组的模型的熵值也位居第二,为0.77。熵值呈现的信息是样本学校分类的准确程度。这个模型的后验概率数值都很高(0.88、0.85、0.91),这表明对学校被正确分配到给定组的信心很高。三个组分别占学校总数的 47%(分享和连贯)、6%(集中和连贯)、47%(集中和不连贯)。以上信息表明,将学校分为三组的模型最优。[2]

---

① Nylund K L, Asparouhov T, Muthén B O. Deciding on the number of classes in latent class analysis and growth mixture modeling: a Monte Carlo simulation study[J]. Structural equation modeling: a multidisciplinary journal, 2007, 14(4): 535 - 569.

② Jung T, Wickrama K A. An introduction to latent class growth analysis and growth mixture modeling[J]. Social and personality psychology compass, 2008, 2(1): 302 - 317.

表 5 - 4　潜类别分析模型拟合对比

分组数	一组	二组	三组	四组	五组
AIC	424.67	386.23	374.75	376.32	375.07
BIC	435.57	405.32	402.03	411.78	418.71
aBIC	422.93	383.19	370.42	370.69	368.14
熵	—	0.68	0.77	0.73	0.83
Lo，Mendell，Rubin Adjusted Test	—	1 v 2 Value 41.51 $p<0.02$	2 v 3 Value 16.32 $p=0.21$	3 v 4 Value 4.14 $p=0.34$	4 v 5 Value 4.55 $p=0.31$
Bootstrap LR Difference Test	—	1 v 2 $p<0.001$	2 v 3 $p<0.001$	3 v 4 $p<0.51$	4 v 5 $p<0.45$
每组样本数	C1=113	C1=45 C2=68	C1=53 C2=7 C3=53	C1=3 C2=16 C3=46 C4=48	C1=8 C2=3 C3=53 C4=47 C5=2

　　结果表明,基于样本数据,没有模型能够完全复制四象限框架,框架中四个组中的三组在样本中都有代表学校。然而集中和连贯组的样本数很小。表5-5提供了不同分组解决方案之间变量均值和组成员数量的比较。图5-2—图5-5是分为二组(图5-2)、分为三组(图5-3)、分为四组(图5-4)和分为五组模型(图5-5)的样本值散点图和剖面图。

表 5-5　不同分组数的模型和组成员数量对比

	总平均数	第1组	第2组	第3组	第4组	第5组
分为两组的解决方案						
分享式教学型领导力	4.23	3.67	4.61	—	—	—
教学活动连贯性	4.24	3.78	4.55	—	—	—
N	113	45 (39.8%)	68	—	—	—
分为三组的解决方案						
分享式教学型领导力	4.23	3.91	2.87	4.73	—	—
教学活动连贯性	4.24	3.97	3.28	4.64	—	—
N	113	53	7 (6.2%)	53	—	—
分为四组的解决方案						
分享式教学型领导力	4.23	2.37	3.68	4.00	4.77	—
教学活动连贯性	4.24	3.27	3.50	4.12	4.68	—
N	113	3	16	46	48	—
分为五组的解决方案						
分享式教学型领导力	4.23	2.95	3.03	4.68	3.97	5.32
教学活动连贯性	4.24	3.29	4.52	4.60	3.91	5.29
N	113	8	3	53	47	2

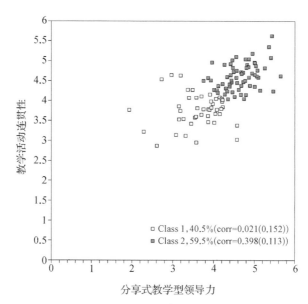

图 5-2　分为两组的样本值散点图

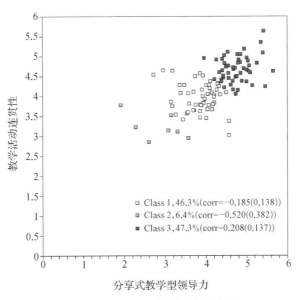

图 5 - 3　分为三组的样本值散点图

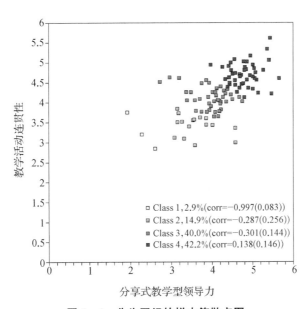

图 5 - 4　分为四组的样本值散点图

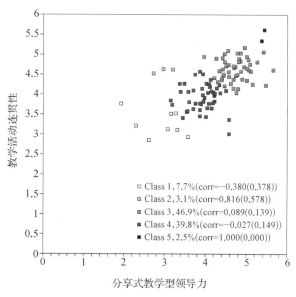

图 5-5　分为五组的样本值散点图

　　图 5-2 呈现的模型是将样本分为两组,这两组代表了两个象限:象限Ⅰ(高分享式教学型领导力—高教学活动连贯性)和象限Ⅲ(低分享式教学型领导力—低教学活动连贯性)。从分为两组的模型到分为三组的模型的转变表明出现了一个低分享式教学型领导力和相对高教学活动连贯性的组(图 5-3)。这组的分享式教学型领导力和教学活动连贯性程度均在本模型的三组中最低,但其自身的教学活动连贯性程度高于分享式教学型领导力。相比之下,其他两组(高—高和低—低)的分享式教学型领导力和教学活动连贯性水平相对一致。在分为四组的模型中,在分享式教学型领导力和教学活动连贯性最低的组里,其教学活动连贯性程度高于分享式教学型领导力,而在其他三组中,分享式教学型领导力的绝对水平与教学活动连贯性的绝对水平相似。当将观察扩展到分为五组的模型时,能够发现出现了分享式教学型领导力和教学活动连贯性水平一致的三组(第 3 组、第 4 组、第 5 组)。这四个组将象限Ⅰ(高分享式教学型领导力—高教学活动连贯性)和象限Ⅲ(低分享式教学型领导力—低教学活动连贯性)划分为三个组,每个组的分享式教学型领导力和教学活动连贯性水平相似。与分为三组的和分为四组的模型一样,分为五组的模型里出现了特殊的第 1 组和第 2 组,

这两组的教学活动连贯性分数高于分享式教学型领导力。

在所有模型中，没有一组以教学活动连贯性水平绝对低而分享式教学型领导力水平相对较高为特征的学校。这表明该样本缺乏第四象限（高分享式教学型领导力—低教学活动连贯性）的代表性。其他三个象限表现良好。从分为三组的模型到分为五组的模型，产生了相同的结果：一组分享式教学型领导力程度最低的学校，其特征是相对较高的教学活动连贯性，表明象限Ⅱ的一种特殊形式（较低的分享式教学型领导力—较高的教学活动连贯性）。除了象限Ⅱ，其他模型中确定的其他组与象限Ⅰ（高—高）或象限Ⅲ（低—低）一致。基于模型拟合指数、组均值比较、模型描述的简约性以及以往文献的证据，决定保留分为三组的模型。在分为三组的模型中：第1组的分享式教学型领导力平均值为3.91，教学活动连贯性平均值为3.97（$n=53$）；第2组（$n=7$）为2.87和3.28；第3组（$n=53$）为4.73和4.64。这证实了缺乏具有高水平分享式教学型领导力和相对较低教学活动连贯性的学校。同时，尽管在显著意义上存在低水平分享式教学型领导力和相对较高教学活动连贯性的学校分组，其数量明显少于其他类型。

第三节　分享式教学型领导力促进教学活动连贯性

多层线性模型的数据分析结果证实，分享式教学型领导力和教学活动连贯性具有显著而正向的共同变化。以高分享式教学型领导力为特征的学校往往也具有相对较高的教学活动连贯性水平。同样，那些以分享式教学型领导力低迷状态为特征的学校也往往具有弱协调的教学活动。而对于教学活动连贯性在学校之间的差异，包括社会经济条件、学生流动性、入学人数和先前成绩在内的学校整体特征能进行解释的差异小于4.5%。入学率人数与教学活动的连贯性之间存在显著的正相关关系。这给我们的启示是，教学活动之间的脱节在较大的师生群体中可能更为明显。在更大体量的学校中，教学活动连贯性的制度化表达及其作为一种文化意识传播可能会更加明确。这是为了使教学活动能够更加顺畅地进行。在这种环境中，教师可能更容易感受到连贯性的存在。在控制了学校背景特征的差异后,分享式教学型领导力几乎可以解释大部分的学校之间教学活动连贯性的差异。这有力地表明,学校教学计划的连贯性水平不是以上学校背景特征的函数,而是学校内部直接让教师参与教学改进的领导力的函数。

具体来说,分层线性模型结果表明,分享式教学型领导力和教学活动连贯性之间存在相对线性的关系,其中一个增加,另一个也增加。潜类别分析证实了第三组学校的存在,这些学校的特点是样本中教师投入决策的水平最低,同时,其本身的教学活动连贯性水平比分享式教学型领导力水平高。也就是说,在没有教师投入的情况下,教学活动连贯性仅留给集中决策来设计,因此无法达到与具有相当高水平分享式教学型领导力的学校所表现出的一样高的水平。换句话说,似乎有可能让学校拥有低水平的教师赋权,而同时拥有较高水平的教学活动连贯性,这种连贯性是通过威权式的教学管理方式来推行的。相比之下,没有出现教师参与教学管理程度高而教学活动连贯性水平较低为特征的学校。这意味着高水平的教师教学决策参与度始终伴随着相当高水平的教学活动连贯性。但是,连贯性与教师参与决策度都低于样本均值时,连贯性的表现优于教师的参与决策度。如果存在因果顺序,教师参与教学领导可能是高度教学活动连贯性的先决条件,而不是相反。提出这一主张是因为与集中式领导的学校相比,在高度分享式领导的学校中,更可能存在高水平的教学活动连贯性。虽然连贯的教学框架是学校改进的条件,但仅靠它是不够的,因为它的实施效果依赖于预期实施它的主体,也就是教师能够发挥的才能、投入的关怀以及承诺。[①] 除非教师参与其创建,否则教学框架难以充分发挥其潜力。然而,分享式教学型领导力是否是教学活动连贯性的原因,尚有待未来进一步研究。

理论框架中设想的四种学校类型无法得到样本学校数据的支持。象限Ⅱ(在分为三组的模型中,分享式教学型领导力低而教学活动连贯性高的学校分组)在分享式教学型领导力和教学活动连贯性上的得分和象限Ⅰ以及象限Ⅲ是

---

① Woulfin S L, Rigby J G. Coaching for coherence: how instructional coaches lead change in the evaluation era[J]. Educational researcher, 2017, 46(6): 323 - 328.

无法持平的,也就是说,根据两个概念的相对关系,有一个学校分组符合象限Ⅱ,但其教学活动连贯性的得分远低于象限Ⅰ的得分。象限Ⅳ则在各个模型中都无法得到一个分组的支持。

分析结果还提醒我们,尤其需要注意区分共享式领导力和教师自主权这两个概念。共享式领导力的含义在前几章中已得到说明。教师参与教学决策不等于仅仅共享提升学生成绩的目标而单独地行使自主权,而是要形成全面的可持续的合作教学。这种缺乏交流和合作的教师自主会造成教学资源的浪费,降低教学效率。这种情况下即使教师表明他们拥有决策权力,也不代表这所学校有共享式教学型领导力。在这样的学校,通用教学框架是缺失的。学生学业水平提升需要整所学校的支持,而非仅仅是某一次的课堂。教师们需要形成合力来保障这种支持的实现。如果一所学校中的教师群体仅仅有对教学目标的共识,共享式教学型领导力可能停留在口头或者主观意愿上,这无法形成教学活动连贯性的保障。

对教师进行教学领导力赋权,参与教学决策,能够使教师更好地理解学校的教学框架,这有助于在教学环境中实现可持续的高度的教学连贯性。[1][2] 因此,只要校长确保真实的共同的教学领导一直得到稳定实施,强大的教学活动连贯性是自然而然出现的学校特色。即使在短期内,校长邀请教师参与决策的低绩效学校也比教师参与停留在低水平的学校进步得更快。[3] 校长的职责是确定教师和教师领导在教学领导方面合作的程度和方式。换言之,虽然增强连贯性的过程需要教师的参与,但校长有责任让教师参与教学决策过程,包括建立教师协作团队,确保教师团队能够在空间、时间和专业培训方面进行共同学习和领导,并定期审查这项工作的有效性。没有校长对这种做法的保证,分享的教学领导不可能蓬勃发展。

---

① Krovetz M L, Arriaza G. Collaborative teacher leadership: how teachers can foster equitable schools[M]. Corwin Press, 2006.

② Holloway J, Nielsen A, Saltmarsh S. Prescribed distributed leadership in the era of accountability: the experiences of mentor teachers [J]. Educational management administration & leadership, 2018, 46(4): 538 - 555.

③ Finnigan K S, Stewart T. Leading change under pressure: an examination of principal leadership in low-performing schools[J]. Journal of school leadership, 2010, 19(5): 586 - 618.

最后,教师参与教学决策不是指要求所有教师参与课标的创建。本分析的发现并不能解决教师共同制定课程的问题。即使在集中式教育制度中,理论上教师仍应能够共同努力,就如何满足他们所服务的学生的学习需求做出决定,其关注点在于实施教学活动而非课标构建。研究结果建议未来的研究人员考虑在课程集中制订的国家测试这一说法。这里报告的发现仅限于使用的样本,因此需要未来的研究来确定它们是否适用于其他人群。未来的研究人员可能还希望一起调查校长和教师对分享式教学型领导力和教学活动连贯性的看法。例如,可以考虑使用模糊集定性比较分析来探索它们之间的关系以及对教学改进的影响。[1] 该方法挖掘植根于布尔算法的数据并针对不对称因果关系,这意味着一个组态由几个条件组成,这些条件可以解释预期结果的存在,但不能解释结果的缺失。它将条件和结果之间的线性关系分解为更精细的条件—结果连接类别。研究这两种观点之间的相互作用有助于加深我们对学校领导力的理解,并进一步促进学生成绩的提高。由于校长领导力通过教师间接影响学生的成绩,我们应关注校长与教师之间的互动。[2]

潜类别分析结果以一种启示性的方式补充了分层线性模型分析。从整体看来,分享式教学型领导力和教学活动连贯性的基础关系是正向关联的,这意味着采用潜类别分析将两者的线性关系进一步拆分,是将线性关系以分为两组的方式呈现,即两个概念上的得分呈现一致的高或者一致的低。这种分组的颗粒式的关系和基于连续型变量的线性关系得出的结果是一致的,主要在表达方式不同。采用潜类别分析进一步拆解两个概念之间的关系,分组越细致,则意味着在不脱离正向线性关系的基础上对"高—高"和"低—低"两组进一步拆分。根据组间差异的显著性检测结果,分组在进行到分为三组的模型时就可以停止了,分为四组的模型和分为五组的模型实际上在对两组进一步拆分。观察组间在分享式教学型领导力和教学活动连贯性上的平均分差异,可以发现在两者得分低的组,

---

① Rihoux B, Ragin C C. Configurational comparative methods: qualitative comparative analysis (QCA) and related techniques[M]. Sage Publications, 2009.

② Bowers A J, Blitz M, Modeste M E, Salisbury J, Halverson R. Is there a typology of teacher and leader responders to CALL, and do they cluster in different types of schools? A two-level latent class analysis of CALL survey data[J]. Teachers college record, 2017, 119(4): 1 - 66.

教学活动连贯性高于分享式教学型领导力的差值越来越明显,而在两者得分高的组,相反,分享式教学型领导力高于教学活动连贯性的差值越来越明显。进一步的拆分在目前的样本量上已经失去了显著组间差异的区分意义,因此,这里的分析主要是描述性和探讨式的。从教师感知的角度来看,越是在分享式教学型领导力和教学活动连贯性水平高的学校中,教师越能更明显地感受到校长和教职工的合作式氛围;越是在分享式教学型领导力和教学活动连贯性低的学校中,教师越能更明显地感受到教学活动的连贯性,这种连贯性水平与其他学校比更低,只是相较于校长和教职工的合作式氛围更能让教师感受到。

　　分析结果和理论探讨共同暗示了分享式教学型领导力和教学活动连贯性之间的因果性,但要真正从数据上严格地验证两者之间存在因果关系的可能性,还需要进一步研究。未来的研究人员可以考虑收集纵向数据来检查每个学校水平的变化。一种可能的研究设计是进行一项实验,其中一组以分享式教学型领导力和教学活动连贯性水平较低为特征的学校被随机分配到实验组和对照组。为了测试分享式教学型领导力的因果影响,实验组可以接受高保真度、基于研究的分享式教学型领导力制定培训,而对照组则照常开展工作。在培训结束时,以及至少在之后的一年,组比较可以集中在实验组是否表现出比对照组显著更多的教学活动连贯性增长。如果是这样,那将支持这样的结论,即分享式教学型领导力确实会导致教学活动连贯性的提高。此外,由于潜类别分析的发现暗示了两者之间的因果关系,我们建议教学连贯性的测量要晚于分享式教学型领导力进行。数据分析的结果表明分享式教学型领导力与教学活动连贯性之间存在强烈而积极的关联,同时强调了分享式教学型领导力是实现完全连贯的教学计划的必要条件的可能性。

　　还需要注意本章的潜类别分析的样本选择限制。教学活动连贯性和教师教学决策参与度低的群体代表样本的一小部分,未来的研究需要使用更大的样本来验证这个小群体存在的稳定性。此外,未来的研究应该将两种调查分发给同一所学校的不同教师群体,以减少调查噪声对结果的影响。另外,还需要注意分享式教学型领导力和教学活动连贯性之间的关系在教师个人层面(即学校内部)可能会有变化。未来的研究人员可能希望研究教师个体的分享式教学型领导力经验在多大程度上可以预测他们的教学活动连贯性体验。此外,未来的调查人员可能希望了解角色(例如,教师领导者)的差异是否会在教师层面调节分享式教学型领导力和教学活动连贯性之间的关系。

除了扩大样本,未来研究还可以发挥质性研究方法的优势,对两者的"颗粒式"的关系进行进一步探究。潜类别分析为"颗粒式"的关系上的挖掘提供了先导,是基于 Newmann(2001)等人的研究的进一步探索。他们采用质性研究方法对各个具有不同教学活动连贯性水平的学校进行了分析,得出的结论符合四象限理论框架,他们认为数据支持了威权管理方式也能带来教学活动连贯性。根据他们对这所学校的测评,其教学活动连贯性的得分仅仅略低于一所实行分享式教学型领导力的学校的教学活动连贯性的得分,且高于其他学校得分。而在本章的分析结果中,这类学校的教学活动连贯性得分是不高的。这种差异发现背后的解释是,本章更为强调教学活动连贯性作为学校可持续发展的特征,不是一蹴而就的,这个关注点在量表中就已得到了体现。在未来的研究中,基于Newmann(2001)等人和本章的发现,应该用质性研究方法对学校在教学活动连贯性的获得和学校权力流动的路径做深入挖掘。

以校长领导力为核心内涵的教育管理学实证研究在纷繁的管理活动中,剥离出了以人为轴线的管理规律,从凸显个人管理风格的校长领导力概念(教学型领导力、变革性领导力)逐渐转向校长和教师共同管理。这种研究思路围绕着以人为主体的设定进行。知识体系的结构化也是围绕着人群来实现的,表现为实证研究的设计中大量地采用了校长—教师—学生的层级式设计,每一层级的变量内涵是行为主体的针对已发生实践活动的感受。这样一种以人为主体来搭建的知识结构和学校实际开展的实践活动结构,在理想上应当是吻合的。本部分的实证研究对这两种结构之间的关联进行了检验,研究的结果验证了,以校长和教师为主体的人格化的管理实践和学校教学活动连贯性这一客体化结构之间存在正向关联。这进一步描述了管理知识在学校内部产生的过程。

第三部分

育人活动的整体性与经验的重构

前两部分在学校内部环境中对教学管理知识的生成过程、理想面貌和参与主体进行了探索。这部分将转向对学校内部管理和外部政策环境协同构建管理知识的过程，以进一步完整描述学校生成管理知识的信息来源渠道，扩展检验校长领导力效能所需的实际证据的产生和作用的空间。针对已有研究者和实践者提出的关于领导力理论悬浮于实践之外的质疑，这部分进一步将外部政策环境纳入学校管理知识生成的过程。政策与学校之间存在互动已得到广泛关注，但是现有管理知识结构、学校管理实践和外部政策环境之间的联系还缺乏统一框架下的探讨，三者之间存在割裂。这部分从学校作为一个组织的反应的角度来描述三者之间脱节的问题。由于在办学实际条件和外部政策环境方面广泛存在多样性，管理工作发挥作用所蕴含的整体性认识没有在已有的学校管理规律中体现出来，学校办学改进的过程表现为动态的组织学习和适应性过程。学校的教育实践和外部政策环境之间脱节导致了资源的浪费、学校内部结构性冲突、学校采用封闭或转移矛盾的短程方式来缓冲内部结构与外部环境之间的冲突等一系列问题。本部分提出学校管理实践的改进需要管理者和研究者进行管理学知识生产、学校管理实践和外部政策环境的连接性思考。本部分采用国际数据进行相应的实证分析，探讨校长在学校办学实际和政策环境的背景中，如何推动学校管理知识的生成，通过数据分析探索管理者推动学校进行适应性发展的抓手。

　　第六章将首先针对这一现象探讨三者之间的一致性构建的难点。第七章将探讨学校作为一个组织对管理变革的反应过程。第八章将采用国际数据进行实证分析，以学生学业成就为锚点，探究三重结构相通的机理，探讨校长在学校办学实际和政策环境的对话中如何推动学校教学管理知识的整体性生成。

第六章　连贯性的困境：管理实践与理论的壁垒

本章探讨学校内部活动之间连贯性不足，以及学校管理实践和外部政策环境之间连贯性缺失的困境。基于非完整实践产生的管理理论难以与真实的实践对话，两者间存在壁垒。

第一节　学校内部育人活动和外部政策环境条件之间的连贯性

近几十年来，教育管理学实证研究把行为和个体区分开来，不强调领导行为主体的个人特征，而是强调可被观测的、可被复制的管理行为实践。这一导向破除了管理素养的整体性，产生了管理人员专业化的趋势，校长可以通过标准化的培训来获得管理技能。专业化不仅在管理人员中，也在教学人员，也就是教师群体中，得到提倡。由于教育被赋予学校，成为一种组织的使命。原本复杂的育人工作，嵌构在教育政策和学校组织中，逐渐模式化，成为简化的抽象的教学活动。尤其是当学校的育人成果被作为学业产出，再进一步的被替换为学生在标准化考试当中的成绩，配合教育政策引导的绩效评价指标，整个中小学阶段的育人工作就被重塑成了基于教育政策、学校组织行为、标准化考试成绩的一种广为接受的有组织有计划的青少年成长模式。

追寻这样一条思路的实证研究容易出现的主要问题是理论和实践碎片化，缺乏整体的逻辑性。剥离了行为主体的特征，仅仅来看行为，就意味着将行为主体为何会做出某一种行为的过程进行抽象，这一复杂的过程被大大简化了。20世纪前半叶出现的优秀校长的个人特质研究在实证研究中逐渐退出历史舞台。

后来出现的校长领导力类型的实证研究中广泛使用了量表,用校长管理行为的测评来衡量校长领导力这一原本蕴涵着更为复杂含义的概念。其研究结果在指导实践时,逐渐浮现出了行为无法复制,也就是校长领导力模式难以推广的问题。研究者们针对这一问题对校长管理行为作出了更为全面和深入的探索,在这一过程中更加明确地推崇管理行为,而非管理者特质的重要性,将不同校长领导力模式所具有的行为进行整合。实际上,行为主体在做出某件事情的时候,其背后牵扯的因素多种多样,有政策原因、学校办学实际条件、个人特征等等。单独描述某一种可被观测的管理行为并不能够完全地重现管理行为发生的所有原因以及其复杂的意愿本身。这个问题在将基于某一地区的校长管理行为,实证研究提炼出来的管理规律,移植到另一个地区时,表现得尤为明显。随之出现的,是将不同地区的文化因素、政策因素、办学实际条件等尽可能多的影响校长管理行为的因素考虑进来,重构一个新的模型。本质上,这种思路并不脱离实证研究的框架,因为将可观测到的条件和管理行为结合在一起,仍然是放置于可验证的模型中。这种努力避免将管理规律陷于不可知的境地之中。

　　解决这一问题的基本思路,是从对管理行为进行真实全面的描述出发,进而思考如何改进实践。进一步的,这条思路应当被构想为如何实现教育政策、办学实际条件、学校管理行为之间的连贯性。教育管理学是一门实践学科,始于实践,终于实践,在现阶段学校是承担育人工作的主要组织的情况下,要不脱离学校组织来找出改进学校管理实践的建议。但值得注意的是,相关的学校管理规律应当是中性的,也就是说,我们应当对这些规律保持中性的态度,而不是将其看作自然法则。现阶段学校管理理论当中存在的问题是缺乏这种连贯性,在管理者专业化进程中越来越明显,合格的优秀的管理者被认为是可培养可复制的,通过一系列专业化的培训项目,例如推广名校长的工作理念和经验,这种做法对提升管理水平是有益的。更为高效的思考角度,则是在推广这些经验时,提炼出校长管理行为和办学实际条件、政策环境之间的交互关系,一些校长面临的困境,远远超出校长本身的管理行为规律可解决的范畴。可以预见的是,在基于连贯性的基础上,提炼出办学环境、办学条件和管理实践的协同作用规律以后,随着育人成果、育人组织形式在未来的变化,相关的理论需要得到修正,并且行为主体的形式逻辑也不仅仅从以上三方面就可以得到完全的概括,但在目前的阶段,这是一个值得努力的方向。

在追求教育管理效率提升的过程中,研究者和管理者试图达成存在于教学活动各个主体和环节之间的连贯性。这种连贯性表现为学校办学实际条件、学校教学管理实践和政策环境之间的有效沟通和协调,本质上,是学校有效管理知识的成熟。在以往的实证研究中,这个形成连贯性的任务,主要被放在了校长的肩上。相关的实证研究所形成的理论,也是围绕校长这一行为主体来对这种追求连贯性的过程进行描述的,因而产生了多种校长领导力模式的理论。然而这些理论在提出之际,就不断地受到管理者和政策制定者的审视,根据这些理论产生的逻辑,不难发现,它们在被运用到解决学校管理中遇到的困难时有一定的局限。实现连贯性的困难在于,连贯性的理论性概念,在学校场域中还不十分清晰,并且缺乏操作性概念。从实证研究的角度来看,这两种概念的缺失,是相依相伴的。

校长在学校内部管理以及学校为回应教育政策而做的努力中,需要探索实现连贯性的手段。连贯性的内容包含与标准的吻合和实现吻合过程中的多方协调。连贯性的操作概念常被误认为标准的吻合,这主要是由于自上而下的政策传达方式和学校管理方式引起的。这就造成了连贯性的困境,总是无法完美地契合标准,一套设计合理的教学标准在学校里执行起来漏洞百出,这常常被归咎于标准制定得不够完善或者学校和学校之间存在社会经济条件、生源、师资方面的差异。破解这一困境的突破点主要在学校管理方式,涉及标准的政策制定方面不在本书讨论范围之内。需要注意的是,政策制定有其独特逻辑,也因此在调整方面存在局限性。其中包括不能够过于详细地制定要求,这是为了给政策执行主体(在我们的情境中是学校)留出因地制宜的空间。从学校管理方式的角度看,如果要形成学校办学条件、教学管理实践、政策环境之间的连贯性,学校管理改革方向是构建学习型组织,生成管理知识,其抓手是教师合作与参与教学决策。

教育管理学的知识结构主体是围绕以校长领导力为核心的实证研究构建的,知识结构存在的问题在于学校管理、实践结构和外在的制度、环境结构之间存在不匹配,这种问题在不同学校和不同制度背景中都得到了验证。在以美国、英国为代表的类似教育制度环境下的教育管理学实证研究中,对该问题的解决方案是构建育人活动连贯性,或者称为育人活动的协调性。育人活动协调性是在学校的内部和外部环境中协商需求、资源和关系达成高契合度。协调性一般包含两部分内容：学校与其外部政策环境之间的协调性；内部教学活动的协调性。学校在办学愿景、教学计划和外部政策环境之间进行互动时会调整办学实践和策略。同样，每所学校的教学愿景、可用资源以及员工对学校决策的投入之间也存在博弈。尽管协调性在定义上包含两部分内容，但在实际操作结果中人们往往关注学校内部育人活动的协调性。因为，政策因素会内化为学校内部因素，对内部育人活动产生影响，内部育人活动具有稳定的高协调性，即意味着学校消化了政策影响，外部协调性实际上也已经达成。

两种类型的协调性都不会以简单的双向方式发生，而是一个复杂的过程，不仅涉及教师和行政人员多方参与，还涉及愿景、资源、教学计划之间的协调。在理想情况下，育人活动的协调性实现要求学校整体联动来支撑教学，教师专业发展和评估，从而促进教学的改进。这个过程提高了教师的专业水平，优化了教学资源的使用，并促进了学生的学习投入度。学校的高治理水平和育人活动的协调性以互促的方式促进育人质量的提升。治理能够使校长和教师在协作决策的过程中推动育人知识在组织中的自然流动，该过程可激活全校范围内对育人计划的联动支持。[1] 当校长和老师共同努力以改进课程、教学和评估时，实行共同领导，校长赋予教师权力，促进教师成长，并在育人活动上与教师合作。[2] 反过来，这种授权可以增强教师间协作，提升教师集体效能感和学生成就。

学校内部的多元主体治理和育人活动的协调性都有益于学生的学业成就，但它们并不是以独立的方式发挥作用，而是围绕对教师参与学校教学管理知识的构建这一核心概念联系在一起。治理制度促进了教师之间的协作，构建教师专业发展共同体，为可持续地协调教学实践奠定了基础。[3] 没有建立在此共同

---

① Brown C, MacGregor S, Flood J. Can models of distributed leadership be used to mobilise networked generated innovation in schools? A case study from England[J]. Teaching and teacher education, 2020, 94: 1 – 11.

② Heck R H, Hallinger P. Modeling the longitudinal effects of school leadership on teaching and learning[J]. Journal of Educational Administration, 2014, 52(5): 653 – 681.

③ Burke P F, Aubusson P, Schuck S, Buchanan J, Prescott A. How do early career teachers value different types of support? A scale-adjusted latent class choice model[J]. Teaching and teacher education, 2015, 47: 241 – 253.

体上的共同决策,意味着没有从现有的育人活动协调性中得到充分滋养,可能会导致资源浪费,教师效能低下以及学校员工之间的协作减少。从另一个方面看,缺乏共治理念保障的协作育人,仅仅是强制推行高度协调的暂时性策略,无法真正地激励教师,也无法获取教师对于育人活动协调性的全面理解。在复杂的政策环境和学校内部环境中,育人活动协调性难以达到绝对的稳态,协调性是暂时的、局部的,只有通过多元主体共同治理制度来让学校具备灵活回应的能力,才能减少学校办学和政策之间的冲突,减少内耗。①

在实际情况中,学校与政策互动后的具体表现会依据学校本身的办学条件出现差异,这种差异并不妨碍学校育人活动协调性的形成。教育政策的制定与实施意味着政府部门和执行组织(学校)在政策理念与相应的治理实践方面进行持续性沟通。政策和学校实践逐渐生成一致性,即政策的落实,达成政策期待,实现政策效能。这通常需要相关资源支持和配套措施逐步到位,参与政策改革主体(学校)对政策容纳能力的逐渐成熟。政府部门通过广泛的信息搜集进行政策制定,学校在将政策要求转化为办学愿景的过程中也为新的政策研究和实践指出了新的方向,政府使用学校反馈的信息进一步制定政策,这一回环往复的过程体现了学校实践与政策期待之间的一致性逐渐形成。

政策和学校办学愿景之间的一致性并非稳态,也不是一个既定的政策目标,而是一个动态的向一致靠近的过程。具体而言,学校的关键决策人和团队基于办学基础对政策进行个性化解读,政策进入学校不可避免地产生多种变形。这一过程展现了学校和政策间的持续性互动。Honig 和 Hatch(2004)总结了学校对政策的回应方式和回应类型。学校对政策回应主要通过新办学愿景来体现,愿景主要体现在制定组织结构框架、制定决策方式以及组织信息治理三类活动,各个活动类型的具体内涵解读包括具体措施、学校能量、学校组织针对各项活动的赋能条件和限制条件。这些内部组织化活动支撑了学校对政策的回应能力。基于回应能力的差异,学校组织作出从消极缓冲到积极应对不同程度的表现,包含五种表现类型:不回应/无力回应,象征性回应,添设部门进行专门化应对,顺

---

① Nir A E. Educational centralization as a catalyst for coordination: myth or practice? [J]. Journal of educational administration, 2020, 59(1): 116 - 131.

从并调整,主动适应。一致性困境的根本原因在于,没有对学生学业产出提出直接的要求,以一致性为解决问题的手段,掉入了结构主义的陷阱。学校内部管理结构和外部制度结构之间的大门并不是敞开的,当政策进入学校以后,就如同从一个系统完全脱离,融入了另一个系统之中,两个系统表面上的一致性只意味着从旧系统进入新系统的因素被内化了,这并不能保证新系统在接纳新的因素之后,整体发生了优化。教育政策最终如何落实取决于教师对政策的解读和执行。由于政策通常是宏观的,并不包含具体落实方案,通过地方教育部门、学校治理人员层层解读后抵达教师,对于教师而言可能仍然具有较高的模糊度。尤其当学校治理制度未能提供清晰的指引时,教师能够感受到学校整体的支持力度不足。政策最初作为外因存在,一旦抵达学校层面,就内化成为学校治理制度的一部分,政策的模糊性表现为学校治理制度的模糊性,进而表现为学校愿景、育人活动、相关资源支持的内在不一致性。让教师能够充分解读和落实政策,需要有学校治理制度保障的系统性支持。① 这种系统性根植于教师参与学校治理所带来的灵活而开放的学校组织文化。

第二节　连贯性中的组织心理特征

　　针对连贯性难以达成困境,除了从管理实践设计和制度设计方面进行解决,还存在着组织心理这样一条研究思路。其中主要包括教师信任程度、教师的自我效能感和集体效能感、教师凝聚力等方面的研究。研究者在这条思路上做出了重要的探索,并将其与第一条思路,也就是管理实践设计结合起来。这样的研究思路探索了学校软实力的概念和意义。尤其是在内部和内外部之间的连贯性达成道路上都存在障碍的时候,这条关于学校软实力的研究思路为我们突破连贯性难以达成困境提供了启示。组织的心理特征,为学校管理涉及对外部政策

① Parkhouse H, Massaro V R, Cuba M J, Waters C N. Teachers' efforts to support undocumented students within ambiguous policy contexts[J]. Harvard educational review, 2020, 90(4): 525-549.

环境的反应提供了反馈信息，同样在学校内部它也会针对学校管理行为的一系列效果产生反应。当连贯性难以达成困境产生的时候，衡量学校效能的关键标准，也就是目前无论是在研究或是在政策评价的范畴都广泛推崇的学校标准化考试成绩，并不能灵敏地直接地反映学校管理上存在的问题。而以教师或学生为主题的组织心理的研究，填补了评价标准和学校管理实践之间的空间，成为提升学校管理效能的一系列重要抓手。组织心理更是提供了一种结果性的信息。当政策影响因素抵达学校内部，学校的管理实践发生调整以后，组织心理特征逐渐形成。校长需要在平时的管理工作中关注教师集体心理和学生集体心理特征。集体的情绪不是虚无缥缈的，它将学校内部的教学活动主要参与者（从改进实践的角度来看，这一参与者指教师）的感受与对学校管理秩序、学校外部政策环境中隐含的秩序的直觉联系起来。了解集体心理有利于帮助管理工作的优化寻找方向。

Roger Goddard 等人（2015）的一项研究将校长管理方式与学校集体心理特征联系起来，研究发现校长的教学型领导力对教师协作有显著的直接影响。领导力和教师合作共同预测了教师的集体效能感，进而预测学校之间的成绩差异。这里的教学型领导已经融入了对教师赋能的内涵。他们认为这种领导力可以创造学校内部结构，以加强组织信念系统的方式促进教师的工作，这些因素能够共同促进学生的学习。

在另一项研究中，Roger Goddard 等人（2017）以美国得克萨斯州一个大型城市学区内的 47 所中小学的 13 472 名学生和 2 041 名教师为样本，采用分层线性模型来检测教师集体效能感，能够解释学生数学成绩的差异以及不同种族群体成绩差距方面的校际差异程度，并采用质性研究方法对解释效用的原因进行了深入挖掘。研究结果表明，教师集体效能的提高与数学成绩的提高有关，并且，与黑人学生所经历的学业劣势减少 50% 有关。教师集体效能发挥作用与校长领导行为息息相关。校长在支持教师合作、促进教师之间进行同伴观察、促进教师持续关注教学情绪方面发挥着重要的领导作用，而这些方面的工作能够促进教师集体效能的提升。这一研究体现出了学校管理实践通过切实影响教师队伍建设和教学工作的安排逐渐影响教师集体心理特征，进而对学生学业产出产生影响。在教师的体验中，校长给予教师充分的信任，能够为教师之间进行持续性合作打造充分的空间。教师在这样的环境中得以与同事们进行相互间的学习,遇到教学工作中的问题时,可以通过与同事进行讨论或者观察同事的教学方式来进行反思,进而改进自身的教学工作。

由于组织心理特征难以直接复制的特性,教育管理研究者和实践者需要从制度和管理实践入手,厘清学校内部教学活动连贯性产生的机制,以及厘清学校内部管理实践和外部政策环境之间的连接机制。在此不对组织心理特征进行深入讨论,但需要注意这是教育管理学研究的重要内容,与管理实践息息相关,不可分割。

管理的问题是一个政治的问题。它存在的微妙的东西无法完全依靠现有的科学抽象模式来解决。考虑政策背景是一个不脱离科学抽象模式的改良的方法,但是集体心理因素的作用是不可低估的,它囊括了那些基于实践的科学抽象模式无法言明的微妙的东西。心理特征是指向标,改进组织管理实践的方向不能完全依赖于对心理的调整,更需要找到引发心理变化的实践根源。组织文化存在于一段时间的制度基础上,为管理效果的产生提供了一些解释的角度,而改进实践不能止步于此。文化和集体心理特征都具有整体性,实践是零散的。实证研究者试图在零散的实践中找到规律,集体心理特征是实践规律的整体性表达,对于一个具体的组织来说,由于其本身的特性,集体心理特征是更为具体的整体性表达,能够为学校独有的管理实践改进提供引导,促进反思。

第三节　政策与学校互动的一个例子

学校是具有开放性特征的组织,其与外部环境之间的互动时时刻刻存在,比较明显的互动常在政策下触发。接下来以新一轮高考改革为例,来解读现实互动的内涵。近年来,我国颁布了一系列鼓励人才多元评价的政策,引导应试教育向服务于学生个性化发展的全面育人转变,[1][2]包括新一轮高考改革的"指挥棒"

---

① 周彬."新高考"引领下的高中教育"新常态"[J].人民教育,2015(01):34-35.
② 张紫屏.论高考改革新形势下高中教学转型[J].课程·教材·教法,2016,36(04):89-95.

改革和涵盖办学方向、课程教学、教师发展、学校管理、学生发展的系统化质量评价指南,为培养创新型人才打下基础。回应这些政策,学校在育人方式上做出了系统的改革尝试。在教学治理方面,学校采用信息技术支持构建动态育人系统,涵盖学科学习、学科兴趣培养、生涯教育等多个育人活动维度,推动选科走班制、导师制、学程化治理等新型教学制度协调有序地推进。在师资力量准备方面,相关的教师专业化培训陆续开展,教师需要在传统的学科教学素养基础上,发展数据素养,从而能够为全面育人的学生综合信息解读做好准备。在课程安排方面,课程学习随走班制、生涯教育的开展表现出了灵活性、流动性,学生的学习环境不再固定于传统的行政班和课堂,而是转变为行政班和选科班结合、学校内外课堂结合、社会实践与课堂学习结合的新形态。

基于学校原有的管理制度,育人活动表现出内在不协调的阶段性问题:学生的学业负担并未减轻反而加重[1],功利性选课导致物理学科遇冷[2][3],师资需求"潮汐"现象,教师产生消极情绪[4],教师工作负担加重,教师绩效考核复杂化,综合素质评价操作烦琐且与学生学业评价整合度不足[5],以及学校抢跑备考[6]。新高考首先引发了学校的课程与教学的改革,更深层次地触发了学校治理变革。学校围绕学生的多元选择和寻找其适合的发展方向,改进学校管理,在学校组织结构和管理上进行了改革尝试,但尝试过程中也面临着一系列限制条件和问题。主要包括以下三方面内容。

---

[1]　张雨强,陆卓涛,贾腾娇.新高考下高中生减负了吗——浙江新高考首届高中毕业生考试负担调查[J].教育发展研究,2019,39(12):43-52.

[2]　冯成火.高考科目改革的轨迹与推进策略——兼论新一轮高考改革的深化与完善[J].中国高教研究,2020(05):78-82,102.

[3]　冯成火.新高考物理"遇冷"现象探究——基于浙江省高考改革试点的实践与思考[J].中国高教研究,2018(10):25-30.

[4]　黄亚婷,刘浩.新高考改革中的教师情绪:基于情绪地理学的叙事研究[J].全球教育展望,2020,49(04):85-105.

[5]　刘世清,王森.新高考试点区域综合改革的成效与问题研究——基于上海市2017届高三考生的调查[J].湖南师范大学教育科学学报,2019,18(06):32-39.

[6]　王郢,程曦.新高考背景下高中"选课走班"面临的矛盾、动因及应对——基于武汉市武昌区的实地调研[J].中国考试,2020(02):23-29.

一、创设学校多元主体治理的组织结构

学校尝试构建教师参与学校育人相关决策的机制,主要表现为让教师参与基于选课走班制的教学活动设计和构建符合新育人目标的教师专业化共同体。选课走班制是学校适应新一轮高考改革的关键举措,学生选课组合的多样性和随之而来的学情复杂化让教师在教学决策中的重要性得以凸显。围绕走班制,学校推行多种办学策略,包括让教师参与学校功能教室设计和建设①,并围绕育人目标建立教、学、研机构/团队,通过教师获得一手教学实践数据,进行研究,再通过决策回馈给教学实践②。同时,教师专业化共同体的建设能有力地支持学校创设集体决策的组织结构。配套实施选课走班制度的一系列其他制度,例如导师制、巡课制度,将不同的教师个体合并为专业化育人团体,融入集体决策中来。普遍来看,围绕这一组织活动,学校在各自的组织结构基础上呈现出了教学型领导力在学校治理人员和教师之间的分享,分享程度存在差异,这取决于学校本身的治理结构基础和办学条件。一些学校在政策背景下创造了教师赋能条件,例如学校基于学生的多维度表现创设教师分工机制,由多名教师对学生共同指导,教师以指导团队形式进行个性化的育人决策。一些学校还采用基于信息技术的学校治理系统,为学校治理构建信息化平台③。

然而,也存在一系列限制条件,给治理结构的构建造成障碍。伴随选科出现的教师需求"潮汐"现象,一些学校面临师资不足的问题,教师不得不承担多重任务,这让教师负担加重。④ 学校资本基础(学校文化、师资力量)薄弱的高中为满足育人需求做出重大改革,改革难度较有资本优势的学校更大,导致实际治理"混乱"。教师与学校领导实质性沟通不足,治理体系构建沦为"纸上谈兵"。

---

① 申屠永庆.新高考下的新变革:"为每一位学生的学习发展而设计"[J].中小学管理,2016(12):4-6.
② 周丽婷.核心素养的最终指向是教育的高质量——浙江省杭州师范大学附属中学的实践探索[J].人民教育,2017(Z1):81-85.
③ 易臻真,王洋."减负"中学校的作为和贡献——以曹杨二中应对新高考改革的选科系统为例[J].教育发展研究,2018,38(10):44-50+59.
④ 杨胜大.所有的难题都是良机——浙江省义乌中学对新高考的实践应答[J].人民教育,2016(14):52-56.

二、发展学校治理的组织结构

创设学校治理组织结构后，学校也尝试了对其进行进一步发展完善，主要表现在建设能够持续参与学校治理的教师团队，即开设教师专业发展的培训活动。围绕学科教学采用多种方式培训教师的学科教学思想、课堂教学方式和学生行为指导能力，培训过程采用集体研讨和决策的方式，将培训与实际决策结合。这一活动类型体现出了教师合作的巨大能量，通过将工作和专业发展搭建在教师合作的平台上，构建出能够和学校决策紧密结合的专业化共同体。[①]

在此项活动进行的过程中，仍然存在一些不利因素。改革带来的选课压力让教师间竞争加剧。如果学校没有搭建好合理安排教师工作的时间表，教师不堪重负，可能会产生集体批判改革措施的仪式性消极对抗。同时，教师专业化内涵随高考指挥棒发生变化，而专业化培训相对改革政策出台时间较为滞后，给教师专业化能力更新带来挑战。在一些学校中，教师专业化学习共同体尚不成熟，决策机制处于转型中，学校决策成本提高，缺乏持续性支持。

三、组织信息治理

高考改革后，学校组织的信息治理内涵大大丰富。首先，确立新的育人具体目标，以目标为综合信息治理的向导。[②] 第二，发展学校共同育人价值观、育人文化和育人愿景，利用校内外资源进行全人教育，[③][④]构建与职业生涯挂钩的支持性育人文化。第三，学校收集并使用数据来进行决策，采用信息化治理，基于数据分析学情，提供选科学习、职业规划和生涯指导，基于学情数据调整学校治理制度，从走班（基于成绩分层走班）制过渡到全学科分层走班制，并发展完善导师制，[⑤]基于经费预算和育人要求，积极筹措、高效治理、开展校外合作来保障新

---

①　杨帆.新高考背景下优质学校特色发展的路径探寻[J].中小学管理,2018(08):30-32.

②　冯建军,汤林春,徐宏亮."新高考改革与普通高中教育发展"笔谈[J].基础教育,2019,16(01):39-46.

③　王娟娜,马学生.语文学科育人的整体推进:教学研一体 课内外同步——以浙江大学附属中学语文学科探索为例[J].中小学管理,2019(11):12-14.

④　鲍威,金红昊,杨天宇.新高考改革对学生高中学习经历的重塑[J].中国高教研究,2020(05):83-89.

⑤　邵迎春.分层教学与成长导师制:破解新高考学校治理难题[J].人民教育,2016(14):25-28.

育人方式的顺利进行。在这类活动中,学校需要发挥出信息化领导力的作用,才能明确收集信息的选择、用途以及如何与学校组织结构进行匹配。

支持此类活动进行的赋能条件因学校而异。首先,学校教师对高考信息有基础性了解,能够有效为弱势家庭子女摆脱升学与生涯规划的信息不完全困境,[①]这一条件具有普遍性。另外,一些学校与当地高校、研究机构等组织间具有合作关系,部分学校有较为强大的家长、校友等社会资源,能够助力生涯教育。[②③]

相关的限制条件主要表现为以下几点。第一,学校文化的生成需要一定的时间,无法在短时间内应急产生。第二,一些高中(非示范性中学、非特色育人中学)资源匮乏,[④]无法集结足够资源支持新的育人目标的实现,相关育人文化也难以发展成熟。第三,育人目标与师资力量不匹配,教师需要一段时间的培训才能够逐渐投入新的育人活动,相关的学校愿景的真正推行也因此滞后。第四,走班制增大了教学评价和教师绩效评价的复杂程度。[⑤]第五,学校资源不足导致无法充分回应不同背景的学生对生涯指导的差异性需求。第六,考试测量与评价的技术指标尚存问题,在优化过程中,学校难以及时跟上进行深入解读并作出回应(例如针对考试负担的心理辅导)。第七,高校招生专业指导意见不够明确,学校难以进行相关信息的准确解读。第八,片面依据成绩,不考虑学生兴趣等其他因素的学情分析结果掺杂选考功利性,这样的信息治理工作与育人愿景实际上是不吻合的。例如,物理学科遇冷现象的部分原因是追求分数导向的功利主义,这样一种风气弥漫开来,会让育人愿景和育人活动持续脱节,陷入恶性循环。第九,综合素质评价数据收集过程烦琐,结合评价结果与成绩联系不紧密,导致数据"失效"。

在以上的例子中,学校、管理者和研究者都已然对多元主体参与学校管理知

① 鲍威,金红昊,肖阳.阶层壁垒与信息鸿沟:新高考改革背景之下的升学信息支持[J].中国高教研究,2019(05):39-48.

② 王帅,郑程月,吴霓.普通高中育人方式变革的经验、困扰与建议[J].教学与治理,2020(04):76-79.

③ 詹鑫.农村高中生涯规划教育如何系统化、常态化实施?[J].中小学管理,2019(06):46-48.

④ 朱越.浅谈研究型高中创建的实践路径与策略——以上海市七宝中学为例[J].上海教育科研,2020(03):62-66.

⑤ 洪晓丹,孙建清.新高考背景下的师资配备与绩效评价[J].中小学管理,2016(12):7-10.

识构建这一事实表现出的重视。新的教育政策颁布以后,管理者和研究者针对政策给学校带来的影响做出了深入的思考,对学校的改变以及形成新的教学活动连贯性的路径做出了细致的探索。创设学校多元主体治理的组织结构,发展学校治理的组织结构,进行组织信息治理,是现代学校改进管理知识生成机制的表现。学校向学习型组织发展已然成为教育管理实践中一个不容忽视的趋势。尽管在办学实际条件、已有的学校管理模式和教育政策环境之间仍然存在一定程度的脱节,相关的实证研究和实践反思在不断地解决这种脱节带来的问题。这是一个较为普遍的现象。随着教育管理学实证研究的不断发展,相关知识的构建融入了越来越丰富的信息和观点,在对观点进行检验的过程当中,传统的校长领导的理论和不同国家和地区的办学实际以及教育政策环境展开了越来越深入的对话。

第七章 转向治理的学校组织行为

面临管理知识结构、学校管理实践和外部政策环境之间的脱节,学校对管理变革的组织化的反应过程是怎样的呢? 这一章剖析学校进行组织学习以适应政策变化和管理变革的过程。管理实践在学校中发生变革遵循组织学习的过程。管理者需要对强调因果推断的领导力理论和组织学习这一组织知识生产的过程性概念进行对照思考,在管理行为和组织特性以及政策环境结合的基础上理解并灵活运用管理知识在学校里的生成过程。

第一节 组织学习、适应性行为和学校治理

一、组织学习和适应性行为

要拆解连贯性的困境,需要联通已有的教育管理学知识结构、学校管理结构以及制度环境为学校设定的外在结构。教育管理学知识结构本身应该反映学校管理结构以及外在环境。通过前几章的讨论,可以发现学校内部和外部状况之间的脱节反映在了目前的知识结构上。梳理已有知识产生的过程和相关的认识论、方法论,能够帮助解决这一问题。学校进行组织学习,适应环境变化,是结合组织行为和制度环境来探究优化管理实践。追求管理实践优化作为一个导向,在实际情况中,表现为多元主体的连续博弈。

从学校反应的角度来看,学校对政策环境的变动作出反应,体现在管理实践变化以及学校成员个体行为相应变化,乃至学校文化和氛围的变化。这一过程

逐渐发生,表现为学校进行组织学习,发生适应性行为,形成学校治理的新形态。适应的结果存在差异。在教育政策和学校办学基础交织而成的环境中,学校管理者并不是唯一的能够决定学生学业产出的主体,制度环境、学校的办学实际条件和管理者本身共同影响着产出。学校的管理实践更确切地应被描述为学校的组织行为实践,由多个主体在其中发挥的协同作用。当外部政策环境发生变化时,学校会产生组织适应性变化。组织适应性,即组织对环境变化进行预测,适当调整自身战略、结构、行为、特征及治理系统,以及时识别、把握和开拓各种机会的学习能力与变革能力,既有主动学习的成分,也有被动地受环境影响的成分。[1] 该概念在教育管理学领域演变出了实践性理论,即广义的组织学习理论。狭义的"组织学习"指组织中人通过主动学习来构建新的组织结构和行为,广义的"组织学习"指组织运行机制对环境自适应的过程,强调组织本身的深层内在需求应对不同环境时的具体制度化的表达。[2][3] 在教育管理学的实证研究中,组织学习作为一个重要的学校特征变量,在预测学生成绩的模型中得到了广泛使用。[4] 已有研究主要使用狭义概念的组织学习概念。同时,已有研究主要关注组织学习发生与否,探讨组织本身具有的信息畅通与共享程度、共同决策的开展和落实程度、个体间互相支持的有效性等,从我国管理学和教育管理学中相关的学术文献来看,组织学习一词也有类似的使用,教育管理学对组织学习一词的使用沿袭了管理学中的界定。[5][6]

　　组织学习的广义概念在教育管理学研究中的运用具有重要理论和实践意义。第一个原因,作为一种特殊类型的组织,基础教育阶段的学校有相对固定的

① Peli G. Fit by founding, fit by adaptation: reconciling conflicting organization theories with logical formalization[J]. Academy of management review, 2009, 34(2): 343 - 360.

② Javernick-Will A N. Organizational learning during internationalization: acquiring local institutional knowledge[J]. Construction management and economics, 2009, 27(8): 783 - 797.

③ Steensma H K. Acquiring technological competencies through inter-organizational collaboration: an organizational learning perspective[J]. Journal of engineering and technology management, 1996, 12(4): 267 - 286.

④ Finnigan K S, Daly A J. Mind the gap: organizational learning and improvement in an underperforming urban system[J]. American journal of education, 2012, 119(1): 41 - 71.

⑤ 陈国权,马萌.组织学习——现状与展望[J].中国治理科学,2000(01):66 - 74.

⑥ 鲍传友.提升学校治理能力需要进一步完善学校内部治理结构[J].教育发展研究,2017,37(20):3.

组织产出,产出导向明确,研究不能只停留在学习的层面而不考虑学习的结果,即适应的达成。值得注意的是,已有研究将学生成绩或者教师表现作为组织学习的结果,而组织学习结果导向的应该是某一种组织系统化的特征,例如某种组织能力,仅仅关注学校中的人的特征可能限制我们对学校组织行为深入理解。第二个原因,学校受政策环境影响极大,但是相关研究都聚焦于什么样的组织行为能提升学生成绩,研究范式基于主动行为,探讨学校采取什么行动能够导向期待的结果。而学校归根到底是一个组织,在充分发挥人的主观能动性的同时,不可避免地受到环境限制,必然存在一部分适应。目前教育管理学中的狭义"组织学习"概念没有明确谈及组织的适应。使用同时导向适应性行为的广义的组织学习概念,有助于更完整地描述真实的产生某种组织能力的过程。

组织危机管理相关研究对组织学习和适应性行为的产生契机进行了探讨。Williams 等人(2017)提出将"危机管理(组织恢复正常运作的能力)和组织弹性(组织在危机中保持运作的能力)的研究联系起来"[①],即组织如何发展与运用自身的弹性来识别、预防和应对事件型危机和过程型危机。组织弹性是指"组织在资源、意识形态、结构等方面吸收来自外界冲击和恢复先前秩序的能力"。[②③]Williams 认为组织需要在"提前准备与恢复"和"打造资源存续能力"两个环节循环往复的过程中调整组织行为,从而提升组织弹性来应对危机。组织的资源存续能力对于其危机准备和恢复至关重要。具体而言,"提前准备和恢复"环节是指组织提前预测、管控风险,在危机发生时迅速作出反应。"打造资源存续能力"包含组织认知能力、组织行为能力、组织集体性和内部成员个体性情绪调节能力、组织情境化能力四个方面,前三种能力需要在第四种能力中得到激活。尽管组织弹性在应对危机时具有积极意义,但也需合理调控组织弹性的强度,防范过高弹性使组织反应机制固化,导致对极端事件的深入学习不足。为避免过高组织弹性带来的消极影响,组织需要在资源存续能力中细化财务保障和人力资源

① Williams T A. Organizational response to adversity: fusing crisis management and resilience research streams[J]. Academy of management annals, 2017, 11(2): 733-769.

② Linnenluecke M K. Resilience in business and management research: a review of influential publications and a research agenda[J]. International journal of management reviews, 2015, 19:4-30.

③ Meyer A D. Adapting to environmental jolts[J]. Administrative science quarterly, 1982, 27(4): 515-537.

的可持续性联动。① 危机处理体现了组织学习过程,最终达成可持续性存续的结果体现了适应性。

二、学校治理

学校治理理念体现了学校管理从行为到行为与制度结合的转变。学校进行组织学习,达成适应性发展,凸显了多元主体共同治理的理念。这一理念的产生并不遵循单一的路径。我国的教育治理理念的生成具有宏观政策调控突出的教育治理体制设计特征。教育治理是指政府、学校、社会多元主体协同进行教育规划、治理、评估等活动的过程,通过"共治"的路径达到"善治"的目标,即教育领域公共利益最大化,解决教育治理中突出问题的核心在于处理好分权和集权治理方式,调整优化共治主体的权责关系。②③ 校长是教育治理过程中的重要参与者,是学校治理的领导者,在教育治理体系建构发展时期,校长的个人特性和岗位职责双重属性凸显,展现出传统行政治理能力和更具个性的领导力双重特征。回应现代化教育治理体系构建的需求,校长需具备全局视角,在政府机关、社会、学校构成的关系网内积极参与共治,并在校内实行校长和教师共同治理。④⑤ 教育治理理念的研究正处于从关注宏观制度建设向关注学校在宏观政策环境下的内部微观治理制度的转型阶段,共治在研究中主要以倡导性理念而非强制性规范出现。

受不同教育体制的影响,国外的教育治理内涵及相关研究有不同的发展路径,教育治理理念生成于学校微观治理,表现出自下而上的发展特征。以北美地区为代表,由于当地学校享有较大自主权,地方受中央的教育政策影响较小,形成了以学校校长领导力研究为中心的基础教育治理研究。教育治理的核心共治

① Gittell J H, Cameron K, Lim S, Rivas V. Relationships, layoffs, and organizational resilience: airline industry responses to September 11[J]. The journal of applied behavioral science, 2006, 42(3): 300-329.

② 褚宏启.中国基础教育现代化的六个关键问题[J].中小学教育治理,2018(10):27-30.

③ 褚宏启.教育治理:以共治求善治[J].教育研究,2014,35(10):4-11.

④ 范勇,王寰安.学校自主权与学生学业成就——基于 PISA2015 中国四省市数据的实证研究[J].教育与经济,2018,34(1):57-64,87.

⑤ 石青群.校长治理思维及其生成路径[J].教学与治理,2016(10):13-15.

理念以分享式领导力的形式出现在学校内部。[1][2] 相比于我国更具全局性和政策性的教育治理概念,北美地区的教育治理概念发生于学校内部的教职工共同制定学校办学目标和策略,进而拓展为在外界政策环境与学校的权力互动中学校实际决策权力广泛分布,权力实施者来自社会、政府和学校各级人员。

目前,治理制度重构的可操作性探讨不足,已有研究主要围绕它的使用和规律展开,政策环境和办学基础停留在被"点明"但未"阐明"的层面,相关理论的实用性受限。以我国的基础教育政策环境和办学实际为例,可以发现理论知识结构、学校教学活动结构、政策环境之间可能出现脱节问题。依据组织行为理论,当组织产出复杂化、可预测度降低后,原有的治理实践需要及时调整,围绕新的产出目标选择新的治理模式。然而,学校普遍面临转型挑战,由实践和理论两方面原因造成。产生困境的实践因素包括如下几点:① 治理方式固化,学校传统治理方式存在惯性,一时难以转变;② 办学基础限制,学校原有的办学基础和办学资源存在极大差异,这意味着各所学校在治理方式转型上的起点和过程千差万别,面临的挑战不尽相同,进程不一而足,相关治理实践无法一概而评;③ 对学校治理转型认识不足,校长和教师对治理模式转型的认识不足,缺乏对转型内涵、实施原因、转型做法的认识。

产生困境的理论因素包括以下三个方面。第一,共同治理规律的误读。基于已有理论,当组织产出从单一走向多元,通常需要更扁平化的多元主体共同治理方式来保证组织效能,这就意味着,由考试分数的单一学业产出使命向全面育人的多元化学业产出使命转变,意味着学校管理方式的民主化改革,即学校组织治理模式需要向多元主体共同治理(校长和教师共同进行育人决策)转变。而当学校仍然以标准化考试成绩为主要产出时,基于这一规律所提出的共治逻辑就失效了。分享式教学型领导力模式蕴含的学校知识生产内涵被替换为操作性概念,即教师合作参与学校决策,而这一概念不一定能够普遍地提升组织效能,因

---

① Lambert L. A framework for shared leadership[J]. Educational leadership, 2002, 59(8): 37-40.

② Lee M, Hallinger P, Walker A. A distributed perspective on instructional leadership in International Baccalaureate (IB) schools[J]. Educational administration quarterly, 2012, 48(4): 664-698.

为这种提法只考虑其作为组织行为理论的普适性,组织微观特性却被忽略了。把共治作为所有学校治理转型的"标准答案",容易让研究者和治理者陷入不切合学校办学实际的陷阱,无法抓取学校管理面临的"真问题"。共治的真实含义是教学实践中设计的多元主体共同建构管理知识,建构方式与办学基础、政策环境是融合的。目前,缺乏将办学基础和政策环境融入组织变革的模型构建,导致相关研究成果在学校实践中往往指导出孤立的改革措施。

第二,过程性理论认知缺失。组织的治理模式是组织行为理论中的重要研究领域,各种治理模式在稳定形态下的相关规律一直是学者们关注的焦点。学者们对治理模式与教师相关变量(例如教师合作、集体效能感)、学生相关变量(例如学业成就)之间的关系进行了较为充分的探究。然而,存在的问题是,已有研究聚焦于既成治理模式的相关规律,对于学校如何形成某一种治理模式的过程性理论认知不足,难以帮助学校解决管理问题。这一问题与治理规律误读的问题结合在一起,增加了学校治理者的试错成本。例如,分享式教学型领导力等领导力模式理论,在数据分析和检验中往往是作为解释性因素出现,从管理实践中而来,却难以回到实践中去。在一些类实验的干预性研究设计中,这些理论蕴含的过程性内容无法通过干预校长管理实践和教师教学得到充分的体现,理论和管理实践之间缺乏机理联结。这个问题的产生和办学条件、政策环境未融入研究设计是分不开的。

第三,研究模式约束。教育管理学存在两种主要的实证研究模式,以客观因果规律为导向的实证理论建构范式和以学校成员主观阐释为导向的个性化分析范式之间存在论争,前者缺乏考虑个体学校的办学条件,后者难以得出可推广应用的理论,两者都无法很好地帮助走出学校治理实践困境。政策最终需落脚到学校层面,对于相关政策引导的学校改革效能也需要落到学校中去,通过观察学校教育生态的变化来进行准确的、动态的、系统的探究。准确性,意味着要检查政策目标与学校育人目标是否一致。动态性,意味着要在政策实施和学校之间的长期互动中了解学校的变化。系统性,意味着要从教育生态系统的变迁视角来认识学校在政策要求下的育人机制的变化。针对困境,需要将政策和学校办学基础解构后融入治理制度变革模型,将办学基础在四个基础维度上进行拆解,将政策外因通过内在要素博弈的思路转变为学校组织治理制度变革的内因,完整又不失细节地重现学校治理制度变革过程。将教育政策环境和组织治理制度变革统一到同一个以"如何做"为核心要义的理论框架之中,使得基于因果推断的规律探索和基于个体学校特殊性的细化解读融合在一起。

第二节　学校管理知识构建过程

学校管理知识的构建过程和现有的领导力理论设计存在差异。基于实证研究的校长领导力模式理论在研究设计中往往存在这样一种假设:如果实施某一类成功的校长领导力行为中提炼出来的领导规律导向的管理实践,那么学校的教学将会发生积极的变化。基于将学校看作学习型组织的观点,已有的研究支持将分享式教学型领导力作为这种理想化的管理实践的代表。然而,在学校管理知识构建的真实过程中,这种理想的领导力行为模式很难直接地去推行,学校往往展现出的是导向不同治理模式的适应性行为。学校的治理水平,在这里可以将它看作学校在分享式教学型领导力上的习得的程度,它处在不断的变化中,并且存在校际差异。然而我们并不能仅以此来评价一个校长的领导力水平的高低。

面对政策环境的变化,学校展现了导向不同治理模式的适应性行为。适应性行为的达成意味着学校管理知识的生成。将政策环境和办学实际的信息融入学校管理知识的构建,体现了治理模式转型的过程。学校治理模式的转型过程分为博弈、学习、调整三个阶段,基于三个阶段提出学校治理模式转变的综合理论假设:博弈阶段,政策通过与学校办学基础、学校关键决策人物互动博弈来改变学校办学愿景;学习阶段,愿景影响教师和校长对办学环境的不确定性程度,驱动学校的组织学习,组织学习水平将影响治理制度转变的程度;调整阶段,学校调整治理模式,治理水平得以充分提升,从而提高学校育人活动的协调性,整合育人资源,提升育人质量。学校是一类特殊类型的组织,其资源获取以及在学校产出的选择上都受到政策约束,教育政策实际上是学校治理制度重构的参与因素。人才多元评价带来了学校育人导向从单一转向全面,学校普遍面临着治理方式改革应对不足的挑战,学校办学基础和政策环境之间、学校已有的育人活动内部要素之间存在冲突。政策通过与学校办学基础、学校关键决策人物互动博弈来改变学校办学愿景;办学愿景的变化影响教师和校长针对新办学愿景而产生的环境不确定性程度,驱动学校组织学习;组织学习水平将影响治理制度对政策环境的适应程度;适应程度的提升将提高学校育人活动协调性。这一过程可大致分为三个阶段。

第一阶段,政策和学校博弈阶段。学校治理模式适应性行为的开端,在政策和学校的互动与博弈中发生,导向办学愿景变化。第二阶段,组织学习阶段。学校对共治能力理解的加深和掌握,通过组织学习发生,导向治理模式的转型。第三阶段,治理模式调整阶段。学校治理模式适应性行为的达成,表现为学校治理模式的转型能够保障学校育人活动的协调性。

三个阶段循环构成治理模式的适应性行为机制,具体循环过程如下。由于初始阶段学校、政策、关键决策人物博弈会达成一个暂时性结果,办学愿景也会出现暂时性的稳态,生成适于该校的治理方式,进而导向该治理方式对应的内部育人活动连贯性程度。较低的连贯性程度会推动学校、政策、关键决策人物再次博弈,传输新的愿景信息,引发新一轮的组织学习,进而推动治理模式进一步变化,也进一步影响内部育人活动的连贯性。判断学校治理模式对政策环境的适应性程度需要参照学校育人活动的连贯性,由于较高的连贯性与适应性程度相关联,因此较高的协调性程度意味着达成政策期待和学校办学一致的稳态。如果学校适应新的政策要求,使育人活动达成协调一致,即意味着学校治理模式达成了适应,形成了新的管理知识。

这三个阶段涉及以下几个核心概念:政策通过与学校办学基础、学校关键决策人物互动博弈,组织学习,办学愿景,教师、校长对办学环境的不确定性程度,学校治理水平,学校教学活动的连贯性和协调度。

组织学习包含组织记忆、信息获取、信息分布、信息取回和信息解读五个步骤的动态循环过程。已有研究缺乏对组织习得的探讨,但对组织学习有较为充分的讨论。① 普通中学所处的竞争环境激烈程度会影响组织学习强度,竞争环境越激烈则学校越容易发生组织学习。② 组织学习水平对一系列的学校集体特征都有正向预测作用,例如教师集体效能感、教师忠诚度、教师工作满意度,并通过这些特征间接推动学生成绩提高。③

学校的办学愿景代表了组织学习参与者所接收到的来自政策环境以及办学实际博弈结果的信息。它在实证研究中,被作为预测变量,能够在统计意义上显著地预测组织学习活跃程度。它通过影响教师、校长对办学环境的不确定性程度,间接影响组织学习。通常不确定程度越高,组织学习活跃度越低。这并非与不确定性情况下更应该学习的尝试相悖。校长和教师对办学环境的不确定性程度越高,并且是在能被量表检测出来的情况下,这种不确定性很可能已经存在了一段时间,这意味着学校教学管理机制可能存在问题。组织学习在这种学校环境中很有可能是受到抑制的。④⑤ 现有的领导力理论强调教学专业化共同体建设和为教师赋权,形成多元主体共同治理的制度,本质上是为了通过保障学校信息流通,来推动组织学习,形成符合学校需要的管理知识。

在第一阶段,政策、学校办学基础和学校关键决策人物三方互动中探寻学校如何差异化地将政策要求转化为办学愿景。办学基础从组织架构、人力资源、利益惯性、学校文化四个方面来进行解构,政策根据价值、目标、手段三组内在要素来进行解构,在解构的基础上,四个方面和三组要素产生互动。基于多元化学业产出的政策导向,学校主动适应政策的理想状态是调整学校办学目标和策略,提升学校治理能力。

---

① Easterby-Smith M. Disciplines of the learning organizations: contributions and critiques[J]. Human relations, 1997, 50: 1085 - 1113.

② Schechter C. Learning mechanisms in schools: conceptualization and empirical evidence[J]. Educational theory and practice, 2007, 29: 47 - 59.

③ Qadach M, Schechter C, Da'as R. From principals to teachers to students: exploring an integrative model for predicting students' achievements[J]. Educational administration quarterly, 2020, 56(5): 736 - 778.

④ Schechter C. Organizational learning mechanisms: its meaning, measure, and implications for school improvement[J]. Educational administration quarterly, 2008, 44: 155 - 186.

⑤ Schechter C, Asher N. Principals' sense of uncertainty and organiza-tional learning mechanisms[J]. International journal of educational management, 2012, 26: 138 - 152.

　　从学校角度来看，每一种状态背后的组织运行机制都存在独特性，并共同展现出学校在组织架构、人力资源、利益惯性、学校文化四个方面的协调同构。面对"指挥棒"式的政策要求，学校产出的变化受到政策的直接调整，基于政策的产出评价标准变化速度往往高于学校组织的转型速度。当产出从单一走向多元，要进行有效治理不得不依赖于更为扁平化的共同治理方式，教师和校长要分享学校领导力。对于大多数学校来说，积极回应这一政策实际上意味着对自身治理制度进行重构，发展分享式的领导力，而这个过程所意味的种种微妙变化是多层次多维度的。Bolman 和 Deal 在《组织重构》一书中提出，学校在治理制度上尝试的改革面临的诸多限制条件以及赋能条件，都需要落到四方面的基础维度上进行统筹协调。他们对四个维度作了清晰定义：结构维度聚焦学校组织内部各个机构的设立、规章、角色、目标和政策，人力资源维度聚焦学校行政管理人员的理性思维和情绪，政治权力维度聚焦资源获取、利益竞争、权力斗争，象征维度聚焦组织文化和信念。① 仅仅在单个组织行为维度上作出改革，并不足以支撑治理能力的生成。组织重构遇到障碍，从本质上看，是在四个方面出现了内在不一致以及彼此之间失调的情况。例如学校在组织架构上进行权力集中到分散的改革，表现为将过去的职能部门改为"服务中心"，名称的变化和工作内容的名目上的调整不等同于改变隐形的权力惯性、发展共治的学校文化、提升教师参与决策的素养，为了避免"服务"流于表面，需要把这样的调整看成一个开端，构筑配套措施来推动深层内涵的转型。

　　从政策角度来看，政策要素的内在博弈引致学校的差异化反应。基于理性的政策设计包含的要素主要有选择价值、明确目标、提出相应措施，然而在现实情境中同一政策很可能蕴含多个价值选择（例如效率和公平），这些价值之间可能存在此消彼长的相悖关系，且一项政策可能会同时涉及几个目标，而相应的措施在不同群体中又有不同的解读。这些价值、目标和措施都会随着政策的推行无时无刻地进行博弈（政策悖论）。② 博弈的具体形态在政策落实到具体学校后才会显现出来。例如，人才多元评价本意是为学生提供个性化教育，然而当政策

　　① Bolman L G, Deal T E. Reframing organizations[M]. San Francisco, CA: Jossey-Bass, 2017.

　　② Stone D A. Policy paradox: the art of political decision making[M]. New York: W. W. Norton & Company, Inc, 2012: 11-15, 55, 82, 297, 274, 287-288.

与学校办学基础碰撞时就可能产生违背政策初衷的结果。例如,一部分办学基础较好的学校能够达成政策期待,一部分办学水平较低、资源较为薄弱的学校为了高考上线率开展变相的"个性化办学",鼓励学生报考音乐、美术等艺术专业,学生与前一种类型学校的同龄人比,非但没有接受个性化教育,在未来职业生涯中的选择范围也更狭窄了。这种情况下就显现出来效率和公平这两个政策内在的价值要素间在实际场景中发生的博弈。

政策和学校互动模式生成的本质,是学校组织行为和政策内在要素间受一致性驱动而产生的暂时性稳态,学校无法超越自身组织结构的能量对政策进行回应,学校的某一种回应都意味着学校办学水平和改革政策间的暂时性平衡稳态。这样的稳态会随着政策调整或者学校改革而被打破,进入下一个稳态。依据教育政策与学校的互动理论,不同学校的治理行为对政策做出的回应呈现不同状态,包含不回应/无力回应,象征性回应,添设部门进行专门化应对,顺从并调整,主动适应。政策内在要素分化和博弈针对不同特征(办学基础)的学校才得以体现,因此学校在四个维度上的组织重构活动是对政策的深层次回答,学校对政策的回应可能表现为基本符合政策期待即达成政策效能,也有可能因为使得政策内在要素出现博弈而产生政策效能异化。重构需要从学校治理的宏观角度去发现四个维度上出现的冲突,治理能力的形成意味着在育人活动每个维度上的冲突消弭,达成深层一致。政策要素在这里也已经进入了学校重构环节,每一轮冲突产生和一致达成相当于一次政策要素间的博弈。

在第二阶段,新的办学愿景信息触发教师队伍和校长产生对办学环境的不确定性,使得组织学习启动,对信息进行组织记忆、信息获取、信息分布、信息取回和信息解读,进而影响学校治理水平。例如,人才多元评价政策引导育人目标从单一向多样的转变,依据治理理论,多元主体(地方政府、校长、教师、家长、学生)共同治理相较于层级式管理模式能更好地服务于多样化育人目标。然而,由于地方政策环境和学校办学基础不同导致办学愿景的设定和传达都存在差异,校长和教师对办学环境的不确定性、组织学习能力、学校治理制度基础也不尽相同,学校做出适应型调整的进度并不会整齐划一,各项变量之间的关系随时间推移可能发生改变。要充分了解学校治理模式的适应性过程,需要探究治理模式变化的过程。

　　在第三阶段,在综合考虑政策环境和组织学习能力的前提下提炼出有机融合政策环境、学校办学基础的学校治理制度转型理论研究模型。学校育人活动的连贯性指学校育人理念、活动和资源之间的一致性,它和育人质量之间存在正相关性。[①] 当学校育人活动连贯性较低,出现内在要素间的背离,信息沟通受阻,通常意味着多元主体共同治理能力不足。对历时意义上两者的关系梳理最终能够明确共同治理能力的生成机制,而对于非学校工作人员的实证研究者来说,存在的研究难点在于观察两者的历时状态。

---

① Fisher D, Frey N. Gifted students' perspectives on an instructional framework for school improvement[J]. NASSP Bulletin, 2012, 96(4): 285 - 301.

第八章　跨越系统的有效治理

　　为什么被验证有效的管理方式在一些学校无法复制？前几章的讨论给了我们思考的方向，学校办学实际和政策环境差异对管理实践的完整性提出了描述和理解上的挑战，教育管理学现有的知识结构只在点明学校是一个开放系统和学习型组织上关注到了非完整性。那么在这种脱节存在的情况下，那些学业表现良好的学校是怎么做的？需要从这些学校中找到实现完整性的抓手。对强调因果推断的领导力理论和组织学习这一组织知识生产的过程性概念进行对照思考后，这一章通过国际比较分析发现，在学业产出评价标准是较为单一的标准化考试成绩的前提下，抓手在于提升教师专业化水平，校长需要思考在外部环境的作用力下如何发挥领导作用来促进教师专业化水平的提升，从而实现管理工作的完整性。

第一节　政策、管理理论和管理实践

　　实证研究者在构建学校管理实践、校长领导力的理论和教育政策环境之间的联系上做出了不懈的努力。Goldring 等人在 2009 年进行了一项针对美国政府执行的中小学校长领导力评估的全面调查。他们的研究样本是 60 个由政府颁布并实施的校长领导力量表。其中，56 个量表是由学区政府颁布的，9 个量表是由州政府颁布的。这个研究深入了解了学区和州政府评估校长的方式和指标。研究者们用以学生学习为中心的领导力概念作为框架，对这些量表与已有实证研究得出的有效领导力的标准之间的一致性程度进行检查。有效领导力的标准是通过实证研究检验的,如果能够在统计意义上显著地积极预测学生在标准化考试中的成绩,则被认定为有效的校长领导行为。研究者们认为,政府使用的量表应该体现这些有效领导力的行为标准。他们指出,与越来越多的校长培训项目相比,领导力的测量和评估所受到的关注和研究是不足的,这不利于引导学校实施有效的管理实践。校长领导力测量应该被纳入政府制定的学校绩效评价标准体系,也就是说,把校长领导力测量结果作为评估学校整体表现的一部分,以促进学校的改进。在这项研究中,他们使用迭代和演绎过程对政府使用的校长领导力测量工具的内容进行分析。研究结果表明,政府在评估校长管理实践时,侧重于行政管理行为、校长个人特征或者外部环境,然而在确保严格的课程和高质量教学的领导力行为上缺乏充分的测量。他们还发现,大多数的政府使用的校长领导力测量方式缺乏针对效度等心理测量特性和准确性方面的论证。这加剧了理论、政策和管理实践之间的脱节。

已有的校长领导力模式理论是围绕校长管理行为来提炼的,相关量表以学校的学业产出也就是学生标准化考试成绩为导向。Goldring 等人(2009)指出这种设计的逻辑缺陷是假设校长和学校产出之间存在因果关系。这会导致忽视学校本身所具有的组织特征、办学实际条件和政策环境因素。而以上这些因素都可能影响学生的学业表现。Leithwood 和 Sun(2012)建议应该更多地测量校长的管理实践,而非个人特质。他们的主张体现出了实证研究者在理论上对标准化和可通约性的追求。测量管理实践,能够引导研究者和实践者进一步按照测量标准来思考。已有的基于实证研究的理论来指导接下来的研究设计和管理实践,这将导向管理实践和思维的标准化。在实践领域,除了推广有效的管理实践,在校长培训和专业化标准设置领域也体现出了这种对理论通用的追求。一旦校长可以通过标准化的培训来进行培养,校长本身的个人特征就不再重要了。在以实证主义研究为教育管理学领域的研究主体的国家和地区,已然兴起的校长专业化标准和相配套的培训体系、校长资格证书制度,都体现了这种追求。在实证主义的思潮下,校长领导力效能规律不仅影响着学校管理实践和教育管理制度的内涵,更重塑了它们的生成逻辑。

为了提升研究建议和校长管理实践的相关性,研究者需要对三重结构进行联通。应确定与一个国家的宏观、中观和微观层面的教育政策相关的关键条件,以讨论实施预期中有效管理方式的环境支持或限制。基于前几章的讨论,这部分的讨论把有效管理方式定义为分享式教学型领导力。在宏观层面,高风险的问责制和学校自治程度是最相关的校本政策因素,很大程度上决定了分享式教学型领导力的作用。① 在中观层面,选择分享式教学型领导力塑造了教师专业社区的建设。这一过程与宏观层面的政策因素一起,通过制定教师资格标准和创造专业培训环境来指导教师专业化的内涵设定。② 教师的专业化水平反过来又影响了教师对学校领导的参与。问责政策、学校自治程度、学校领导风格和教师专业水平通过共同影响学生成绩达到微观层面。③ 需要评估基于学校的问责制、自主性和教师专业精神的背景要求,以更精细地剖析分享式教学型领导力在影响学生成绩方面的作用④。

　　分享式教学型领导力受到了质疑,尤其是在跨教育系统和政策环境使用时,它不一定能有效地支持学生取得高学业成就。⑤ 在国际学生评估项目的结果中,如果直接分析分享式教学型领导力和学生成绩之间的关系,在有些国家和地区甚至会出现显著负相关的情况。这是因为教育的政策背景塑造了学校组织的结构,这决定了分享式教学型领导力的实施条件和本地化的定义。应确定与教育政策相关的关键条件,以讨论实施分享式教学型领导力的环境支持或限制。高风险的问责制和学校自治程度——影响学校的政策因素——在很大程度上决定了学校领导力风格的选择和发挥。⑥ 尽管在理论上选择分享式教学型领导力能够促进教师专业共同体的建设,但实际上领导过程是与政策因素一起,来共同塑造教师专业共同体的。例如,政策通过制定教师资格标准和影响创造专业培

---

① Glatter R. Persistent preoccupations: the rise and rise of school autonomy and accountability in England[J]. Educational management administration & leadership, 2012, 40(5): 559 - 575.

② Furlong J. The Universities and initial teacher education: challenging the discourse of derision. The case of wales[J]. Teachers and teaching, 2019, 25(5): 574 - 588.

③ Hahn Y, Wang L C, Yang H S. Does greater school autonomy make a difference? Evidence from a randomized natural experiment in South Korea[J]. Journal of public economics, 2018, 161: 15 - 30.

④ Dinham S. Principal leadership for outstanding educational outcomes[J]. Journal of educational administration, 2005, 43(4): 338 - 356.

⑤ Luschei T F, Jeong D W. School governance and student achievement: cross-national evidence from the 2015 PISA[J]. Educational administration quarterly, 2021, 57(3): 331 - 371.

⑥ Glatter R. Persistent preoccupations: the rise and rise of school autonomy and accountability in England[J]. Educational management administration & leadership, 2012, 40(5): 559 - 575.

训环境来指导教师专业化的意义。教师专业化反过来又塑造了教师对学校领导的参与。问责政策、学校自治程度、学校领导风格和教师专业化水平在实践中往往杂糅在一起,互相影响,最终共同影响学生的成绩。

第二节　国际背景下的校长领导力效能规律差异

学校领导的传统概念以校长的实践为中心。自从引入分享式教学型领导力之后,这些概念发生了变化,这意味着领导职能和权力不再集中于校长,而是分布在校长、教师和其他利益相关者的网络中。分布式领导的概念进一步消除了领导的主体性,将描述领导力的方式从以人为中心转变为以任务为中心。学习型领导力理念再次印证了领导理念经历以上变革的动力;也就是说,领导力需要为学校各项任务的成功提供更全面的保障,这需要通过学校成员之间的协作来实现,这种协作是发展式的,意味着成员作为学习共同体不断形成新的组织管理知识[①]。学习型领导力的内涵广泛,囊括了教师领导力、教学型领导力和分布式领导力。它指向一种更为灵活的领导力构建方式,回应了变化的教育政策环境和学校组织特征。然而,在学习型领导力框架下使用跨国数据进行分析时,研究人员仍然发现,个别教师、教师群体和校长对领导力的看法存在结构性差异。[②]这种差异意味着三个群体之间权力来源的结构性差异。提高教学质量,需要注意三组之间的协调,这就需要明确三组的动力来源。如果参与领导所需的权力来自校外,仅仅通过学校领导风格的调整,三个群体很难达到协调一致。在不假定学习领导力作为数据分析背后的理论框架的情况下,存在 27% 的经合组织国

① Hallinger P, Heck R H. Leadership for learning: does collaborative leadership make a difference in school improvement? [J]. Educational management administration & leadership, 2010, 38(6): 654 - 678.

② Ahn J, Bowers A J, Welton A D. Leadership for learning as an organization-wide practice: evidence on its multilevel structure and implications for educational leadership practice and research[J]. International journal of leadership in education, 2021: 1 - 52.

家的学校领导力模型与学习型领导力不一致。① 这意味着开发尽可能全面的校本领导模型不一定是提高学生标准化考试成绩的解决方案。需要考虑国家之间的政策和文化差异对学校领导力实施有效性的影响。

Liu采用2013年教学国际调查(Teaching and Learning International Survey,简称TALIS)进行了针对分布式领导力模型的跨国分析,进一步发现区域文化与领导模式不匹配,即在同一区域文化中出现了不同的领导模式。这表明文化不能很好地解释领导模式的差异,而教育政策可能超越文化来塑造领导模式。美国与表现出较高程度的领导力分散的盎格鲁国家不同,差异主要表现在校长在学校领导力中发挥着更为主要的作用。② 值得注意的是,这项研究没有调查学校的管理委员会和外部管理者例如政府在管理学校上的权力。Liu的另一项研究采用了2015年的国际学生评估项目(PISA)的数据,分析了教师队伍和学校管理委员会在管理学校权力上的数据,该研究发现教师参与教学管理对学生的科学成绩有积极和直接的影响。③ 这两项研究共同表明,领导学校的权力是多重而非单一的来源,学校领导力需要根据多元主体拆分,前几章描述的校长领导力概念的不断调整体现了实证研究者们对这一意识的把握。是否使用描述政策环境的信息(即学校本身究竟具有多大的领导权力以及政府参与领导学校的权力)将影响学校领导的定义和效果的测量。校长和教师领导力的获得和发挥取决于学校的领导权力,与政策环境有必然联系。

教学型领导力仍然是不断变化的领导力概念不可或缺的一部分。通常,教学型领导力通过预测教师的集体效能间接预测学生的学业成绩,它的概念界定和学生成绩息息相关。从测量的角度看,教学型领导力的常用量表中的每一个

① Bowers A J. Examining a congruency-typology model of leadership for learning using two-level latent class analysis with TALIS 2018[R]. OECD Publishing, Paris, France, 2020.

② Liu Y. Focusing on the practice of distributed leadership: the international evidence from the 2013 TALIS[J]. Educational administration quarterly, 2020, 56(5): 779-818.

③ Liu Y. Distributed leadership practices and student science performance through the four-path model: examining failure in underprivileged schools[J]. Journal of educational administration, 2021, 59(4): 472-492.

问题都与教师教学直接挂钩。[①] 然而,使用跨国样本后,它对教师效能的影响从0.112下降到0.028。文化或政策的差异解释了教师自我效能差异的8%。[②] 使用跨国数据的研究可以帮助更细致地了解教学型领导力。基于将学校领导权力分布在制定学校方向、教师专业发展、重新设计组织结构和管理教学实践四个方面的框架,展开的跨国实证研究发现,在教学管理实践方面,校长领导力和教师领导力存在统计意义上显著的相关性,而在教师专业发展上,两者之间不相关,在组织的共同决策中呈显著负相关。[③] 这一发现表明,在教师专业发展相关的管理工作中,校长和教师的权力有较低的统一性,应特别考虑政策环境和学校管理方式构成的协同性差异。人力资源发展的权力有可能授予政府,也有可能赋予学校。在管理教学实践上,校长和教师的权力有较高的统一性,则尤其要考虑政策环境的差异。

另一项国际研究发现,教学型领导力在教育目标对学生成绩的影响方面因国家而异,在显著的直接正面影响与直接负面影响之间摆动。教师专业共同体与学生数学推理能力之间不存在显著关系,这暗示了教师专业共同体内涵可能存在的跨国差异。在大多数国家,学习氛围对数学推理表现有积极影响($\beta = 0.14 - 0.25$, $p < 0.05 - 0.001$)。[④] 值得注意的是,学习氛围的测量问题侧重于教学,与教师专业共同体相比较,其在学校和国家之间的内涵差异相对较小。教师专业共同体的内涵和教学型领导力的内涵,以及与之对应的测量问题则更为复杂。例如,在教师专业社区测量问题中,教师对分享教学经验的问题的回答很大程度上取决于校长领导风格,而教师

① Jacob R, Goddard R, Kim M, Miller R, Goddard Y. Exploring the causal impact of the McREL balanced leadership program on leadership, principal efficacy, instructional climate, educator turnover, and student achievement[J]. Educational evaluation and policy analysis, 2015, 37(3): 314 - 332.

② Bellibas M S, Liu Y. Multilevel analysis of the relationship between principals' perceived practices of instructional leadership and teachers' self-efficacy perceptions[J]. Journal of educational administration, 2017, 55(1): 49 - 69.

③ Printy S M, Liu Y. Distributed leadership globally: the interactive nature of principal and teacher leadership in 32 countries[J]. Educational administration quarterly, 2021, 57(2): 290 - 325.

④ Urick A, Liu Y, Ford T G, Wilson A S P. Does instructional leadership mediate effects of student home resources on opportunity to learn and math reasoning skills? A cross-national comparison of 4th grade students[J]. International journal of leadership in education, 2019, 24(6): 876 - 914.

对合作尝试新想法的回答可能受到校长领导风格与政策环境的协同影响。

第三节　学校自主权、问责制、教师专业化和校长领导力

上一节提到的国际比较研究共同表明,政策环境的差异打破了领导力模式的稳定性,而这一点得到了反方向研究的支持。该研究使用芝加哥数据,同一城市意味着跨学校的政策环境相对同质。它发现同一校长的组织管理和教学型领导力的同质性,这意味着校长领导模型在单一政策环境中是较稳定的。该研究中管理和领导力的测量项目进一步反映了塑造领导力的政策环境因素包括学校自主程度和问责压力。[①] 一系列研究专门探讨了学校自主权、问责制和校长领导力之间的关系。

学校自治的程度主要由地方和中央政府分享的权力比例决定。学校与不同级别政府的联系的具体细节表明学校可以自由地做些什么。[②] 在发达国家,更高程度的自主权与更高的教育水平相关[③],而在发展中国家,自主性似乎具有负面影响[④]。当考虑学生的构成时,学校自主权与学生的阅读素养无关[⑤]。学校自治的不同影响表明,教育系统中的权力下放具有背景敏感性,这并不能确保基于

① Sebastian J, Allensworth E, Wiedermann W, Hochbein C, Cunningham M. Principal leadership and school performance: an examination of instructional leadership and organizational management[J]. Leadership and policy in schools, 2019, 18(4): 591 - 613.

② Glatter R. Persistent preoccupations: the rise and rise of school autonomy and accountability in England[J]. Educational management administration & leadership, 2012, 40(5): 559 - 575.

③ Barankay I, Lockwood B. Decentralization and the productive efficiency of government: evidence from Swiss cantons[J]. Journal of public economics, 2007, 91(5 - 6): 1197 - 1218.

④ Hanushek E A, Link S, Woessmann L. Does school autonomy make sense everywhere? Panel estimates from PISA[J]. Journal of development economics, 2013, 14: 212 - 232.

⑤ Maslowski R, Scheerens J, Luyten H. The effect of school autonomy and school internal decentralization on students' reading literacy[J]. School effectiveness and school improvement, 2007, 18(3): 303 - 334.

学校自治权能够立即取得积极成果。[①]

　　在更大的范围内，自治是通过建立问责制来实现的，由于它们组合的复杂性，它们以多种方式共同影响教师的实践和学生的成绩。增加问责制并不一定意味着学校自主权减少。从地方政府获得的权力可以转移到学校，特别是当中央政府以一种疏远的方式领导时。虽然中央政府很难详细确定学校的做法，但地方当局对学校状况的了解更深入，监督能力更强，可以对学校自治产生更大的影响。

　　在较小的范围内，自主权和问责制与校长领导高度相关。问责制政策与校长价值观以及学校推动的问责制举措的一致性促进了教学领导力水平。[②]理想的领导力理念不是实施单一的领导风格，而是强调学校成员之间的适当责任分配，这涉及根据具体需要混合领导实践。将学校成员职责下放，形成稳定的、支持学校成功的合作管理结构的过程，是通过问责制反复检验和优化每个成员职责和权力行使的结果。[③] 授予当地学校自主权不会对学生的表现产生积极影响，直到校长能够熟练地承担这些新职责来管理学校，并且新做法可能不会平等地影响所有学生。[④] 授予学校的与人事和预算相关的权力以及利用自主权聘请教师和建立教师专业共同体的领导层解释了学生表现的改善。[⑤] 对这一点的更深入分析是，在与预算、人事和课程相关的问题上实施自主权，在没有支持性学校环境的情况下，发挥自主权不会对学生的成绩产生积极影

　　① Steinberg M P. Does greater autonomy improve school performance? Evidence from a regression discontinuity analysis in Chicago[J]. Education finance and policy, 2014, 9(1): 1 - 35.

　　② Louis K S, Robinson V M. External mandates and instructional leadership: principals as mediating agents[J]. Journal of educational administration, 2012, 50(5): 629 - 665.

　　③ Day C, Gu Q, Sammons P. The impact of leadership on student outcomes: how successful school leaders use transformational and instructional strategies to make a difference [J]. Educational administration quarterly, 2016, 52(2): 221 - 258.

　　④ Steinberg M P. Does greater autonomy improve school performance? Evidence from a regression discontinuity analysis in Chicago[J]. Education finance and policy, 2014, 9(1): 1 - 35.

　　⑤ Caldwell B J. Impact of school autonomy on student achievement: cases from Australia[J]. International journal of educational management, 2016, 30(7): 1171 - 1187.

响。这种关系受到校长领导和问责政策的共同塑造。① 学校在将地方教育系统的使命、战略和实践与标准相结合方面的自主权是由问责制政策提供的,它支持课堂教学与更大规模的标准和资源之间日益密切的联系,要求教师适应分布式决策——以更具回复性的方式构建教学系统。② 反过来,对这些组成部分的调整会重塑主要领导风格,使其更具协作性。

教师专业化通常是指导向有效教学的教师技能、知识和实践。③ 根据这一定义,教师专业化与一系列规范和标准相关,因此在很大程度上受到教师资格标准和专业发展机会的影响。教师专业化不仅强调教学技能,也强调教师在教学决策中的自主权,以促进学生的个性化学习和发展。④ 这两种内涵是在教师作为知识工作者的理念下融合在一起的,知识工作者指的是生产知识解决工作中新问题的能力,而不是被现有的任务所规定。同时,为确保教师作为知识工作者的身份,教师的晋升路径和合适的工作条件也被纳入教师专业化的内涵中。⑤

问责政策和校长领导影响着教师专业精神的实际定义。问责制的增加导致教师资格标准的变化,该标准鼓励发展教师专业精神以及和传统大学教师培训计划、替代执照途径、学校教师招聘和专业发展的相关要求。⑥⑦ 校长领导力被

① Ko J, Cheng Y C, Lee T T H. The development of school autonomy and accountability in Hong Kong: multiple changes in governance, work, curriculum, and learning[J]. International journal of educational management, 2016, 30(7): 1207-1230.

② Peurach D J, Yurkofsky M M, Sutherland D H. Organizing and managing for excellence and equity: the work and dilemmas of instructionally focused education systems[J]. Educational policy, 2019, 33(6): 812-845.

③ OECD. Supporting Teacher Professionalism: Insights from TALIS 2013[R]. TALIS, OECD Publishing, Paris. DOI: 10.1787/9789264248601-en, 2016.

④ Demirkasımoğlu N. Defining "Teacher Professionalism" from different perspectives[J]. Procedia-social and behavioral sciences, 2010, 9: 2047-2051.

⑤ Price H E, Weatherby K. The global teaching profession: how treating teachers as knowledge workers improves the esteem of the teaching profession[J]. School effectiveness and school improvement, 2018, 29(1): 113-149.

⑥ Lai K C, Grossman D. Alternate routes in initial teacher education: a critical review of the research and policy implications for Hong Kong[J]. Journal of education for teaching, 2008, 34(4): 261-275.

⑦ Zeichner K. Competition, economic rationalization, increased surveillance, and attackson diversity: neo-liberalism and the transformation of teacher education in the US[J]. Teaching and teacher education, 2010, 26(8): 1544-1552.

广泛认为在通过创造专业发展环境来重塑教师专业精神方面发挥着重要作用。[①] 然而,它并不是决定教师资格和为教师专业化水平进一步提升创造条件的唯一因素。[②] 教师的招聘、职前培训和专业发展不可避免地受到一系列政策的协调,尤其是与问责制相关的政策。[③] 在相对集中的教育系统中,政府在组织专业发展机会方面发挥着重要作用。[④] 在美国,一些州的系统已经开始限制地方和学校的自主权,同时促进问责制。随着教育系统中的利益相关者调整他们的做法,这会导致不稳定:他们调整的速度不同,并且可能会出现无法预料的新问题。由于这种重组,诸如教师资格评估和专业发展安排等实践可能会变得更加多样化。[⑤]

问责制对教师专业化定义的广泛影响改变了教学责任、专业知识和随之而来的学校管理自主权主体的组成部分,使其在调整和回复以结果为导向的标准方面变得更加灵活。然而,由于教育基础设施的起点和改革不同,各国和地区的教师专业化定义是复杂的。[⑥][⑦] 教师专业精神的影响从课堂教学决策 [⑧]到学校

① Youngs P, King M B. Principal leadership for professional development to build school capacity[J]. Educational administration quarterly, 2002, 38(5): 643 - 670.

② Vangrieken K, Meredith C, Packer T, Kyndt E. Teacher communities as a context for professional development: a systematic review[J]. Teaching and teacher education, 2017, 61: 47 - 59.

③ Brennan M, Willis S. Sites of contestation over teacher education in Australia[J]. Teachers and teaching, 2008, 14(4): 295 - 306.

④ Ridge N. Teacher quality, gender and nationality in the United Arab Emirates: a crisis for boys [R/OL]. (2010). dubai School of Government, Dubai. https://www.researchgate.net/profile/Natasha-Ridge/publication/275603715_Teacher_Quality_Gender_and_Nationality_in_the_United_Arab_Emirates_A_Crisis_for_Boys/links/55407a240cf2320416ed071d/Teacher-Quality-Gender-and-Nationality-in-the-United-Arab-Emirates-A-Crisis-for-Boys.pdf.

⑤ Peurach D J, Yurkofsky M M, Sutherland D H. Organizing and managing for excellence and equity: the work and dilemmas of instructionally focused education systems[J]. Educational policy, 2019, 33(6): 812 - 845.

⑥ Eisenschmidt E. Teacher education in Estonia[M]//European dimensions of teacher education—similarities and differences, 2011: 115 - 132.

⑦ Vašutová J, Spilková V. Teacher education in Czech Republic[M]//European Dimensions of Teacher Education—Similarities and Differences, 2011: 193 - 224.

⑧ Pan H W, Nyeu F Y, Chen J S. Principal instructional leadership in Taiwan: lessons from two decades of research[J]. Journal of educational administration, 2015, 53(4): 492 - 511.

教学领导的集体承诺①各不相同。它在应用方面的可变性表明了教师资格和专业发展所提供的策略的多样性。问责制、学校自治程度、校长领导风格和教师专业精神在生动的教育框架中相互回应和反应。

基于学校办学条件的学术研究（条件主要包括学校自主权、问责制、校长领导力和教师专业精神），可以发现：测试一种学校领导风格是否与学生的良好表现呈正相关的研究模式在构建提高学生成绩的理论方面是有限的。理论应该去说明如何建立一个办学条件框架以支持连贯的、协调一致的专业教师化发展。对学校领导力风格的研究表明，学校领导既不是变革性的也不是指导性的，而是多维的、分层的；领导风格根据办学条件和政策环境整合了这些理论的多个方面。②③④⑤ 面对环境的不可预测性，建立在学校领导理念上的解决方案是不断重塑领导风格。这种努力逐渐导致了两类领导力风格：① 分布式，将领导力定义为一个面向过程的网络，参与者在特定任务上实施个人权力；② 集成式，包括尽可能多的领导实践，使学校环境灵活支持有效的教学和学习。这样的解决方案并不总是奏效，因为政策背景和学校领导实践之间可能存在脱节。⑥ 基于现有元分析的二阶元分析发现，校长的领导实践对学生成绩的影响很小。⑦

---

① Miller R J, Rowan B. Effects of organic management on student achievement[J]. American educational research journal, 2006, 43(2): 219 – 253.

② Bellibaş M Ş, Kılınç A Ç, Polatcan M. The moderation role of transformational leadership in the effect of instructional leadership on teacher professional learning and instructional practice: an integrated leadership perspective[J]. Educational administration quarterly, 2021, 57(5): 776 – 814.

③ Bowers A J. Examining a congruency-typology model of leadership for learning using two-level latent class analysis with TALIS 2018[R]. OECD Publishing, Paris, France, 2020.

④ Day C, Gu Q, Sammons P. The impact of leadership on student outcomes: how successful school leaders use transformational and instructional strategies to make a difference [J]. Educational administration quarterly, 2016, 52(2): 221 – 258.

⑤ Urick A, Bowers A J. What are the different types of principals across the United States? A latent class analysis of principal perception of leadership[J]. Educational administration quarterly, 2014, 50(1): 96 – 134.

⑥ Dunn A H. "A vicious cycle of disempowerment": the relationship between teacher morale, pedagogy, and agency in an urban high school[J]. Teachers college record, 2020, 122(1): 1 – 40.

⑦ Tan C Y, Gao L, Shi M. Second-order meta-analysis synthesizing the evidence on associations between school leadership and different school outcomes[J]. Educational management administration & leadership, 2022, 50(3): 469 – 490.

第四节 一项定性比较分析

基于这一脱节问题,本节对以下问题进行探讨,并采用相关的数据分析来进行解答。分享式教学型领导力如何与政策环境相互作用? 在差异化的环境中,校长可以使用什么样的抓手来提升学生学业表现? 前几章的论证说明,教师的声音需要不断被听到并用于教学实践的改进,这需要将专业的教师学习嵌入学校结构中,这将有效领导力理念范围缩小到教学型领导力和教师参与教学型领导力,这意味着将教师专业学习纳入学校的教学管理框架。需要关注教师在教学型领导力中的参与而不是其他方面的管理工作,因为有证据表明,教师参与其他决策过程,包括学校人员和预算,无助于提高教师团队的协作能力、工作满意度和组织承诺。[①] 通过回答这个问题,能够确定何时需要和何时不需要分享式教学型领导力才能获得高的学生考试成绩。根据前几节的文献基础,这里将提取当地教育政策框架下的学校关键的办学背景条件,包括学校自主权、问责制和教师专业化水平。教师专业水平从教师资格和专业发展机会的角度来定义,不包括教师自主权、晋升途径和工作条件。这样定义的原因是教育政策对其他三个条件有直接或间接的影响,其含义因国家而异,在此避免混淆。[②] 例如,教师是否能够自主决定课程,很大程度上取决于学校是否具有自主权,这将通过学校自主权的条件来讨论。定义与学生表现相关的组态需要将这些条件视为源自政策的资源,并将它们与不同程度的分享式教学型领导力相结合。基于此来确定有效学校领导功能背后的逻辑,即学校领导风格和政策环境如何相互作用以构建教师专业学习。这一逻辑将各种背景因素转化为切实的政

---

① Hahn Y, Wang L C, Yang H S. Does greater school autonomy make a difference? Evidence from a randomized natural experiment in South Korea[J]. Journal of public economics, 2018, 161: 15 - 30.

② Price H E, Weatherby K. The global teaching profession: how treating teachers as knowledge workers improves the esteem of the teaching profession[J]. School effectiveness and school improvement, 2018, 29(1): 113 - 149.

策,以提供跨教育政策环境的一般性和实用性建议。

一、假设的组态

本节将开展一项定性比较分析,将研究问题根据方法进一步细化为以下问题:分享式教学型领导力是学生取得高成绩的充分条件还是必要条件? 分享式教学型领导力有效运作的政策环境条件是什么? 如果分享式教学型领导力不是导向高成绩的充分条件,领导力方式和政策环境条件怎样协同才能够导向高成绩? 其中存在的抓手是什么? 这项分析评估了基于学校的问责制、自主性和教师专业化的背景条件以及分享式教学型领导力在影响学生成绩方面的协同作用。分析采用国际学生评价项目(PISA)2015 年度的跨国数据,采用基于集合论的数据分析方法展开讨论,检查分享式教学型领导力是否作为学生取得高成绩的充分或必要条件,以及它与其他条件的配合关系。跨国数据分析允许我们能够讨论校长在决定是否实施分享式教学型领导力时实际上必定会面临的教育政策背景上的多样性。集合论则允许我们在区分复杂的管理行为和制度的基础上提炼出链接学生高成绩的"管理行为——制度"协同模式。

结合会对学校管理产生影响的主要政策因素,包括学校自主性、问责制和教师专业化,以及校长领导力,这项分析假设出三种可能导向高水平学生学业成绩的前因条件组态。第一种组态强调分享式教学型领导力作为关键条件,第二种不包括分享式教学型领导力,第三种既不突出也不排除分享式教学型领导力。

此外,本节将教师专业化水平划分为教师资格和专业发展这两个测量内容,将分享式教学型领导力划分为教师参与决策过程和分享式教学型领导力。通过这种方式,将分享式教学型领导力在实践内涵的维度上细化,以更准确灵活地评估领导力在学校的效果。做这样细化的考虑是因为,一项元分析发现,与领导力实践相比,领导力模型对学生成绩的影响更大,这表明结合多种领导实践可能会模糊外部环境对管理实践的影响或者夸大影响。[①] 一项基于线性关系的研究发现,尽管校长领导对学生成绩的直接影响很小,然而,领导效能最

---

① Tan C Y, Gao L, Shi M. Second-order meta-analysis synthesizing the evidence on associations between school leadership and different school outcomes[J]. Educational management administration & leadership, 2022, 50(3): 469-490.

低的校长组的教学型领导力与学生成绩呈显著负相关。[①] 这一发现挑战了基于线性关系的教学型领导力有效性的现有的研究结果,表明当样本进一步划分时,教学型领导力和学生成绩之间会出现更精细的关系。本分析基于此而不是基于线性关系提出假设。下一节将详细介绍一种专门与分类假设相匹配的研究方法。

另一个需要说明的地方是,根据跨国数据分析的结果,教师在个人和集体层面对教学型领导力的感知是同构的。[②] 因此,这里不区分教学型领导力和政策对教师个人和学生集体成绩的影响。另外,与分布式领导的概念不同,可以将校长(不包括其他学校管理者)视为教学型领导力实施的主体和权力共享的推动者。基于 Tan 等人的元分析,校长领导力在提高学生成绩方面比管理者团队的混合领导力更有效。[③]

假设条件组态一:分享式教学型领导力与问责制、教师专业化水平相结合,可促进学生成绩。

这种组态突出了分享式教学型领导力对提高学生成绩的影响。对于包含分享式教学型领导力的模型,需要教师有良好的专业化水平,但需要将其分为两个组成部分以供进一步考虑:教师资格和专业发展。在一些国家和地区,虽然在教师入职之初可能不需要教师资格,但后来的在职专业发展弥补了专业水平。同时,高风险问责制的增加可能会限制学校的自主权,但仍与分享式教学型领导力共存以指导学校的教学。分享式教学型领导力通过支持持续的教师专业学习和建立基于教师领导角色合法性的专业共同体来促进学生的成绩提升。[④]

---

① Sebastian J, Allensworth E, Wiedermann W, Hochbein C, Cunningham M. Principal leadership and school performance: an examination of instructional leadership and organizational management[J]. Leadership and policy in schools, 2019, 18(4): 591-613.

② Urick A, Bowers A J. What are the different types of principals across the United States? A latent class analysis of principal perception of leadership[J]. Educational administration quarterly, 2014, 50(1): 96-134.

③ Tan C Y, Gao L, Shi M. Second-order meta-analysis synthesizing the evidence on associations between school leadership and different school outcomes[J]. Educational management administration & leadership, 2022, 50(3): 469-490.

④ Smith B. Leadership for "The all of it": Formalizing teacher-leader networks[J]. Teachers College Record, 2019, 121(3): 1-44.

　　假设条件组态二:不包括分享式教学型领导力,教师专业化(教师资格和专业发展)促进学生成绩。

　　第二种组态不包括分享式教学型领导力,高度依赖教师资格和专业发展。该组态强调学生成绩与教师队伍的成熟度相关。在控制政策和文化差异的情况下,正式的职前培训是影响教师效能的最显著因素,它给受过培训的教师带来了自我效能感的 0.22 标准差的提升。[①] 该组态呼应了不断增加的综合型领导力风格的知识[②]。这个概念不强调任何特定的领导风格,而是依靠灵活的领导风格来支持教师的专业学习。综合式的领导力理论提出,教师专业学习对教学效果来说最为重要,各种领导力风格的整合为培养教师创造了支持性的环境。[③] 该组态强调,只要保证专业的教师学习,无论领导力风格、公共政策或教师初始资格如何,学生的成绩都会提高。

　　假设条件组态三:学校自主权、高风险问责制和教师专业化水平相结合,既不强调也不排除分享式教学型领导力,以促进学生取得成就。

　　第三种组态既不强调也不排除分享式教学型领导力,包含学校自主权、高风险问责制和教师专业化条件。这些条件的共存包容不同的学校领导力风格。高风险的问责制和教师的专业化共同支持学生取得高成绩。学校自主权赋予管理人员灵活性,并允许教师根据需要参与或不参与决策。学校根据具体挑战,结合政策背景制定自己的有效领导框架[④]。

---

　　① Bellibas M S, Liu Y. Multilevel analysis of the relationship between principals' perceived practices of instructional leadership and teachers' self-efficacy perceptions[J]. Journal of educational administration, 2017, 55(1): 49 - 69.

　　② Urick A, Bowers A J. What are the different types of principals across the United States? A latent class analysis of principal perception of leadership[J]. Educational administration quarterly, 2014, 50(1): 96 - 134.

　　③ Bellibaş M Ş, Kılınç A Ç, Polatcan M. The moderation role of transformational leadership in the effect of instructional leadership on teacher professional learning and instructional practice: an integrated leadership perspective[J]. Educational administration quarterly, 2021, 57(5): 776 - 814.

　　④ Böse S, Brauckmann-Sajkiewicz S. (In)effective leadership? Exploring the interplay of challenges, goals and measures in the context of school improvement[J]. Journal of educational administration, 2021, 59(4): 454 - 471.

二、分析方法

定性比较分析(QCA)方法将多个前因条件视为关联的组态①。组态意味着与预期结果相关的前因条件的组合。单一原因通常不构成目标结果的条件,而是与其他原因合作产生结果。② 例如,分享式教学型领导力已被证明对学生成绩的影响存在争议。解决这个问题广泛采用的方法是在分享式教学型领导力和学生成绩之间找到调节变量。定性比较分析采取的方法是寻找与分享式教学型领导力对学生成绩产生协同作用的其他条件。根据已有的文献,现有的实证研究证实了分享式教学型领导力与学生成绩之间的关系、其他环境条件与学生成绩之间的关系以及分享式教学型领导力与环境条件之间的关系。定性比较分析基于布尔算法挖掘数据,以检验这些条件对学生成绩的协同效应,即理清研究中分散,而在实践中相互交织的关系。

考虑到几个条件的协同效应意味着定性比较分析法能够处理不对称的因果关系。这意味着,与基于普通最小二乘估计的对称方法不同,由多个条件组成的一种组态可以解释期望结果的存在,而它的缺失并不能解释结果的缺失。③ 此外,多重因果关系是定性比较分析的另一个特征,这意味着几种前因条件组态可以导致相同的结果。该方法通过将条件和结果之间的线性关系分解为更精细的"条件—结果"连接类别,在定性和定量方法之间架起一座桥梁。它通过组合多个前因条件改进现有的因果关系。Ragin 开发了三种定性比较分析技术:用于处理二分数据的清晰集定性比较分析(csQCA)、用于处理多分类数据多值定性比较分析(mvQCA)和用于处理连续数据的模糊集定性比较分析(fsQCA)。

---

① Meuer J, Fiss P C. Qualitative comparative analysis in business and management research[M/OL]//Oxford research encyclopedia of business and management,2020. https://static1.squarespace.com/static/602e9115cafb1a24216985bb/t/6040f232bbcd3b445625c2eb/1614869055459/Meuer+％26+Fiss+ORE+2020.pdf.

② Woodside A G. Embrace perform model: complexity theory, contrarian case analysis, and multiple realities[J]. Journal of business research, 2014, 67(12): 2495-2503.

③ Rihoux B, Ragin C C. Configurational comparative methods: qualitative comparative analysis (QCA) and related techniques[M]. Sage Publications, 2009.

定性比较分析涉及对必要条件和充分条件的检测。前者表明当特定结果发生时,给定的个体前因条件是否绝对必要。后者表明给定的个体前因条件是否保证了期望结果的存在。分析结果生成三组解(复杂解、简约解和中间解),形成与结果相关的最终组态、核心条件和外围条件。[1] 进行定性比较分析的过程如下。

基于集合论,将原始数据转化为每个条件的隶属度分数是定性比较分析的基础步骤。每个分数表示样本中每个案例属于由条件或结果定义的集合的程度。必要条件分析是定性比较分析检查导致特定结果的必要个体前因条件的第一步。该分析确定当特定结果发生时,给定的个体条件是否绝对必要。下一步进行充分性分析,来揭示从前因组态到结果的不同路径。这一步分析检验了给定的个体前因条件是否能保证期望结果的存在。

必要条件分析和充分条件分析需要评估两个指标:一致性和覆盖率。在必要条件的分析中,一致性测试能够检查期望结果是否是某一个前因条件或前因组态的子集。如果一致性达到 0.90,则表示存在子集关系,支持条件或组态对于结果是必要的结论。[2] 使用以下公式计算一致性和覆盖率值。

$$\text{Consistency}(Y_i \leqslant X_i) = \sum(\min(X_i, Y_i))/\sum(Y_i)$$

$$\text{Coverage}(Y_i \leqslant X_i) = \sum(\min(X_i, Y_i))/\sum(X_i)$$

X_i 代表案例在一个条件或组态中的隶属度得分,Y_i 代表案例在结果中的隶属度得分。计算一致性的第一步是在每种情况下识别 X 和 Y 中的较小者,并将这些较小的值相加。第二步是在所有情况下将这些 X_i 最小值的总和除以 Y_i 的总和。"覆盖率"表示由导致这些结果的特定路径解释的案例百分比。与一致性不同,分母是指 X_i 的总和。

在充分条件的分析中,一致性测试用于检查一个条件或组态是否是结果的子集。一致性阈值不应小于 0.75,以识别条件或组态足以导向结果。下一步是

[1] Fiss P C. Building better causal theories: a fuzzy set approach to typologies in organization research[J]. Academy of management journal, 2011, 54(2): 393-420.

[2] Ragin C C. Set relations in social research: evaluating their consistency and coverage[J]. Political analysis, 2006, 14(3): 291-310.

计算组态的覆盖率,它表示样本的一个案例被组态解释的程度。原始覆盖率代表组态中案例的解释力,而唯一覆盖率代表每个单独组态的唯一解释力,不包括同时被其他组态覆盖的案例。以下公式表示一致性和覆盖率的数学含义。[①] 与一致性公式不同的是,覆盖率分母是指 Y_i 的总和。

$$\text{Consistency}(X_i \leqslant Y_i) = \sum (\min(X_i, Y_i)) / \sum (X_i)$$

$$\text{Coverage}(X_i \leqslant Y_i) = \sum (\min(X_i, Y_i)) / \sum (Y_i)$$

充分性分析生成的三组解(复杂解、简约解和中间解)一起为最终组态提供信息。作为超集的简约解具有相应的子集,包括中间解和复杂解。逻辑余数,表示样本中没有任何实际案例但由前因条件自动组合生成的组态,它可用以区分这三种类型的解决方案。包含的逻辑余数越多,解决方案就越简洁。中间解通常用作确定最终组态的锚定解,因为它不仅保留了由样本案例构建的组态,而且还保留了符合先前文献的逻辑余数。

过滤核心条件的标准是它们出现在一个简约解及其相应的中间解中。此中间解(组态)中的除核心条件外的其他条件被接受为外围条件。[②] 最终选择哪个解取决于研究人员在平衡信息全面性和简约性方面的自由裁量权。这种裁量需要考虑已有的文献知识。

教育研究人员越来越多地使用定性比较分析来检查导向教育成果的多种背景和组织条件,特别是在识别政策背景下的各种实践的组合时。Toots 和 Lauri 使用模糊集定性比较分析了教育质量保证政策,发现了存在几条不同的路径导致各国的公民教育成就。[③] Lauri 和 Põder 使用模糊集定性比较分析评估了 20 个欧洲国家教育选择政策对教育效率和公平的预期结果的制度条件。他们将学校良好的管理和竞争功能与国家层面的选择容忍度特征相结合,作为导向

---

① Schneider C, Wagemann C. Set-theoretic methods for the social sciences: a guide to qualitative comparative analysis[M]. Cambridge University Press, Cambridge, UK, 2012.

② Ragin C C. Redesigning social inquiry: fuzzy sets and beyond[M]. University of Chicago Press, 2008.

③ Toots A, Lauri T. Institutional and contextual factors of quality in civic and citizenship education: exploring possibilities of qualitative comparative analysis[J]. Comparative education, 2015, 51(2): 247-275.

结果的前因条件组态。① Van Mieghem 等人在 20 所学校的案例研究中使用清晰集定性比较分析来确定与学校成员采用包容性教育的意愿相关的领导力实践。②

除了适用于复合多种条件,定性比较分析适合本分析的其他原因如下:

首先,定性比较分析适用于大样本和小样本。③ 影响校长领导风格出现的学校条件——问责制、教师专业精神和学校自主权——主要因国家和地区教育制度的特点和政策而异。现有跨国研究中经常使用的数据分析方法,抑制了小部分样本的特殊性。例如,在潜类别分析中,占总样本不足 5% 的分组不会单独列出,而是整合到大样本中,这意味着某些学校代表的地区和国家特征缺失。其次,定性比较分析为元分析提供了一种特殊的方法。本分析对分享式教学型领导力与学生成绩之间的关系进行了细化和分类,并以不同的背景要求为基础,体现了对效能理论的重新整合。此外,本文将讨论的条件追溯到最实际和最真实的校本衡量标准,例如教师是否接受过专业发展和获得专业资格/执照;是否落实相关问责措施;以及参与学校治理的多个利益相关者如何定义真实学校自主权。布尔代数逻辑最大限度地还原了原始数据。④

本分析中使用的数据来自《国际学生评价项目(PISA)2015 年度调查结果(第二卷)》(OECD,2016a;OECD,2018),包括学生在科学方面的考试成绩以及从国家层级的校长问卷中得出的相关背景条件的衡量标准。背景条件数据直接从报告中列出的表中导入,教师资格除外,包括报告中的表Ⅱ.3.37、3.38、3.39、3.40、4.5、

---

① Lauri T, Põder K. School choice policy: seeking to balance educational efficiency and equity. A comparative analysis of 20 European countries[J]. European educational research journal, 2013, 12(4): 534 – 552.

② Van Mieghem A, Verschueren K, Donche V, Struyf E. Leadership as a lever for inclusive education in Flanders: a multiple case study using qualitative comparative analysis[J]. Educational management administration & leadership, 2020.

③ Misangyi V F, Greckhamer T, Furnari S, Fiss P C, Crilly D, Aguilera R. Embracing causal complexity: the emergence of a neo-configurational perspective[J]. Journal of management, 2017, 43(1): 255 – 282.

④ Greckhamer T, Furnari S, Fiss P C, Aguilera R V. Studying configurations with qualitative comparative analysis: best practices in strategy and organization research[J]. Strategic organization, 2018, 16(4): 482 – 495.

4.27 和 6.19。教师资格数据来自《有效教师政策：来自 PISA 的见解》的表 3.11（OECD,2018）。从 PISA 数据浏览器中检索而得的学生科学分数数据，是对来自 73 个经济合作与发展组织（OECD）国家和合作伙伴的 15 岁学生进行了评估。在剔除具有缺失值和小样本量的国家后，保留了 64 个国家案例。出于分析方法的考虑，删除了任何条件下缺少数据的国家。此外，数据也没有包括在报告中注明数据不代表该国家或地区的信息的样本。采用 SPSS 24.0 和 fsQCA 3.0 对数据进行分析。

　　使用此数据集而不是某一国家或地方数据库的原因在于，该数据集捕获了跨教育系统的目标学校条件的可变性。PISA 2015 报告的一个值得注意的发现是，学校条件与学生成绩之间的关系在 OECD 国家中存在差异。矛盾的联系呈现出系统性差异，例如一个国家的教师参与学校领导与学生考试成绩之间存在正相关，而在另一个国家则存在负相关。国家层面的教育政策和现有的教育体系通常会影响问责制、学校自主权、学校领导风格和教师专业程度。通过使用该数据集可以从比较国际的角度评估这些条件，并以实用的方式在当地应用相关知识。在这种情况下使用定性比较分析是合适的，因为它使用国家层面的数据，同时通过提取在所有三个层面起作用的条件来阐明教育体系中宏观、中观和微观层面之间的联系[①]。

　　研究中使用条件而非变量，这个称呼反映出了研究理念的转变。这一转变的意义将在下一节详细展开。与变量的定义不同，所有条件和结果都指高程度的状态（即条件或结果存在）。此外，由于定性比较分析处理不对称关系，所有这里对导致本分析中学生成绩低的条件不作讨论。例如，自主性可能与学生成绩高有关，而缺乏这个前因条件则表示自主程度低，但不意味着导致学生成绩低。

三、前因组态的构成条件和结果

　　本分析一共使用了 7 个条件来进行前因组态的提炼，导向的结果是学生科学考试成绩。这一结果的选择遵循了传统的校长领导力效能研究的设计。

---

① Coleman J S. Foundations of social theory[M]. Cambridge：Belknap Press, 1990.

（1）学校自主权。此条件是校长、教师或学校管理委员会负责的学校各项管理任务（附录 A）的百分比。

（2）问责制。该条件是两个百分比的平均值：① 学校公开发布成绩数据的学生比例；② 学校使用由行政机构跟踪的成绩数据的学生比例。

（3）分享式教学型领导力。在 PISA（2015 年）报告中，衡量校长领导力的问题分为四个维度：课程领导力、教学型领导力、专业发展和教师参与（OECD，2016a）。根据文献对这些项目进行重新分类以评估分享式教学型领导力。分享式教学型领导力分为两个子条件：① 校长领导力，第一个子条件基于十个测量问题，主要体现校长对于教学事务的领导实践；② 教师参与决策过程程度，第二个子条件基于三个测量问题，测量教师参与决策过程的程度，也是指校长促进权力分享的程度。[1][2] 两个子条件都是根据校长对一系列与教学领导实践相关的问题的回答计算得出的，且都使用六点李克特量表来衡量校长的做法，以描述某些教学领导实践发生的频率：1＝没有发生，2＝一年中 1～2 次，3＝一年中 3～4 次，4＝一次一个月，5＝每周一次，6＝每周不止一次。需要说明的是，这一量表与第二章实证研究使用的量表相同，其区别在于第二章的数据是 2012 年的，而这章使用的数据是 2015 年的。

（4）教师专业素养。该条件分为两个子条件。① 科学教师资格。具有科学专业的等同于本科学历的科学教师占所有科学教师的比例。使用这个衡量标准来取代教师拥有资格证的比例，是因为不同国家和地区衡量资格的标准可能存在差异。② 专业发展。专业发展指数是在 PISA 考试前三个月内参与教师专业发展的教师占所有科学教师的百分比。

前因条件导向的结果是学生的科学分数，这项指标是指每个国家/地区在 2015 年 PISA 科学考试中的平均成绩。

各项条件的具体测量内容如表 8-1 所示。

---

① Tan C Y. Examining school leadership effects on student achievement: the role of contextual challenges and constraints[J]. Cambridge journal of education, 2018, 48(1): 21 - 45.

② Tan C Y, Gao L, Shi M. Second-order meta-analysis synthesizing the evidence on associations between school leadership and different school outcomes[J]. Educational management administration & leadership, 2022, 50(3): 469 - 490.

表 8-1 各项条件的具体测量内容

变量	问卷中的问题内容
自主权	招聘教师
	解雇教师
	建立教师起薪制度
	确定教师加薪
	制定学校预算
	决定预算分配
	建立学生纪律政策
	建立学生评估制度
	批准学生入学
	选择所使用的教科书
	确定课程内容
	决定提供哪些课程
问责制	成绩数据公开发布（例如在媒体上）
	成绩数据由行政部门随时间的推移进行跟踪
校长领导力	我用学生的成绩来制定学校的教育目标
	我确保教师的专业发展活动与以最近教育研究为依据的教学实践相一致
	我确保教师根据学校的教育目标工作
	我在教师会议上与教师讨论学校的学术目标
	我提倡基于最近教育研究的教学实践
	我赞扬这样的老师,这些老师的学生积极参与学习
	我提醒教师注意培养学生的批判能力和社交能力的重要性
	当教师在课堂上遇到问题时,我会主动去讨论
	我注意课堂上的争论行为
	当老师提出了一个课堂问题时,我们一起解决问题
教师参与	我为教师提供参与学校决策的机会
	我使教师参与到帮助建立一种持续改进学校文化的过程中
	我要求教师参与评价管理实践

四、校准

定性比较分析方法需要将各项数值进行校准,即将每个值转换为每个前因条件和结果指标下的隶属分数。校准后,每个条件都变成一个从 0 到 1 的数字集合,其中 1 表示完全隶属于该集合,0 表示完全非隶属于该集合。每个样本学校在每个条件下都会获得一个不同的隶属分数。如果一个样本学校在条件 X 集合中的隶属分数为 0.90,这意味着它在条件 X 中处于高水平。

根据扎实的理论和实践知识设置三个定性锚点来构建每个条件的模糊集,代表完全隶属、交叉点和完全非隶属。[①] 根据校长问卷"校长领导"和"教师参与涉及某些领导行为",将"未发生""每月少于一次"和"每月至少一次"的答案设置为三个锚点。因为在分析中缺乏定义其他条件程度的通用阈值,因此使用第95、50(平均值)和第 5 个百分位数作为锚点。随着 0.50 的隶属分数的出现,一个常数(例如,1)被添加到交叉点的值中,以避免 0.50 的最大模糊性。[②] 经校准的隶属分数的详细信息见表 8-2。

表 8-2　用于校准的锚点

前因条件	完全隶属	交叉点	完全不隶属
自主权	91.40	67.29	31.18
问责制	86.92	58.20	24.97
校长领导力	0.58	0.41	0.02
教师参与决策	0.62	0.35	0.03
科学教师资格	95.93	74.15	26.23
教师专业化	81.03	50.17	17.18
科学得分	531.75	465.78	384.50

---

① Ragin C C. Redesigning social inquiry: fuzzy sets and beyond[M]. University of Chicago Press, 2008.

② Fiss P C. Building better causal theories: a fuzzy set approach to typologies in organization research[J]. Academy of management journal, 2011, 54(2): 393-420.

五、分析结果

（一）描述性统计数据

表 8-3 给出了各项前因条件的描述性统计数据和皮尔逊相关系数。样本中学校自治条件（平均值＝67.29，标准差＝17.35）反映了三分之二以上的学校任务是校长、教师和学校董事会的责任。超过一半的学生（平均值＝58.30，标准差＝18.34）所在的学校使用公开发布的成绩数据或行政当局跟踪的成绩数据，近四分之三的科学教师拥有科学专业的大学学位，大约一半的科学教师（50.17％）参加了专业发展活动。

校长领导力和问责制在各国之间存在显著相关性（$r=0.48, p<0.01$）。教师参与决策的程度与问责制（$r=0.43, p<0.01$）和校长领导力（$r=0.70, p<0.01$）都显著相关。科学教师资格和问责制之间的关系具有统计学意义上的显著关系（$r=0.28, p<0.05$）。专业发展与自主权（$r=0.37, p<0.01$）、问责制（$r=0.25, p<0.05$）和科学教师资格（$r=0.26, p<0.05$）呈正相关关系。对于科学分数，有五个前因条件达到了统计上的显著性：自主性（$r=0.44, p<0.01$），校长领导（$r=-0.35, p<0.01$），教师参与（$r=-0.36, p<0.01$）、科学教师资格（$r=0.30, p<0.05$）和专业发展（$r=0.56, p<0.01$）。校长领导力与教师参与领导力和学生科学成绩之间的关系均为统计意义上的负相关。这与以往的一些文献中的研究结果相反。这也再次体现了在政策环境中描述校长领导力效能的必要性。单从相关性结果上看，这两个条件没有独立地体现出和高水平学习成绩相关的关系。接下来，正如本节前面所述，定性比较分析提供了一种独特的方法，来确定这些条件如何共同发挥影响结果的作用。

表 8-3　描述性统计数据和皮尔逊相关性检验（$n=64$）

条件	平均数	中位数	标准差	方差	1	2	3	4	5	6
学校自主权	67.29	68.65	17.35	301.05						
问责制	58.30	59.59	18.34	336.36	0.08					
教学型领导力	0.14	0.10	0.34	0.11	−0.13	0.48**				

条件	平均数	中位数	标准差	方差	1	2	3	4	5	6
教师参与教学决策	0.06	0.12	0.35	0.12	−0.16	0.43**	0.70**			
科学教师资格	74.15	79.45	21.72	471.74	0.21	0.28*	0.00	0.06		
教师专业发展	50.17	50.75	19.04	362.60	0.37**	0.25*	0.01	−0.15	0.26*	
科学得分	465.78	475.00	48.17	2320.43	0.44**	−0.06	−0.35**	−0.36**	0.30*	0.56**

** 相关性在 0.01 水平显著（双侧检验）。

* 相关性在 0.05 水平上显著（双侧检验）。

（二）逆向案例分析

虽然选择使用定性比较分析是基于理论框架的，但本节还采用了逆向案例分析作为补充分析。它通过发现与主要趋势不一致的条件之间的关系，为需要使用定性比较分析提供了稳健性证据。在中小型样本中，每个案例都包含重要的独特信息。大多数案例支持一种主要关系，而有些案例可能会偏离这种关系。[1]

在大样本发现条件之间关系的过程中会忽略不符合主要趋势的案例。大多数案例支持一种主要关系，而有些案例可能会偏离这种关系。表 8-4 展示了主关系中发生的逆向案例。例如，科学教师资格这一条件说明逆向案例是全部案例的重要组成部分。粗体字显示了两种特殊的相关性：资历低或非常低的科学教师仍然可以导致高或非常高的分数（3+2+3=8 个案例，8/64=12.5%）；相反，低或非常低的分数也可能与高素质的教师有关（1+3+1+3=8 个案例，8/64=12.5%）。因此，四分之一的案例与主效应不符，这是在单纯数据层面支持使用定性比较分析的关键原因。

[1]　Woodside A G. Embrace perform model: complexity theory, contrarian case analysis, and multiple realities[J]. Journal of business research, 2014, 67(12): 2495-2503.

表 8-4 逆向案例分析

		学生的科学得分						学生的科学得分				
		1	2	3	4	5		1	2	3	4	5
TQ [phi^2=0.22, p>0.05]	1	*3* [4.7%]	*3* [4.7%]	*3* [4.7%]	**3** [**4.7%**]	*0* [0.0%]	**TP** [phi^2=0.45, p<0.05]	**1** [**1.6%**]	**0** [**0.0%**]	2 [3.1%]	6 [9.4%]	3 [4.7%]
	2	*4* [6.3%]	*1* [1.6%]	*3* [4.7%]	**2** [**3.1%**]	**3** [**4.7%**]		**2** [**3.1%**]	**0** [**0.0%**]	5 [7.8%]	2 [3.1%]	3 [4.7%]
	3	4 [6.3%]	2 [3.1%]	3 [4.7%]	3 [4.7%]	1 [1.6%]		2 [3.1%]	4 [6.3%]	4 [6.3%]	1 [1.6%]	4 [6.3%]
	4	**1** [**1.6%**]	**3** [**4.7%**]	1 [1.6%]	4 [6.3%]	4 [6.3%]		3 [4.7%]	3 [4.7%]	1 [1.6%]	**4** [**6.3%**]	**2** [**3.1%**]
	5	**1** [**1.6%**]	**3** [**4.7%**]	2 [3.1%]	2 [3.1%]	5 [7.8%]		5 [7.8%]	5 [7.8%]	0 [0.0%]	**1** [**1.6%**]	**1** [**1.6%**]
PL [phi^2=0.40, p>0.05]	1	**2** [**3.1%**]	**0** [**0.0%**]	1 [1.6%]	6 [9.4%]	3 [4.7%]	**Aut** [phi^2=0.38, p>0.05]	6 [9.4%]	3 [4.7%]	1 [1.6%]	**0** [**0.0%**]	**2** [**3.1%**]
	2	**1** [**1.6%**]	**1** [**1.6%**]	3 [4.7%]	5 [7.8%]	3 [4.7%]		1 [1.6%]	4 [6.3%]	3 [4.7%]	**5** [**7.8%**]	**0** [**0.0%**]
	3	3 [4.7%]	2 [3.1%]	5 [7.8%]	1 [1.6%]	2 [3.1%]		4 [6.3%]	3 [4.7%]	1 [1.6%]	2 [3.1%]	4 [4.7%]
	4	3 [4.7%]	4 [6.3%]	3 [4.7%]	**0** [**0.0%**]	**3** [**4.7%**]		**1** [**1.6%**]	**1** [**1.6%**]	4 [6.3%]	3 [4.7%]	4 [6.3%]
	5	4 [6.3%]	5 [7.8%]	0 [0.0%]	**2** [**3.1%**]	**2** [**3.1%**]		**1** [**1.6%**]	**1** [**1.6%**]	3 [4.7%]	4 [6.3%]	4 [6.3%]
Acc [phi^2=0.34, p>0.05]	1	**3** [**4.7%**]	**0** [**0.0%**]	2 [3.1%]	4 [6.3%]	3 [4.7%]	**PD** [phi^2=0.54, p<0.05]	7 [10.9%]	3 [4.7%]	2 [3.1%]	**0** [**0.0%**]	**0** [**0.0%**]
	2	**1** [**1.6%**]	**2** [**3.1%**]	5 [7.8%]	4 [4.7%]	3 [3.1%]		4 [6.3%]	2 [3.1%]	3 [3.1%]	**5** [**7.8%**]	**0** [**0.0%**]
	3	6 [9.4%]	3 [4.7%]	1 [1.6%]	0 [0.0%]	3 [4.7%]		2 [3.1%]	1 [1.6%]	4 [6.3%]	4 [6.3%]	2 [3.1%]
	4	2 [3.1%]	5 [7.8%]	2 [3.1%]	**2** [**3.1%**]	**2** [**3.1%**]		**0** [**0.0%**]	**3** [**4.7%**]	3 [4.7%]	2 [3.1%]	5 [7.8%]
	5	1 [1.6%]	2 [3.1%]	2 [3.1%]	**5** [**7.8%**]	**3** [**4.7%**]		**0** [**0.0%**]	**3** [**4.7%**]	1 [1.6%]	3 [4.7%]	6 [9.4%]

注：**加粗**的案例是反向的案例。斜体表示变量之间的主要影响。相反的案例组与主效应量相反（phi^2的范围为 0.22～0.54）。

（三）定性比较分析结果

1. 必要条件的检测

没有找到任何必要条件，即这些前因条件都不是学生高分的先决条件。尽管一个条件的一致性达到了 0.90,但这不足以支持将其作为必要条件,因为近 29% 的案例落在对角线之上,并且根据 X-Y 散点图有两个真正矛盾的案例。[①] 在充分组态的分析中,将频率阈值设置为 1,以便在后续分析中保留至少一种情况的组态。由于每个国家、地区都很重要,因此设置了此阈值以尽可能敏感地检测样本案例。

2. 假设组态的结果

表 8-5 报告了与高科学分数相关的组态。在表 8-5 中,黑色圆圈表示存在条件,带有"×"的圆圈表示不存在。大圆圈表示核心条件,小圆圈表示外围条件。空白表示存在或不存在这个条件不影响结果。隶属度大于 0.50 的案例以相应的组态保留。0.75 或更高的解决方案一致性被认为是因果条件或组态"几乎总是"足以产生指示结果的证据。[②] 本分析中的整体解决方案一致性为 0.77。整体解决方案覆盖率达到了 0.83 的强水平,这表明这些组态可以很好地解释 83% 的案例。这两个指数整体表明,五个解决方案详细说明了条件和结果之间的关系。

表 8-5　导向科学高分的组态

	解决方案				
	1	2	3	4	5
学校自治水平			●	⊗	●
问责制	⊗		●	●	
校长领导力	⊗	⊗		●	⊗
教师参与决策	⊗	⊗		●	⊗
科学教师资格	●	●	●	⊗	
教师专业发展		●	●	●	

---

① Schneider C, Wagemann C. Set-theoretic methods for the social sciences: a guide to qualitative comparative analysis[M]. Cambridge UK: Cambridge University Press, 2012.

② Ragin C C. Redesigning social inquiry: fuzzy sets and beyond[M]. University of Chicago Press, 2008.

	解决方案				
	1	2	3	4	5
一致性	0.847 7	0.864 8	0.854 2	0.800 0	0.814 5
原始覆盖率	0.458 1	0.538 1	0.432 5	0.096 4	0.651 9
唯一覆盖率	0.020 6	0.031 5	0.072 0	0.001 2	0.147 6
整体一致性	0.774 4				
整体覆盖率	0.832 7				

根据经合组织国家和合作伙伴的样本，分享式教学型领导力并非学生取得高成绩的必要条件，因为它并未出现在所有解决方案中。它与其他条件相结合，协同提供与结果相关的组态。

假设的组态一没有从本分析中使用的样本中获得证据支持（解决方案4）。解决方案4提出的组态将分享式教学型领导力和教师专业发展作为核心条件，将责任作为外围条件，缺少教师资格，不会导致学生的表现高于经合组织国家和合作伙伴的平均分数。此类别仅包括巴西（0.57，0.08）和阿尔巴尼亚（0.52，0.19），这意味着几乎没有国家实施该组态实践，而仅有的两个实施相关实践的国家的学生科学成绩较低。

假设的组态二得到了分析结果的支持。解决方案一和二支持了此组态，它们排除了分享式教学型领导力，同时突出了科学教师的专业性。在不要求教师专业发展的情况下，方案一以教师资格为核心条件。通过比较方案一和方案二，不难发现教师资格和专业发展之间的权衡。当教师资格从作为一种次要条件消失时，专业发展从不需要变为核心条件，也就是说，没有教师资格高获得率的保障，教师专业发展的重要性提升了。方案一包括的国家和地区有中国台北（0.82，0.95），爱尔兰（0.7，0.84），芬兰（0.68，0.95），德国（0.67，0.88），拉脱维亚（0.67，0.75），西班牙（0.66，0.78），卢森堡（0.63，0.69），中国北京、上海、江苏、广东四省市（0.57，0.91）和斯洛文尼亚（0.51，0.9）。方案二包括的国家有韩国（0.83，0.91）、以色列（0.77，0.51）、越南（0.76，0.94）、新加坡（0.74，0.98）和克罗地亚(0.64,0.6)。

假设的组态三得到了分析结果的支持。解决方案三表明了此组态,它没有对分享式教学型领导力设置要求或限制,为灵活的领导力模式留出了空间。学校自主权和专业发展是核心条件,而问责制和教师资格是次要条件。此组态包括的国家有英国(0.94,0.88)、新西兰(0.9,0.9)、美国(0.83,0.8)和澳大利亚(0.74,0.88)。

此外,还检测到排除分享式教学型领导力的剩余组态(解决方案五)。这种组态突出了学校自治并排除了分享式教学型领导力,但为所有其他基于学校的环境条件留出了空间。此组态包括的国家和地区有中国澳门(0.98,0.95)、捷克共和国(0.97,0.78)、荷兰(0.95,0.88)、立陶宛(0.95,0.6)、爱沙尼亚(0.93,0.96)、中国香港(0.89,0.93)、冰岛(0.85,0.58)、波兰(0.79,0.83)、瑞典(0.7,0.78)以及俄罗斯(0.7,0.72)。

(四)矛盾案例

在定性比较分析中,矛盾案例(在清晰集定性比较分析中)或不一致案例(在模糊集定性比较分析中)出现在检测结果里是很常见的。不一致案例的出现意味着,虽然有些国家在这种组态下条件相同,但学生的成绩分数却相反。常用的处理不一致性的方法有两种:① 改变条件以抑制不一致的情况;② 改变一系列阈值,然后完全删除矛盾的情况,并通过分析检测出不一致的结果。[1] 但是本节没有使用这两种方法,原因如下:关于方法 a,不一致案例的出现表明模型中包含的条件没有捕捉到一个国家的教育特征。由于模型基于文献回顾,因此本节没有改变条件。在理论基础和拥有 100% 零自相矛盾的真值表行之间需要权衡,而后者不是追求的目标。关于方法 b,本分析按照 Fiss 的阈值选择方法[2],根据 PISA 主要问卷的李克特量表设置阈值在此不作调整。

---

① Berg-Schlosser D, De Meur G, Ragin C, Rihoux B. Qualitative comparative analysis (QCA) as an approach[M]//Configurational comparative methods: qualitative comparative analysis (QCA) and related techniques. Thousand Oaks, CA: SAGE Publications Ltd., 2009: 1 - 18.

② Fiss P C. Building better causal theories: a fuzzy set approach to typologies in organization research[J]. Academy of management journal, 2011, 54(2): 393 - 420.

六、关于数据分析结果的讨论和展开

（一）校长领导力的去模式化

本分析从两个角度论证了最终一致性和覆盖率的稳健性。首先，不一致的案例数量较少，它们对每个解决方案的一致性以及根据计算公式的整体一致性影响有限。其次，当一致性指数达到 0.80 时，可以得出结论，组态是足以产生预期的结果。但是，在一致性和覆盖范围之间存在折中。低覆盖率和高一致性需要根据现有理论排除大部分不一致的情况到框架组态中，这可能会巩固现有理论的垄断地位。本分析的整体覆盖率是 0.83，一致性是 0.77，在基于现有理论构建假设组态和揭示分裂之间整体达到平衡。值得注意的是，分析中保留了至少一种情况的组态。这个频率阈值非常敏感，特别是在达到高一致性和覆盖率时，它显示了数据和理论框架之间的良好匹配度。

由于学校自主权、问责政策背景和教师专业程度的差异，分析结果并未提供分享式教学型领导力能够导向各国学生高成绩的标准含义。分享式教学型领导力的影响存在争议，值得细化其与政策环境塑造的背景条件之间的联系。根据不同国家和地区的数据探索他们的联系类型，使我们能够仔细研究分享式教学型领导力和学生成绩之间有争议的关系，能够更细致地描述在政策影响下的学校管理知识生成的过程。使学校能够实施分享式教学型领导力比仅仅为学校提供自主权并鼓励他们使用协作式领导更为复杂，它意味着对学校灵活管理赋能。总体而言，本分析研究结果与 PISA（2015 年）报告一致，该报告提供的证据表明，在控制社会经济地位的前提下，所有领导力指数都与经合组织国家的学生科学表现呈负相关（OECD，2016a）。本分析结果为剖析这种联系提供了更细微和更精确的视角，并相应地为政策和领导实践提供了相关建议。这个建议主要解答分享式教学型领导力为何起作用或不起作用，以及强调教师专业化应当作为管理方式灵活化情景中的抓手。

分析结果揭示了分享式教学型领导力与政策背景之间的联系，包括与问责制、学校自主权和教师专业化相关的政策。这些条件都不是学生考试成绩高的先决条件，这意味着没有任何一个条件会单独影响学生的表现。这个调查结果回应了在不同政策背景下，特别是在不同国家，这些条件与学生表现之间存在的相互矛盾的关系。它们会协同地影响学生的表现,因为它们相互塑造并产生集体效力。分享式教学型领导力在培养高学生学业表现方面的作用因这些政策所构成的教育系统而异。其两个组成部分,校长教学型领导力和教师参与决策过程,与不同政策背景进行组合,产生三种组合模式:两个组成部分都被抑制的分享式教学型领导力程度低的状态,两者都被突出显示的分享式教学型领导力程度高的状态,既不抑制也不突出的灵活的领导模式的状态。

　　无论分享式教学型领导力是否实施,教师的专业素养始终是保证学生表现的主要条件。只有当学校领导风格与问责制和学校自主权相协调,从而具有实现确保教师专业水平的高质量(包括教师资格和专业发展)的教育系统时,学生的标准化考试成绩才会高。本分析发现印证了分享式教学型领导力的有用性在于支持教师持续专业学习①②。更准确地说,教师资格是专业化标准的关键组成部分。教师资格的缺失损害了教师的专业化水平。分享式教学型领导力、绩效问责制和教师专业发展相结合,不会导致学生的科学成绩高于经合组织国家的平均成绩。解决方案四是唯一包含分享式教学型领导力实施但不包括教师资格的组态,它不与高水平的学生成绩相关。此外,很少有国家实施这套做法,在样本中仅有两例。以巴西为例,在实施解决方案四的实践情况下,学生的科学成绩低于本分析样本中的平均分数。其教学系统长期面临无法培养足够合格的科学教师的重大挑战。自 20 世纪 70 年代以来,教师短缺加上"快速教学许可计划"导致科学教师缺乏资格认证。这种情况随后转向了后来的对培训在职教师和专业化的投资。③ 尽管对教师的专业化价值的重视逐渐恢复,直到 2009 年,也只有 16.9% 的物理教师和 33.2% 的化学教师在他们所教的科目上进行过职前的专业学习。④ 学校自主权的减少以及教师参与学校决策则源于该国的《国家课

---

① Ahn J, Bowers A J, Welton A D. Leadership for learning as an organization-wide practice: evidence on its multilevel structure and implications for educational leadership practice and research[J]. International journal of leadership in education, 2021: 1-52.

② Harrison C, Wachen J, Brown S, Cohen-Vogel L. A view from within: lessons learned from partnering for continuous improvement[J]. Teachers college record, 2019, 121(9): 1-38.

③ Villani A, de Almeida Pacca J L, de Freitas D. Science teacher education in Brazil: 1950-2000[J]. Science and education, 2009, 18(1): 125-148.

④ Gatti B A. Formação inicial de professores para a educação básica: pesquisas e políticas educacionais[J]. Estudos em avaliação educacional, 2014, 25(57): 24-54.

程指南》，该指南保留了课程决策的权威，但也鼓励教师反思研究、理论和实践，以产生新知识并做出明智的教学决策。①

组态一和组态二强调了教师资格获取和专业发展的重要作用，同时抑制了校长在教学事务上的领导作用，这种政策和领导力行为的组合方式突出了通过政策推行的教师专业化水平的重要性。本分析的发现进一步细分了这种组态。解决方案二比解决方案一更侧重于教师专业发展而不是初始教师资格。由于教师在进入学校工作后有机会进行专业发展，这种设定强调了教师入职后的发展空间，进而提高学校在教学改进方面的能力。在这种设定中，学校的自主权以及绩效问责制有潜在作用，这两个政策条件会对教师专业发展的效果进行评价和引导。校长需要根据政策要求来确保教师专业发展，其中涉及的资源，在数据中没有得到呈现，这有待于未来的研究。这个管理方式和政策的组合所给出的启示是，教师专业发展的推动力量是一个复合的概念，它不仅仅局限于校长管理的努力，也有包含来自政府的直接要求，也就是政策因素的影响。政策因素甚至有可能成为主要的推动力量，但这并不意味着校长管理在教师专业发展上是不需要的。尽管量表设计尽可能全面测量学校里发生的事情，但捕捉到的始终是片段式的信息。教育政策可能会为教师专业发展提供相关的条件和资源，并设置大致的标准，但是教师专业成长的细节仍然需要落脚在学校里面。教师通过专业学习形成专业知识是一个长期的过程，通过对知识在教学工作中的反复运用和反思，最终才能将知识真正地内化，形成专业水平的提升和个人专业素养的发展。而这一过程发生的工作环境都需要校长通过领导力行为来进行打造。另外，在这个组态设定中，校长在教学事务上的领导力行为受到了抑制，学校所享有的自主权有发挥潜在的作用的空间，这可能给校长在实践其他风格的领导力行为上留下了空间。例如变革型领导力对教师士气的鼓舞可能与绩效问责政策相结合，成为引导和鼓励教师进行充分的专业学习的前提条件。

组态一强调教师初始资格，没有提出专业发展要求。在这一政策环境和管理行为的组合类别中，由于对教师资格的要求非常严格，因此可能不需要高风险

① Marcondes M I, Finholdt Angelo Leite V, Karl Ramos R. Theory, practice and research in initial teacher education in Brazil: challenges and alternatives[J]. European journal of teacher education, 2017, 40(3): 326 - 341.

的问责制。例如,拉脱维亚正在经历将以全人和个性化教育为特征的传统教育与欧盟推动的教育方法进行融合。为了克服这种不一致,从而更好地理解和支持融合,拉脱维亚教育部开始对影响教育效果的社会进程进行调查,从而引起人们对问责制的日益关注。此外,拉脱维亚传统上强调教师资格和学位获得。他们在这些方面的高标准为教师准备了强大的教学技能,这是学生取得高成绩的最重要条件。[①] 中国台北也有类似情况。教师资格和专业发展,而不是教学型领导力,与学生的高成绩有关。校长缺乏课程和教学方面的培训,也缺乏监督教学的法定权力。校长倾向于实践间接领导,而不进行构成 PISA 评估的大多数教学型领导力项目的实际教学实践。[②] 该调查结果也呼应了一项基于 TALIS 调查数据的研究,该研究发现仅在芬兰、阿拉伯联合酋长国、韩国、新加坡和马来西亚,超过一半的教师认为教师职业受到重视。除阿拉伯联合酋长国和马来西亚未纳入本分析样本外,其余三个国家均属于解决方案二,该解决方案突出了教师专业化的重要地位,包括教师资格获取和专业发展。

导向高水平学生成绩的组态三,强调学校的自主权、绩效问责政策和对教师专业化的要求,并未突出强调对分享式教学型领导力的需求。换言之,当有关学校自主权、问责制、教师资格和专业发展的政策环境确保了组织教师专业学习的框架时,分享式教学型领导力的作用就会减弱。这个设定为灵活的校长领导风格创造了空间。在这个设定里,校长和教师之间出现了一场谈判,这场谈判的张力存在于教师在教学计划制定中保留专业权威,和在政府促进教育过程和结果的标准化的过程中通过校长管理加强对教师的控制之间。例如,美国联邦政府的财政激励措施促进了教师评估和学生表现的标准化和两者之间的联系。州和联邦政府通过审查教育质量和制定详细的教师资格要求,重新构建不同级别的政府和机构之间的关系,同时增加他们在地方教育中的话语权。学校与当地条件和政策预期之间的不一致性,可能会通过修改教师的教学实践和根据学生考

---

① Žogla I. Pedagoúġija and educational sciences: competing traditions in the study of education[M]// Knowledge and the study of education: an international exploration. Oxford, UK: Symposium Books Ltd, 2017: 101 - 122.

② Pan H W, Nyeu F Y, Chen J S. Principal instructional leadership in Taiwan: lessons from two decades of research[J]. Journal of educational administration, 2015, 53(4): 492 - 511.

试成绩重塑教师资格来进行政治性平衡。[①] 学校与问责制、教师培训和教师劳动力市场的反应之间的谈判改变了教师的专业化。[②③] 虽然教师似乎保留了决定教学实践的权力，但这可能不完全是他们自己主动做出的，而是作为一种调整后的专业化，是对校长的决定做出回应，以符合市场需求或问责制的要求。在谈判中，校长根据任务以更灵活的方式回复性地领导，也就是说，领导力是在政府、学校和教师的网络中以分布式方式实行的。

分析结果还发现了一种不在假设中的组态。该组态既缺乏对问责政策和教师专业化的严格要求，也抑制分享式教学型领导力的实施（解决方案五）。在这个框架下，学生的成绩高度依赖于学校的自主权以及可能的关于问责制和教师专业化的各种政策因素。除了明确要求学校的自主权，作为导向高水平学生成绩的前因条件，绩效问责和教师专业化的相关政策因素都处于一种未被定义的状态。也就是说在这些地区，这两个条件存在灵活运用的空间。校长对于学校教学事务的管理实践和教师参与学校教学决策的条件，则不被认为是需要的。例如，在捷克、荷兰和爱沙尼亚，有很大比例的教师认为他们拥有建立地区和国家课程、评估和学生纪律的自主权。[④]

（二）教师参与的有效教学管理方式

从整体上看，数据分析结果的启示是，校长领导力的风格需要为支持教学知识用于学生学业水平提升而服务。教师的专业化水平和学生标准化考试成绩之间的联系是跨越政策环境的。这一结果并不否定任何一种校长领导的风格，包括分享式教学型领导力，而是强调了领导力风格的多样性。这种多样性需要为教学知识的有效形成而服务。有的研究强调，应当关注校长的具体管理行为，而

---

① Kavanagh K M, Fisher-Ari T R. Curricular and pedagogical oppression: contradictions within the juggernaut accountability trap[J]. Educational policy, 2020, 34(2): 283 - 311.

② Furlong J. New Labour and teacher education: the end of an era[J]. Oxford review of education, 2005, 31(1): 119 - 134.

③ Simons M, Kelchtermans G. Teacher professionalism in Flemish policy on teacher education: a critical analysis of the Decree on teacher education (2006) in Flanders, Belgium[J]. Teachers and teaching, 2008, 14(4): 283 - 294.

④ Price H E, Weatherby K. The global teaching profession: how treating teachers as knowledge workers improves the esteem of the teaching profession[J]. School effectiveness and school improvement, 2018, 29(1): 113 - 149.

不是某一种领导力模式。根据这一数据分析结果,校长管理行为应当有一个基本的方向,就是促进教学知识的持续性形成。教师合作和教师参与学校教学决策的相关研究,与此发现相呼应。这两种学校组织活动都是促进教学知识形成的重要手段。在假设排除政策环境影响的前提下,这两点内容值得学校在改进教学管理时重点考虑。当教育政策环境因素必须被纳入学校管理的考虑时,学校究竟应该如何管理,以及教师应该承担起什么样的责任,都需要考虑更多的因素。这些因素包括校长的个人领导力特征、学校所具有的自主权限、教育政策对学校教学管理工作的干预等等。这些因素整合在一起对学校教学知识的形成产生系统性的影响。

数据分析结果体现出了校长需要处理诸多矛盾,利益相关主体之间、政策环境和学校办学实际条件、需求和资源之间存在着难以调和的,甚至是冲突的地方。校长需要在这样的环境当中去实现学校的发展,并达成绩效考评制度下可测量的指标要求。而教师面临的矛盾关系相对较少,和学生考试成绩直接相关的工作内容、实践技能、所需的资源较为清晰。这种工作内容所涉及的要素的多样性程度的区别在跨国别的数据当中得到了体现。

数据分析结果虽然强调教师的专业化水平,包括教师在所教科目上取得的学历和教师参与专业化发展活动,但是从数据分析方法的本身上讲,这不并不意味着教师专业化水平和学生标准化考试成绩之间的因果关系。此外,这里尤其需要注意的是,教师这方面的水平和学校内部以及外部政策环境中的其他相关因素协同影响学生成绩,在现实世界的操作中,某一单独条件没有独立地发生。需要综合考虑支持有效教学管理知识生存的组织条件和环境条件,进而支持教学知识的持续性产生,并直接应用于促进学生学习上。

分享式教学型领导力概念的核心并不是强调校长和教师共同决策这样一种工作形式,而是强调一种在现有的组织形态中促进学校教学管理知识有效形成的组织学习机制。这种机制既有学校内部因素参与,也有学校外部教育政策环境的参与。教师专业化水平的跨政策环境的有效作用印证了学校学习性文化的重要性。如何在所处的政策环境和办学实际条件中构建有效的群体学习机制,是需要每一位校长去探索的问题。

在前因组态中没有得到明确强调或者抑制的条件,在不同的学校中有不同的解读方式,也就是不同的实际情况。校长可以根据自己所在学校的办学情况和政策环境来源与这些前因组态进行比对。这些前因有可能并不能解释校长所在的学校的情况,在这个样本中,我国被纳入测量的除了港澳台地区,还有北京、上海、江苏、和广东地区,我国其他地区的学校与这些地区的学校存在差异,这些前因组态可以作为分析学校管理和政策环境搭配的参考。这里更为重要的是将管理行为和政策环境结合的分析思路,而非这些前因组态。

　　教师参与学校教学管理决策是改进育人质量的基础。在学校的教学管理工作中,主要依靠自上而下的决策推荐方式往往被认为在某些情况下也是有效推进育人质量改革的一种模式。这样的管理方式不能说是完全无效的,但同时太容易忽视细节,而这种细节往往是引发学校管理和教学工作之间连贯性降低的关键之处。让教师参与学校决策,建立相应的决策机制,能够让信息在学校内部真正地流动起来,从而为一些细节问题的凸现释放出空间。在集中式的决策机制中,由于信息收集和交流方式被简化,这种空间被大大压缩了,从而显现出一个看似没有问题的状态。与此同时,当学校育人质量被标准化考试成绩替换时,教学管理方式的过度简化更得到了一种保障。当我们在质疑和反思育人成果,也就是培养出来的学生为何存在这样和那样的问题时,主要考虑的不应该仅仅是评价指标的调整。仅仅调整评价指标的思维,无法抓住学生成长过程和支持其成长的育人环境中的种种微妙之处,还应该考虑学校的教学管理方式,学校的教学决策过程——行政人员如何对待教学人员,如何与教学人员进行沟通和联结。评价指标、管理方式、学业产出是相互印证的。一套追求效率的评价体系对应自上而下的教学管理方式,进一步对应较为单一的学业产出,即标准化考试成绩。放在更大的背景中来看,如果社会筛选人才的方式也是对应较为单一的学业产出,那么这种社会风气会进一步强化学校的教学管理方式。当一所学校认为自上而下地推行教学管理并不存在什么问题,甚至是当下学校最应该做的或者不得不做的事情,只需要对这种管理方式保持进行。有效的教学管理方式,在不同的育人理念之下具有不同的含义。目前的有效教学管理方式奠定了近几十年来校长领导的效能理论的基础,这些理论是在评价体系、教学管理方式简化的背景下出现的。单一的人才评价方式,无论是在文化意义上,还是在看起来清晰的人才筛选体制中,都会反向传递给教学管理方式,推动教学管理方式的简化和标准化。

教师参与教学决策会让教学管理决策的过程复杂化,其需要处理的信息浓度将会高于自上而下式的决策方式。实际上真正需要处理的信息浓度是并没有发生变化的,因为育人本身就是一个复杂的命题。教学管理方式的选择,涉及育人目标的选择、学校教学管理知识生成方式的选择、学校文化的选择,其意义远远超出标准化考试成绩提升的路径选择。校长在管理学校时,需要应对办学实际条件和政策环境带来的挑战,也需要把握相应的机遇,管理效率是不得不需要考虑的甚至是首要考虑的目标,这无论在实践还是理论当中都得到了验证。管理实践被评价指标推动着,生成一条又一条高效管理路径。学校管理者具有管理者和教育者的双重身份,在这个过程当中,需要保持育人的初心。与此同时,教育政策的制定者也需要为学校能够进行长期的发展创造环境。这对于社会经济发展、人才培养、学校教学管理工作而言,是一个整体需要慢下来的过程。

在制度层面的调整,包括微观的某一所学校内部的管理制度和宏观的教育政策所设定的整个教育系统的制度,都突出地追求一种统一性。通过对制度的不断修正和完善,形成一种统一资源标准、评价指标、运行机制的模式,这种尝试在实践中已经被证明难以实现,在对应的实证研究中提炼出的相关理论也被证明是在一定的范围内才会成立。完全依赖制度设定来达成一致的期待结果,会给校长、教师和学生造成困扰,这不仅仅是因为相关的行为实践模式和理论不够精细,更是因为开放性和系统性之间存在矛盾。同时为了避免教育管理规律探索完全转变为个体的学校的问题,需要找到合适的抓手。微观的叙事在标准化面前是不合时宜的。教师参与学校教学管理的决策,构建教学管理知识,被认为并不是提升学生学业成绩的必要条件。在对一些资源薄弱地区的薄弱校进行一番观察,得出这样的结论并不困难,真正让学生学业表现改善的原因,似乎并不在于教师是否参与了学校的决策,例如使用一些教育技术产品,如果能够有效地引进先进的教学方法,甚至直接复制优质学校的课堂,都可能为学生的学业表现提升带来巨大的积极作用。采用国际数据进行的比较分析,也反映了在教师的学科知识和教学法掌握水平面前,教师是否参与学校的管理决策似乎无足轻重。然而,这里缺失了育人细节。育人工作是充满细节的,面对不同的育人环境和学生对象,育人工作者引导学生进行个性化的学习,绝不应该只停留在语言表达上。真正要做到这一点,需要育人工作者有把握培育每一个学生的细节的能力,精准地抓住学生个性化的需求。同时,还要有看起来矛盾的"放任自由"的反细节能力。学科知识和教学法是教师专业素养的基本构成,在这部分没有得到充分满足的情况下,制度和管理方面会事急从权。而在教师队伍具有雄厚的实力,也就是说,学科知识和教学法方面都表现出优异水平的学校,往往是具有资源优势的学校,这样的学校本身的教学管理制度,在长期的发展过程当中已经形成了较为合理的架构,教师的专业素养融入学校教学管理知识当中已然是一个顺其自然的过程,这些学校的特征都掩盖了教师参与学校教学管理决策所真正发挥的作用。试想一下这种情况,学校的教学管理方式具有专制的特点,教师在面临众多学生时,明明可以通过自身的高水平的专业素养来解决各种各样的问题,满足学生个性化的需求,但是受到学校管理制度的掣肘,一些需要学校提供充分的支持才能得以实施的教学工作无法顺利开展,这样的学校无法让教师产生强烈的归属感。

在一系列关于教师离职率、职业倦怠感和对学校忠诚度的实证研究中,通过对教师进一步的访谈,研究者们发现教师们抱怨的核心在于想要解决教学中的一些问题,从而给学生提供更加优质的教育。但是,由于缺乏学校在资源、机制方面的充分的支持,这种无力感背后的本质,使教师无法将其教学知识输送到学校的教学管理层面,无法参与学校教学管理知识构建,最终导致这所学校缺乏具有连贯性的教学管理知识体系,从而引发一系列碎片化的、彼此之间缺乏连贯性的管理实践和教学实践。提升校长管理效能,需要在保障教师专业素养的基础上,将教师的教学知识融入学校教学管理知识中来。这是一个动态的过程,教师的学科知识和教学法水平,在教学工作中会得到不断的积累,就是不断地生产教学知识,从而将学校教学管理知识诠释为一个构建的过程,学校教学活动之间的连贯性,也因此是一个不断调适的动态的过程。教师的教学知识生产需要得到管理者的滋养,而非压制,只有这样学校的教学管理知识才能够蓬勃发展,教师有效地参与学校教学决策,推动学校教学活动连贯性的生成。

全面提升学生学业表现的另一个衡量指标是实现教育公平,为实现不同学生的个性化发展提供保障。从教育公平的角度来看,为教师赋能,让教师参与教学管理知识的构建,是实现教育公平的重要手段。在时间跨度上,教育公平包括起点公平、过程公平、结果公平,起点公平传承上一阶段的结果公平,过程公平是支撑结果公平和起点公平的基础。① 教育制度和政策塑造了一系列的筛选条件来衔接学段之间的转换,起点公平和结果公平在教育系统的机制中得到了尽可能的保障,而过程公平涉及学生在校多年学习的诸多成长细节,其个性化的学习需求能否得到充分及时的满足决定着教育过程公平的实现质量。② 教师是整个育人活动中直接接触学生的育人工作者,其根据学生特点和需求发展并实施教学知识,需要在学校管理系统的支持上展开,进而得以实现针对学生个体的育人细节的把握。真正实现教育过程公平,需要尊重不同学生的学习细节,需要尊重并保障教师把握这些细节的能力成长。

(三)验证模型构建的反思

另外值得注意的是,虽然现有理论提供了研究框架,但是它限制了前因条件的选择,这也是实证研究受到挑战的地方。未来的研究需在扩展的经验理论和数据支持的基础上增加更多的条件进行新的叙事。正如本章第二节中国际背景下的文献所提示的,不一致案例的存在意味着影响这些国家教育成果的一些关键条件可能在主流文献中缺失。寻找这些条件是实证研究精神的体现。例如,在阿拉伯联合酋长国,外籍教师和阿联酋教师在薪酬和专业发展机会方面存在差距。教师在严格的性别隔离环境中工作,男孩主要由外籍教师授课,他们的资质不如国内教师。虽然阿联酋教育部提供的专业发展机会质量不尽如人意,但其他由奖学金支持的机会却留给了阿联酋本土教师,从而有碍于外籍教师提高教学质量。此外,获得学士学位或更高学位并不代表各国的相同基准。在一些表现出色的国家和地区,教师在被允许进入该行业之前,需要进行实习前评估。在阿联酋,教师背景的差异并不能确保满足这样的要求。③ 此外,相同的条件在

---

① 褚宏启.新时代需要什么样的教育公平:研究问题域与政策工具箱[J].教育研究,2020(02):4-16.

② 项贤明.论教育目的的公平转型[J].华东师范大学学报(教育科学版),2017(02):24-32,116.

③ Ridge N. Teacher quality, gender and nationality in the United Arab Emirates: a crisis for boys [R/OL].(2010). Dubai School of Government, Dubai. https://www.researchgate.net/profile/Natasha-Ridge/publication/275603715_Teacher_Quality_Gender_and_Nationality_in_the_United_Arab_Emirates_A_Crisis_for_Boys/links/55407a240cf2320416ed071d/Teacher-Quality-Gender-and-Nationality-in-the-United-Arab-Emirates-A-Crisis-for-Boys.pdf.

不同文化中会有不同的内涵。Litz 和 Scott 利用阿联酋的数据为发展中国家,尤其是穆斯林文化国家,制定了跨文化变革型领导理念。他们指出,广泛存在的等级制度和文化已经重塑了当地学校的合作式领导实践。当地对分享式领导力概念理解有独特性,这种差别会让相关量表的信度和效度发生改变。借鉴矛盾案例的存在,我们建议未来对学校领导的实证研究应因地制宜地揭示更准确的前因组态。

与关注管理行为的内涵相比,同样有实践指导意义的是探究管理行为实施的情境和时机。[①] 可以通过质性研究方法来解读普适性规律以外的部分。[②] 另外,还应强调研究发现需放在样本所处的独特环境(尤其是政策情境)中才能成立。这样的"妥协"拓展了教育管理研究的空间,但也凸显了一系列仍然悬而未决的问题。首先,质性研究方法的使用虽然考虑到了组织的复杂性,但和教育管理学科对高效推广实用导向规律的需求存在一定的矛盾。并且,政策环境与学校治理制度研究融合度低,政策环境停留在被"点明"但未"阐明"的层面,相关理论的实用性受限。有学者提出结合学校实际情况审慎地选择和使用理论。[③] 基于教育管理学科的实用性导向,这一办法协调了论争,为未来研究范式提供了重要启示。现阶段,学校发展离不开组织理论的指导,也必须应对外部环境和办学基础间的博弈,为此,教育治理制度研究范式的转变需要在理念和方法论上进行新的探索。量化和质性研究结合的定性比较分析正是这样一种探索的尝试。

基于实证主义产生的教育管理学知识结构,漂移于学校教学活动的实践结构和学校外部教育制度环境结构之外。这是现有的管理学知识,也就是论争中的科学化研究模式的局限所在。后现代主义的批判思维在这里发挥了作用,它提醒我们结构不是封闭且稳定的。除了关注开放性的解释外,教育管理学实践者和研究者需要找到结构与结构之间的铆合点,这个点是一个结构通往另一个

---

① Yoon I H, Barton A. Turnaround leaders' shifting gears in chronos and kairos time[J]. Journal of educational administration, 2019, 57(6): 690 - 707.

② Greenfield T. Organizations as social inventions: rethinking assumptions about change[J]. The journal of applied behavioral science, 1973, 9(5): 551 - 574.

③ Donmoyer R. Why is everything old new again? Revisiting debates about the form and function of research in educational administration[J]. Journal of educational administration, 2020, 58(3): 341 - 356.

结构的出口。学生的学业成绩是研究者始终关注的目标,各个结构之间的沟通和知识结构的重塑目前基于这一共同的目标。更进一步来说,由于现代学校制度的普遍确立,我们可以把这个铆合点稍微推离于这个目标,将其定位为教师的专业素养,从而让当下的管理学知识更具有实践性。校长管理效能的发挥需要建立在教育管理学知识生产、学校管理实践和外部政策环境的连接性思考上,在学校办学实际和政策环境的对话中推动学校教学管理知识的生成。抓手在于提升教师专业化水平,校长需要思考在外部环境的作用力下如何发挥领导作用来促进教师专业化水平的提升。从研究方法的变迁上也能体现出这一转变。在本部分的研究中,使用的定性比较分析专门针对多重条件的最优组合的提取,"条件"一词取代了过去统计学模型当中普遍适用的"变量"一词,这意味着基于变量模型的对称性关系被开放式的条件组合所取代。

灵活的教育管理方式与多样化的政策环境背景的搭配,形成导向学生标准化考试好成绩的多种路径。这条研究思路本质上是在追求效率,而且把学校的育人成果以学业产出的概念进行替换,再替换为标准化考试成绩。追求效率和利益最大化的精神,在凸显筛选性的考试制度导向的教育体系中,不断复刻强化,学校教育并不在生活上教人追求效率,而这种精神却已经侵入了私人生活领域。校长领导力效能规律的探索,在当下的指标体系内,产生的一系列理论也是基于大规模的、可复制的指标测量的,对其应持有中性态度。教育管理学理论绝不仅限于此。实证主义精神追求真实,同时开放,这两者似乎存在矛盾,因为开放意味着相对真实,实际上这一矛盾在其自身保有的反思和自我批判特征上得到了解决。本书进行理论梳理和实证分析的目的,不在于形成和传播理论,而在于帮助教育管理者促进对实证主义精神在管理实践中的理解和运用。当代教育管理学成立的基础,是学校成为一个相对独立的组织。而组织存在的本身就意味着对运行效率的追求,它绑定了一系列可测量的指标。由于办学条件和政策环境的多样性,学校管理者多种多样的管理实践行为,最终导向统一的产出结果,与这相对的是追求教育性的统一的育人理念却会导向培养出多种多样的人。实证主义提醒校长在日常的管理中能够明确实践背后的真正意义,导向的育人成果的本质,以及学校与外部政策环境、一系列办学实际条件之间真正的深层的关系。实证主义研究使用可测量指标,是给研究者和实践者探索更深一层的相对真实的抓手,了解其背后的精神比了解其提供的阶段性的理论更为重要,它给研究者和管理者卸下拘泥于理论所带来的枷锁。它对证据的表象和更深层次内涵的分别描述,传递了自由开放的研究精神。校长们在多样化的环境中灵活地进行管理,其实践蕴含了这样一种精神。教育管理学的发展动力根植于管理实践和这种研究精神的对话中。实证主义研究对研究者和管理者展开了一场广泛的认识世界的教育,它传播了一种开放自由的态度,让人人参与来推动知识边界的扩展。这种精神是学校管理所需要的,校长和教师开展的校本研究的强大的生命力在于此。尽管教育管理学领域的实证研究里目前有一些主流的研究方法和设计方式,但这都不是实证主义精神所要求的固定的东西。

第五节　教师专业化和参与学校教学管理决策

教师专业化伴随着教师参与学校管理决策发生,这是自然而然的进程。教师专业化意味着教师的独立。专业化的概念上存在着一些争议,教师认为其教学活动不应该被干涉,这种感受的来源包括一系列标准化的测评。标准化让教师认为他们逐渐失去了自身教学上的整体性。建立在这种教师个体整体性的基础上的工作关系,有其内在的连贯性和系统性。专业化的推广,包含着统一的评价标准,打破了过去的这种连贯性以及教师本身具有的教学理念的整体性,专业化的优势只是在大规模培养满足基本评价需求的教师队伍上发挥作用。在专业化的时代,重建整体性显得尤为重要。而重建这种整体性意味着学校的决策关系和权力结构的调整。教师成为更大的整体中的小的个体,他们和校长之间如何构建协调的合作关系是重构学校教学活动整体性的关键。教师和校长的专业化不必然导致合作决策,要提升管理效能,也就是改进学生的学业成绩表现,则需要伴随着专业化来构建合作决策机制。

强调教师专业化和管理权力的集中是一对矛盾。专业化,蕴涵着对教学工作的组织化和追求高效率的意图。传统的教学性领导力将教学工作的专业化和管理工作的专业化集中到校长一人身上,这很快遭到了质疑,专业化的教师群体为学校教学管理工作作出的贡献不容忽视。教师专业化的相关工作推进,赋予了教师观察、分析、处理教学问题的知识技能,这种知识技能真正充分发挥作用则需要相应的空间,这种空间来源于学校管理权利,也就是对教师进行赋能。赋能不仅仅包括在教师教育和培训中让他们学习应该怎么做,还应该在学校的实践中,真正让他们运用相关的知识和技能,这是一个从学习到习得的过程。专业化强调个体的平等,而平等要求权利。教师专业化所带来的教师对教学管理权利的要求,使得学校教学工作的整体性实现需要合理的权力结构。学校教学工作的整体性,即从教学手段到教学成果之间的方方面面的连贯性,伴随着教师专业化,既不集中于教师身上,也不再由校长一人来进行保障,而是由多元主体包含校长、教师、教育政策制定者来协同构建。学校教学管理工作在探求实现教学活动整体性的组织安排。值得注意的是,教师专业化的界定和管理所能采取的模式的多样性紧密相关,而教育管理模式在调整空间上受到教育目的的影响。

教育管理方式和教育的目的是相伴相生的,在推崇大规模的分工合作以实现一些人类群体目标的社会背景中,教育的目的被有组织的知识学习基础上的标准化考试成绩所替换。这并非一种有意的替换,而是追求当下群体性目标自然而然导向的结果。校长和教师面临着专业化和标准化学业产出评价的双重引导,校长领导力模式的变化是这种专业化争取自身话语权的自然诉求的表现。目前的专业化是围绕着标准化学业产出而定义的,由于教学目标的限制,其争取话语权的程度存在限制,或者说是含义设定上的规范。学校教学管理工作的优化,被聚焦于促进现有教师专业化水平的提升上来,采用的教学管理手段和教育政策呈现出整体化考虑的趋势,而某项教育管理措施或者某一条教育政策单独地表现出中性化的特点。也就是说,不存在某一种具体手段或政策是最优的,各种政策都是相对的,没有高下之分,在其特定的环境中发挥着其独特的作用。这是教育目标量化和标准化所造成的后果。

目前似乎在各地都可以提倡的教育管理权力应当是分布式的,这种提法和教育政策导向的教育目标是分不开的。这种教育目标让教学管理模式变得易于调整,甚至被认为仅取决于校长的个人领导风格、应付外在环境压力的能力和可以调动的相关资源。校长需要在调整教学管理方式以实现教学效率提升的同时,注意标准化和专业化所导致潜在的育人危机。效率意识在教学管理工作中潜移默化地将学生的思维进行塑造,标准、效率、专业已经深入地影响了学校教学管理工作和日常教学工作的安排。校长在管理上促进教学效率的提升,更需要在精神上引领学校的育人工作,保护育人内涵的丰富性。

过去的育人活动整体性系于教师一个人身上,如今这种整体性的操作主体,随着学校组织的诞生和教育系统的构建变得多元。校长作为学校育人活动的领导者,需要把握教育政策内涵和教师如今的职业特性来构建育人活动的整体性。当育人成果被单一的标准化考试成绩替代时,教师的专业化内涵,围绕着学科知识界定。而当现代育人活动内容逐渐丰富,育人目标被认为应当跳出学科成绩的框架,给予学生更为丰富多样的发展的可能性,教师的专业化内涵的工具性会被弱化,教师在学校教学结构中,很难再被定义为专门提升学生标准化考试成绩的直接影响者,而是成为学校整体育人活动的一分子。这一理念的转变是悄然发生的,尽管现在提升学生考试成绩以及相应的教师专业化培训内容似乎和过去并没有太大的差别,但是学生在毕业以后越来越多样化的发展前景,已经对基于单一评价产出结果的学校育人活动的旧有整体性提出了挑战。失去了单一的标准化考试成绩的绝对导向,强调教师的工具性而忽视教师作为一个独立个体所具有的内在育人理念的整体性,会让学校的教学管理结构失去活力。一直以来对教师专业化素养的内涵,并不是仅仅强调学科知识相关的内容,但由于实践中较为单一的评价指标到绩效评价制度的推进,教师专业化素养实际上越来越聚焦于单一的学科知识掌握技巧和应试技巧。这加剧了教师个体与个体之间的分离,以及教师与学校管理人员之间的分离。与此同时,教师却又失去了自身的整体性。这让校长与教师进行合作决策仿佛没有必要。这甚至受到了实践的验证,也就是说,学生的标准化考试成绩和是否进行合作决策之间没有必然的联系,在多种多样的教育政策背景和办学实际条件下,校长的管理风格被这种情境下的教师专业素养,也就是学科知识和教学法的突出作用所替代。合作决策变成了一种并不能够高效能地提升学生标准化考试成绩的管理方式。

实际上,教师的专业化素养并不只是在强调学生应当获得学科知识,而始终在强调育人成果。中小学开展的项目式学习,打通不同学科知识之间的壁垒,让学生在实践中获取对生活中所需要的知识的整体性体验,以及对未来生活做的整体性准备,这种准备不一定有明确的测评目标,但是它旨在让学生得到全方位的成长。

这种努力往往需要多个学科教师之间进行合作。如果学校缺乏相应的教学管理机制,教师之间的合作以及基于此形成的学生整体性学习体验都会打折扣,因此相应的合作机制以及如何形成这样一套有效的合作机制通常所需要的教师和校长之间的有效沟通,都是中小学教学管理中的重要内容。对于这种机制的探寻和确立反映了当前教师专业化素养所蕴含的分离性和学生学习需求整体性之间的张力。而这种机制的构建并不会被作为继续保持这种分离性的同时又保障学生学习体验整体性的工具。教师在合作过程中会逐渐获取支持学生学习体验整体性的育人素养,学校教学管理工作应当提前认识到这一点,以减少教师在这个过程中摸索所耗费的精力,让教师能够更早地获得支持整体性的育人素养的条件。解决这一问题最直接的办法,就是设定更为全面的教师专业化素养内涵,并且避免过于单一的绩效评价机制,而导致原本丰富的内涵在实践中片面化。校长在这一过程中承担着领导者的责任,实践者和研究者都已经意识到促进教师的专业化成长是学校管理工作中的重中之重。即使以往实践中的教师专业化素养有片面性的特点,但这并不是其本身要义,也不是教学管理工作刻意的引导。

目前的校长领导力模式理论几经变迁,已经发展为得到普遍认可的学习型领导力,这种概念体现在相应的量表测量项目上。其项目融合了过去各种领导力量表的测量项目,其本质上反映了在学校各项工作中促进教师进行学习,获得专业化素养的基本要义,而非片面化地提升学生标准化考试成绩的要义,以促进学生整体性的学习体验。针对这一点,从实证研究当中获得的最广泛的支持,是教师参与学校决策与教师专业共同体之间存在显著的正向关系。校长领导力理念的转变、教师是否应当进行合作以及教师是否应当参与学校教学决策的争议背后,潜藏着学生整体性学习体验、教师专业素养学科知识片面化,强化这种片面化的学校管理方式和教育政策实际之间的断裂。教师专业素养由某一个教师在实际工作中表现出来时,也会因人、因时、因地地表现出整体性,但这已经不是相关培训所能够明确保障的目标,这种片面性值得教育政策制定人、教育工作者和研究者注意。在实证研究中,将学生的标准化考试成绩作为结果变量,与在实践中强调学生成绩和升学率的绩效评价体系相对应,教师片面化的专业素养的作用会进一步突出。管理方式和教育政策背景的合力推动教师专业化学习这一表达中间出现了断裂。推进的专业化学习不应当是片面地仅仅围绕学科知识发生,否则其促进的教师专业化素养的提升和相应的育人程度的提升,都将局限于标准化考试成绩。在这种情形下,教育管理方式和教育政策完全变成了中性的,只需要强调教师的学科知识传输方面所需要的技能即可。校长作为教育管理者,同时是管理者更是教育者,在面临以标准化考试成绩为主要评价指标的情形中,需要注重学生的学习整体性体验,相应的需要注重教师全面的专业化素养的提升以及教师参与学校教学管理知识的共建,也就是参与学校教育管理决策。项目式学习、将教育技术有机地融入教学内容和教学法中等等一系列为学生打造整体性体验的尝试在学校中如火如荼地展开,而常被忽视的是更为根本的支持整体性的学校教学管理知识构建和文化生成,在标准化考试成绩导向的评价指标体系下,这一点被深深地掩盖了,这导致相关的教学改革的发生极大地受限于学校办学资源。也就是说,办学资源充足的学校被认为能够更加顺利地开展这些强调整体性的活动。这些活动被理所当然地认为是资源保障型的而非有意识地强调整体性的育人理念所导致的。校长对教学活动连贯性的理解,需要从让一系列教学活动顺畅地协调地展开,再进一步地扩展到促进教师全面化的专业素养的发展,从而让教师有能力并且有空间地参与到学校教学管理知识的构建中,进而真正为学生打造整体性的学习体验等层面来。这一理解以及相应的实践,将不得不面临评价指标带来的诱导和挑战,这也是校长作为管理者和教育者所不得不承担的双重责任,育人而非协调是教育管理工作的本质。

校长领导力模式的提出以及一系列的更新换代,体现了对校长专业化内涵的尝试界定和修正。对这一过程的驱动力在于管理实践效能与领导力模式理论之间的脱节,这对校长专业化内涵的界定提出了挑战。校长和教师专业化是育人评价标准化所匹配的机制,如何界定校长专业化内涵以及如何对校长进行专业化培养是育人评价标准化背景下需要探讨的问题。由于学校管理工作受到外在环境的影响,校长的专业化内涵难以进行清晰的界定,这是标准化评价时代开启以来校长领导力模式反复调整的根本原因。目前学界普遍将学校看作一个开放系统,这个观点描述了校长管理工作面临的环境条件,而校长在开放系统中应该怎么做,有待进一步回答。已有领导力模式的效能规律,对开放系统中校长发挥作用的边界作了丰富的探索。校长领导力发挥作用的规律没有十分明确,校长专业化内涵因而仍然模糊,这不是理论的危机,而是校长工作整体性缺失的问题。整体性是健康的开放性的基础。继续将大规模组织化培养的标准化学业产出等同于育人成果,将会推动校长专业化内涵的清晰,学校即使作为一个开放系统,外部的教育政策环境和学校教学管理工作进行衔接也终将可为。然而,这不代表育人工作的整体性的实现。由于育人成果的衡量标准在阶段化的评价体系中具有可变性,相关管理实践的整体性的保留意味着具体实践的变化,得出的相关校长领导力效能理论是中性的。如果育人工作的整体性在评价指标上受限,加剧工具主义倾向,校长工作的管理意蕴会超越教育意蕴。①

---

① 张斌贤.教育学科本质上不是"应用学科"[J].清华大学教育研究,2019,40(04):8-10.

结　语

　　教育管理学作为一门应用学科,始于实践,归于实践,了解研究和实践的关系是构建学科知识、推动实践改进的关键。教育理论是对教育实践的理性认识,实践是教育研究的源泉,教育实证研究的意义存在于改善实践。实践是指当下的实践,当下包含了政策环境和办学实际条件因素,"实践"一词本身就蕴含着对已有研究成果的持续的批判。在理论与实践联系的范畴中,基于严格因果推断的科学研究方法是实证主义最为突出的特征表现。科学思考和研究设计的方式给教育管理学研究带来了重要的启示。尽管在教育管理学的研究中比较少地出现能够完全复制自然科学实验性质的因果推断设计,但是研究者通过准实验设计、统计数据分析手段等方式在教育管理学规律上做出了重要的探索。一些没有条件或者还没来得及进行严谨的教育管理学研究的地区和学校可以通过学习这些规律,来改进自身的管理实践,进而提升学生的学业表现。学校管理实践中积累的丰富经验和从中涌现出的大量观点,通过实证研究得到了反复的验证,形成了可供传播的知识。

　　实证研究在教育管理学知识生产和体系构建中发挥了关键的作用,其本身蕴含的批判精神和反思特性,推动着知识的迭代。在教育实践中,一些事件很难在可识别的状态下独立发生,某一个教育干预措施在实践当中往往伴随着其他事件的共同发生。针对学校管理的干预措施,需要考虑的不仅仅是对校长个人行为的改变,更多的是要系统地考虑学校所处的政策环境和学校的办学实际条件。已有校长领导力实证研究所得出的管理理论,在运用到不同的政策环境和办学实际条件下,有时候无法发挥预期的帮助改进实践的作用。研究中逐渐兴起行为和制度环境的对话,反映了越来越多的研究者将新制度主义纳入研究设计理念,更体现了绩效评价导向下育人者的专业化趋势以及专业化塑造的平等且分离的个体(教师和校长)重新构建育人活动整体性的需求。研究者试图连接以校长领导力为核心概念的教育管理学知识结构、学校教学活动实践和学校外政策环境之间的区隔,来对已有的教育管理学理论进行批判性反思,并为接下来的研究设计的优化做出铺垫。

教育管理学实践者和研究者需要避免对已有理论不加批判地接受,这是实证主义研究本身蕴含的精神。目前的国际研究环境在推动着教育管理学实证研究的开展。其中具有代表性的国际研究行动是国际学生项目测评,这一项目最初在 OECD 国家开展,对中学生的学业水平和认知能力、教师的教学情况、学校的校长管理情况进行了尽可能充分的数据收集,近年来,参与测评的国家和地区数量在扩增。用于收集数据的问卷,是基于已有的实证研究结论来设计的。而这些研究中的很大一部分,是在美国、英国等有相似教育制度的国家和地区展开的。也就是说,这个问卷中所包括的校长领导力的一系列问题,并非根据我国校长管理实践提炼出来的管理行为理论而设计的。用这份问卷来对其他国家校长的管理行为进行测评,所得出的结果具有一定的启示意义,然而,教育管理研究者和实践者需要对整个研究设计的过程有清晰的认知。采用其他国家和地区的中学校长管理实践相关的数据,提炼出其中的行为逻辑,在此逻辑之上构建出成功的校长领导行为应具有的特征框架,再用这样的特征框架去套用在另一个地区的中学校长管理行为上。如果其管理行为与框架不匹配,需要对这个地区中学校长管理效能进行评估,保持具体问题具体分析的态度。现在的校长管理理论还处于发展进程当中,某一个国家或地区的学校的特殊办学环境和条件都有可能对校长领导力行为的效能产生影响。这里需要指出的是,这种强调情境的或然性尽管意味着校长领导力理论的中性地位,立足于当下组织形态的学校管理秩序和目前广泛使用的学生标准化考试成绩之间的天然联系,但不强调相对主义。实证主义研究的自我反思性应当包含对可通约性的追求这一本身的存疑。

国际学生项目测评的问卷公开易得且数据丰富,对不同国家和地区的校长管理行为以及教师教学行为的相关观点,作了尽可能充分的测量和记录,吸引了大量国际学者在数据基础上开展研究,其中得出的相关结论在某种程度上强化了已有的基于实证研究的知识体系。这隐含了理论错用的风险,研究者和管理者真正从实证主义的角度看待理论生成过程有助于避免这种风险,避免教育管理学研究主题的固化,以及避免学科知识迭代的凝滞,弥合管理实践与已有理论期待之间可能出现的鸿沟。与此同时,这些数据分析的结果也对已有的理论发起了挑战,例如校长与教师进行合作决策,对学生成绩的积极影响,无法在一些国家和地区得到验证,这促使研究者和实践者去进一步探寻有效管理的真正内涵,这也是本书撰写的初衷之一。

在研究的结论积累到一定程度以后,不考虑研究设计的根源而全盘接受会阻挡接下来实证研究的有益推进。这种障碍不仅是理论层面的,也是技术层面的。有研究者认识到期刊论文和相关的高等教育组织评价体系在技术层面上加剧了已有实证研究理论的传播和固化,学者们热衷于对可观测数据的描述和分析,研究手段扩大了其工具理性。幸运的是,研究人员对这一现象保持警醒,这类问题产生的根源并不难以理解,具体表现例如在用于实证研究的问卷在近年来不断调整,其中包含的学校管理、教师教学的测评问题越来越多元,提供的当地学校的信息逐渐丰富,越来越立体地展现出了教育制度和学校管理体系的整体样貌。这是基于众多教育实证研究者不断的努力之上产生的数据采集优化成果,为未来的实证研究奠定了更坚实的基础。这也体现出了实证研究内含的生命力。

以下是一个国际学者避免障碍加剧的例子。Hallinger 和 Chen(2015)注意到了美国以外地区的教育管理研究综合性分析的匮乏,于是选取英文期刊上刊登的关于亚洲教育管理的研究,对其进行梳理。其中基础教育管理研究占其总样本量 478 篇的 68%,而在这其中关于我国内地的教育管理研究文章有 26 篇,来自我国香港地区的文章有 155 篇。普遍认为香港地区和内地存在社会、经济、文化等多方面的差异,基础教育管理学的研究范式接近于英美体系,故而此研究几乎无法展现我国大部分地区的基础教育研究成果。其结果得出亚洲教育管理研究和北美地区 30 年前的研究有许多类似之处的一般性结论。这是基于实证研究的元分析,从根本意义上来讲,是通过其他的实证研究来间接使用实际证据。尽管这种元分析的出现也有可能使得已有的实证研究结论产生一定程度的固化,其尝试提炼出的管理规律对我们进一步开展本土化实证研究仍然有重要的启示意义。相关规律如果在我国本土的校长管理实践中无法起作用,将提醒我们更加留心本土的教育情况,寻找更为基本的管理工作的描述。

实证研究的开展让教育政策制定者、学校管理者、教育管理学研究者以一种更开放和平等的态度互相交换信息和观点。利益相关主体把学生学业成就作为契合点,来共同寻找实现提升学生成就的系统办法,探寻有效管理的生态化内涵。这些主体在构建教育管理学知识体系的过程中,具有理念上的平等的地位。在学校内部,教师是管理知识构建的关键参与者,他们在日常的教学工作中观察、使用、创造、检验管理经验。研究者在进入学校检验这些经验之前,实际上教师已经通过他们的行为来对这些经验进行了检验,研究者所做的事情是将他们的检验结果提炼出来。学校外部的政策环境对学校教学活动和计划产生影响,教师的日常工作效果同样也是对这些政策有效性的检验。教师在教学工作中,通过实践表达出了他们对学校管理的观点,通过对这些观点的调查,实证研究者提炼出了相关的理论。无论一所学校的校长是否让教师参与到学校决策中来,教师们无时无刻不在参与者学校管理知识的构建。以改善学生学业表现为导向,校长是学校管理知识构建的领导者,他需要思考如何领导多方利益主体共同构建出支持学生学习的连贯的教学计划。

在接下来的时间里,一些新出现的因素会切实地影响到中小学学校管理知识构建进程,校长在管理工作中能够清晰地感受到这种变化。首先,现代学校制度正在发生改变,我们正面临着一个教育制度转型的时代,普通教育和职业教育的融通带来了学校形态和教育系统内部结构的改变。普通教育和职业教育之间的融通趋势让学生得以在更为灵活的教育制度中自主规划学业路径。传统的学校管理模式弱化,学生体验到的教育场景从学校转向多种课程和学制灵活搭建的生涯教育体系。在普职融通的大背景下,教育管理学研究需要走出传统的学校边界。在转型过程中,更多的利益主体出现在教育管理学的研究设计中。过去的研究将学校内部的教育治理和学校外部的教育制度中的治理分开来讨论。尽管研究者和实践者都认识到学校外部环境和学校内部是紧密联系在一起的,学校本身是一个开放性的系统,但是学校本身所具有的组织界限让多元主体共同治理理念在学校的管理边界上分割开来。而当学校出现了去边界化的特征以后,跨越学校边界的治理会成为研究者和管理实践者需要共同讨论的问题。

教育技术逐渐深入学校管理和教学活动是 21 世纪教育制度的另一个重要特征,2019 年底突如其来的新冠疫情以一种意想不到的方式加速了教育技术使用,甚至使他的使用方式发生了更为广泛的质变,从改革教学发展为系统性地改革学校教学管理。教育信息化建设需要大量资金投入,公立学校在此方面的工作开展很大程度依赖于政府,进而又加速了教育管理向多元主体共同治理的转变,学校的教学管理活动所依赖的关键资源和实施手段超出了过去传统校长和教师主导的模式。然而,教育技术还远未到达完全脱离校长和教师进行教育教学活动的程度,目前也没有一个完整的教育技术平台能够完全取代人力劳动。在这个转型时期,校长信息化领导力再次被提了出来,其具体应用比内涵更加引起了人们的关注,校长领导力作为一种新的教学管理模式的载体成为这个转型时期中的独特概念。校长信息化领导力概念源流和发展都呈现出深度融合教育治理理念的特征。在传统的学校管理理念和教育治理理念的碰撞时期,存在校长信息化领导力水平与教育治理体系都不成熟的现状。未来研究需要重点探讨信息化领导力与教育治理体系之间的发展适应性问题,以及教育治理体系构建下校长信息化领导力的发生机制,从而为学校改革实践提供参考。人工智能技术的发展推动着教育工作者在后现代的底色上思考如何重建主体意识,如何培养全面发展的人。这是教育领导者接下来要重点关注的问题。在共生的、开放的、创造的课堂里,诞生全面发展的人,这一构想涉及的组织形态和育人过程不是不言自明的。

我们更面临着一个学校教育产出转型的时代。已有的教育管理学实证研究,包含本书中呈现的一系列研究,都以学生的学业产出为学校教育产出,而学业产出通常是以标准化的考试成绩来衡量的。确切地说,校长领导力效能规律的导向是提升学生考试成绩。诚然,其他的学校教育产出也出现在了实证研究中,例如学生心理健康,但这并不是检验管理效能的主流选项。但不可否认的是,在未来,人才评价标准将会更加多元化,教育产出不能用单一的学科标准化考试成绩来衡量。产出多元化会造成组织模式发生变化,更要求组织管理将从层级式转向扁平化,以保证组织的运行效率,多元主体各自的专业化将重塑育人的整体性。

多元化的产出、去边界化和去中心化的教育制度、更广泛深入的教育技术使用结合在一起,将重新塑造教育组织管理的内涵,推动着已经建立的教育管理学知识体系进行更新。以学习者为核心的理念将会在制度变革和技术支持的背景下变得越发凸显。校长需要思考育人成果的丰富性表达和以此为导向的管理工作的整体性的新实现形态。教育管理的实践者和研究者可以基于这一理念来审视和检验新的实践经验。

附录1:图表目录

附录 2:参考文献

[1] 鲍传友.提升学校治理能力需要进一步完善学校内部治理结构[J].教育发展研究,2017,37(20):3.

[2] 鲍威,金红昊,肖阳.阶层壁垒与信息鸿沟:新高考改革背景之下的升学信息支持[J].中国高教研究,2019(05):39-48.

[3] 鲍威,金红昊,杨天宇.新高考改革对学生高中学习经历的重塑[J].中国高教研究,2020(05):83-89.

[4] 陈国权,马萌.组织学习——现状与展望[J].中国治理科学,2000(01):66-74.

[5] 程晋宽.论西方教育管理研究范式的转换[J]. 比较教育研究,2003(06):13-19.

[6] 褚宏启.教育治理:以共治求善治[J].教育研究,2014,35(10):4-11.

[7] 褚宏启.新时代需要什么样的教育公平:研究问题域与政策工具箱[J].教育研究,2020(02):4-16.

[8] 褚宏启.中国基础教育现代化的六个关键问题[J].中小学教育治理,2018(10):27-30.

[9] 范勇,王寰安.学校自主权与学生学业成就——基于 PISA2015 中国四省市数据的实证研究[J].教育与经济,2018,34(1):57-64,87.

[10] 冯成火.高考科目改革的轨迹与推进策略——兼论新一轮高考改革的深化与完善[J].中国高教研究,2020(05):78-82,102.

[11] 冯成火.新高考物理"遇冷"现象探究——基于浙江省高考改革试点的实践与思考[J].中国高教研究,2018(10):25-30.

[12] 冯建军,汤林春,徐宏亮."新高考改革与普通高中教育发展"笔谈[J].

基础教育,2019,16(01):39 -46.

　　[13] 洪晓丹,孙建清.新高考背景下的师资配备与绩效评价[J].中小学管理,2016(12):7-10.

　　[14] 黄亚婷,刘浩.新高考改革中的教师情绪:基于情绪地理学的叙事研究[J].全球教育展望,2020,49(04):85-105.

　　[15] 刘世清,王淼.新高考试点区域综合改革的成效与问题研究——基于上海市 2017 届高三考生的调查[J].湖南师范大学教育科学学报,2019,18(06):32-39.

　　[16] 马焕灵.校长领导力促进教师专业发展的机理与策略[J].中国教育学刊,2011(03):41-43.

　　[17] 彭新武.当代管理学研究的范式转换——走出"管理学丛林"的尝试[J].中国人民大学学报,2007(05):77-84.

　　[18] 邵迎春.分层教学与成长导师制:破解新高考学校治理难题[J].人民教育,2016(14):25-28.

　　[19] 申屠永庆.新高考下的新变革:"为每一位学生的学习发展而设计"[J].中小学管理,2016(12):4-6.

　　[20] 石青群.校长治理思维及其生成路径[J].教学与治理,2016(10):13-15.

　　[21] 王炳照.中外教育管理史[M].北京:高等教育出版社,2014:358-362.

　　[22] 王娟娜,马学生.语文学科育人的整体推进:教学研一体 课内外同步——以浙江大学附属中学语文学科探索为例[J].中小学管理,2019(11):12-14.

　　[23] 王帅,郑程月,吴霓.普通高中育人方式变革的经验、困扰与建议[J].教学与治理,2020(04):76-79.

　　[24] 王郢,程曦.新高考背景下高中"选课走班"面临的矛盾、动因及应对——基于武汉市武昌区的实地调研[J].中国考试,2020(02):23-29.

　　[25] 王智超.小学校长学校文化建设认知现状分析——基于转型领导力的视角[J].教育科学研究,2017(11):25-29.

　　[26] 项贤明.论教育目的的公平转型[J].华东师范大学学报(教育科学版),

2017(02):24－32,116.

[27] 徐瑾劼,朱雁.面向未来的领导力:校长的专业准备与发展——基于 TALIS 2018 上海数据结果的发现与启示[J].全球教育展望,2019(09):101－113.

[28] 杨帆.新高考背景下优质学校特色发展的路径探寻[J].中小学管理,2018(08):30－32.

[29] 杨胜大.所有的难题都是良机——浙江省义乌中学对新高考的实践应答[J].人民教育,2016(14):52－56.

[30] 易臻真,王洋."减负"中学校的作为和贡献——以曹杨二中应对新高考改革的选科系统为例[J].教育发展研究,2018,38(10):44－50＋59.

[31] 詹鑫.农村高中生涯规划教育如何系统化、常态化实施?[J].中小学管理,2019(06):46－48.

[32] 张斌贤.教育学科本质上不是"应用学科"[J].清华大学教育研究,2019,40(04):8－10.

[33] 张雷.中小学校长领导力问题探析[J].教育发展研究,2014,33(Z2):93－98.

[34] 张雨强,陆卓涛,贾腾娇.新高考下高中生减负了吗——浙江新高考首届高中毕业生考试负担调查[J].教育发展研究,2019,39(12):43－52.

[35] 张紫屏.论高考改革新形势下高中教学转型[J].课程·教材·教法,2016,36(04):89－95.

[36] 赵文平.校长的学校课程结构领导力探析[J].中国教育学刊,2013(05):48－51.

[37] 周彬."新高考"引领下的高中教育"新常态"[J].人民教育,2015(01):34－35.

[38] 周丽婷.核心素养的最终指向是教育的高质量——浙江省杭州师范大学附属中学的实践探索[J].人民教育,2017(Z1):81－85.

[39] 朱炜.强化校长的文化领导力:学校组织变革的成功之道[J].教育发展研究,2013,33(24):32－35,54.

[40] 朱越.浅谈研究型高中创建的实践路径与策略——以上海市七宝中学

为例[J].上海教育科研,2020(03):62-66.

[41] Ahn J, Bowers A J, Welton A D. Leadership for learning as an organization-wide practice: evidence on its multilevel structure and implications for educational leadership practice and research [J]. International journal of leadership in education, 2021: 1-52.

[42] Allen C D, Penuel W R. Studying teachers' sensemaking to investigate teachers' responses to professional development focused on new standards[J]. Journal of teacher education, 2015, 66(2): 136-149.

[43] Anderson R E, Dexter S. School technology leadership: an empirical investigation of prevalence and effect[J]. Educational administration quarterly, 2005, 41(1): 49-82.

[44] Archibald S, Coggshall J G, Croft A, Goe L. High-Quality professional development for all teachers: effectively allocating resources. Research & Policy Brief[R/OL]. National Comprehensive Center for Teacher Quality, 2011: 1-32. https://files.eric.ed.gov/fulltext/ED520732.pdf.

[45] Banerjee N, Stearns E, Moller S, Mickelson R A. Teacher job satisfaction and student achievement: the roles of teacher professional community and teacher collaboration in schools [J]. American journal of education, 2017, 123(2): 203-241.

[46] Barankay I, Lockwood B. Decentralization and the productive efficiency of government: evidence from Swiss cantons[J]. Journal of public economics, 2007, 91(5-6): 1197-1218.

[47] Baruch Y, Holtom B C. Survey response rate levels and trends in organizational research[J]. Human relations, 2008, 61(8): 1139-1160.

[48] Bass B M. From transactional to transformational leadership: learning to share the vision [J]. Organizational dynamics, 1990, 18(3): 19-31.

[49] Bass B M. Two decades of research and development in transformational leadership[J]. European journal of work and organizational psychology, 1999,

8(1)：9 – 32.

[50] Beard K S, Hoy W K, Hoy A W. Academic optimism of individual teachers：confirming a new construct[J]. Teaching and teacher education, 2010, 26(5)：1136 – 1144.

[51] Bellibas M S, Liu Y. Multilevel analysis of the relationship between principals' perceived practices of instructional leadership and teachers' self-efficacy perceptions[J]. Journal of educational administration, 2017, 55(1)：49 – 69.

[52] Bellibaş M Ş, Kılınç A Ç, Polatcan M. The moderation role of transformational leadership in the effect of instructional leadership on teacher professional learning and instructional practice：an integrated leadership perspective[J]. Educational administration quarterly, 2021, 57(5)：776 – 814.

[53] Berg-Schlosser D, De Meur G, Ragin C, Rihoux B. Qualitative comparative analysis (QCA) as an approach[M]//Configurational comparative methods：qualitative comparative analysis (QCA) and related techniques. Thousand Oaks, CA：SAGE Publications Ltd., 2009：1 – 18.

[54] Blase J, Blase J. Effective instructional leadership：teachers' perspectives on how principals promote teaching and learning in schools[J]. Journal of educational administration, 2000, 38(2)：130 – 141.

[55] Bolman L G, Deal T E. Reframing organizations[M]. San Francisco, CA：Jossey-Bass, 2017.

[56] Bolman L G, Deal T E. Reframing organizations：artistry, choice and leadership[J]. San Francisco, CA：Jossey-Bass, 2013.

[57] Bowers A J, Blitz M, Modeste M E, Salisbury J, Halverson R. Is there a typology of teacher and leader responders to CALL, and do they cluster in different types of schools? A two-level latent class analysis of CALL survey data[J]. Teachers college record, 2017, 119(4)：1 – 66.

[58] Bowers A J. Examining a congruency-typology model of leadership for learning using two-level latent class analysis with TALIS 2018[R]. OECD

Publishing, Paris, France, 2020.

[59] Brennan M, Willis S. Sites of contestation over teacher education in Australia[J]. Teachers and teaching, 2008, 14(4): 295 – 306.

[60] Brown C, MacGregor S, Flood J. Can models of distributed leadership be used to mobilise networked generated innovation in schools? A case study from England[J]. Teaching and teacher education, 2020, 94: 1 – 11.

[61] Bryk A S, Sebring P B, Allensworth E, et al. Organizing schools for improvement: lessons from Chicago[M]. Chicago, IL: University of Chicago Press, 2010.

[62] Burke P F, Aubusson P, Schuck S, Buchanan J, Prescott A. How do early career teachers value different types of support? A scale-adjusted latent class choice model[J]. Teaching and teacher education, 2015, 47: 241 – 253.

[63] Böse S, Brauckmann-Sajkiewicz S. (In) effective leadership? Exploring the interplay of challenges, goals and measures in the context of school improvement[J]. Journal of educational administration, 2021, 59(4): 454 – 471.

[64] Caldwell B J. Impact of school autonomy on student achievement: cases from Australia[J]. International journal of educational management, 2016, 30(7): 1171 – 1187.

[65] Campbell R F. Fifteenth anniversary perspective: a critique of the Educational Administration Quarterly [J]. Educational administration quarterly, 1979, 15(3): 1 – 19.

[66] Carroll K, Patrick S K, Goldring E. School factors that promote teacher collaboration: results from the Tennessee Instructional Partnership Initiative[J]. American journal of education, 2021, 127(4): 501 – 530.

[67] Choi J, Peters M, Mueller R O. Correlational analysis of ordinal data from Pearson's r to Bayesian polychoric correlation[J]. Asia pacific education review, 2010, 11(4): 459 – 466.

［68］ Cohen E. Sociology looks at team teaching［J］. Research in sociology of education and socialization, 1981, 2:163 – 193.

［69］ Coleman J S. Foundations of social theory［M］. Cambridge: Belknap Press, 1990.

［70］ Comrey A L. Factor-analytic methods of scale development in personality and clinical psychology［J］. Journal of consulting and clinical psychology, 1988, 56(5): 754 – 761.

［71］ Day C, Gu Q, Sammons P. The impact of leadership on student outcomes: how successful school leaders use transformational and instructional strategies to make a difference［J］. Educational administration quarterly, 2016, 52(2): 221 – 258.

［72］ Day C, Gu Q, Sammons P. The impact of leadership on student outcomes: how successful school leaders use transformational and instructional strategies to make a difference［J］. Educational administration quarterly, 2016, 52(2): 221 – 258.

［73］ Demirkası moğlu N. Defining "Teacher Professionalism" from different perspectives［J］. Procedia-social and behavioral sciences, 2010, 9: 2047 – 2051.

［74］ DeVellis R F. Scale development: theory and applications［M］. Thousand Oaks, CA: Sage Publications, 2012.

［75］ Dinham S. Principal leadership for outstanding educational outcomes［J］. Journal of educational administration, 2005, 43(4): 338 – 356.

［76］ Donmoyer R. Why is everything old new again? Revisiting debates about the form and function of research in educational administration［J］. Journal of educational administration, 2020, 58(3): 341 – 356.

［77］ Dunn A H. "A vicious cycle of disempowerment": the relationship between teacher morale, pedagogy, and agency in an urban high school［J］. Teachers college record, 2020, 122(1): 1 – 40.

［78］ Dwyer D C. The search for instructional leadership: routines and subtleties in the principal's role[J]. Educational leadership, 1984, 41(5): 32 - 37.

[79] Easterby-Smith M. Disciplines of the learning organizations: contributions and critiques[J]. Human relations, 1997, 50: 1085 - 1113.

[80] Eisenschmidt E. Teacher education in Estonia [M]//European dimensions of teacher education—similarities and differences, 2011: 115 - 132.

[81] Epstein J L. School, family, and community partnerships: preparing educators and improving schools[M]. Boulder, CO: Westview Press, 2001.

[82] Fichman M, Cummings J N. Multiple imputation for missing data: making the most of what you know[J]. Organizational research methods, 2003, 6(3): 282 - 308.

[83] Finnigan K S, Daly A J. Mind the gap: organizational learning and improvement in an underperforming urban system[J]. American journal of education, 2012, 119(1): 41 - 71.

[84] Finnigan K S, Stewart T. Leading change under pressure: an examination of principal leadership in low-performing schools[J]. Journal of school leadership, 2010, 19(5): 586 - 618.

[85] Finnigan K S, Stewart T J. Leading change under pressure: an examination of principal leadership in low-performing schools[J]. Journal of school leadership, 2009, 19(5): 586 - 618.

[86] Fisher D, Frey N. Gifted students' perspectives on an instructional framework for school improvement [J]. NASSP Bulletin, 2012, 96(4): 285 - 301.

[87] Fiss P C. Building better causal theories: a fuzzy set approach to typologies in organization research[J]. Academy of management journal, 2011, 54(2): 393 - 420.

[88] Furlong J. New Labour and teacher education: the end of an era[J]. Oxford review of education, 2005, 31(1): 119 - 134.

[89] Furlong J. The Universities and initial teacher education: challenging

the discourse of derision. The case of wales[J]. Teachers and teaching, 2019, 25(5): 574 - 588.

[90] Gatti B A. Formação inicial de professores para a educação básica: pesquisas e políticas educacionais[J]. Estudos em avaliação educacional, 2014, 25(57): 24 - 54.

[91] Gittell J H, Cameron K, Lim S, Rivas V. Relationships, layoffs, and organizational resilience: airline industry responses to September 11[J]. The journal of applied behavioral science, 2006, 42(3): 300 - 329.

[92] Glatter R. Persistent preoccupations: the rise and rise of school autonomy and accountability in England [J]. Educational management administration & leadership, 2012, 40(5): 559 - 575.

[93] Goddard R D, Goddard Y L, Kim E S, Miller R. A theoretical and empirical analysis of the roles of instractional leadership, teacher collaboration, and collective efficacy beliefs in support of student/earning[J]. American joarnal of education, 2015, 121(4): 501 - 530.

[94] Goddard R D, Hoy W K, Hoy A W. Collective efficacy beliefs: theoretical developments, empirical evidence, and future directions [J]. Educational researcher, 2004, 33(3): 3 - 13.

[95] Goddard R, Goddard Y, Kim E S, Miller R. A theoretical and empirical analysis of the roles of instructional leadership, teacher collaboration, and collective efficacy beliefs in support of student learning[J]. American journal of education, 2015, 121(4): 501 - 530.

[96] Goldring E, Cravens X C, Murphy J, Porter A C, Elliott S N, Carson B. The evaluation of principals: what and how do states and urban districts assess leadership? [J]. The elementary school journal, 2009, 110(1): 19 - 39.

[97] Goldring E, Porter A, Murphy J, Elliott S N, Cravens X. Assessing learning-centered leadership: connections to research, professional standards, and current practices[J]. Leadership and policy in schools, 2009, 8(1): 1 - 36.

[98] Goldring E. Assessing learning-centerad leadership: connections to research, professional standards, and current practices [J]. Lendership and policy in schools, 2009, 8(1):1-36.

[99] Graczewski C, Knudson J, Holtzman D J. Instructional leadership in practice: what does it look like, and what influence does it have? [J]. Journal of education for students placed at risk, 2009, 14(1): 72-96.

[100] Graczewski C, Knudson J, Holtzman D J. Instructional leadership in practice: What does it look like, and what influence does it have? [J]. Journal for students placed at risk, 2009, 14(1): 72-96.

[101] Greckhamer T, Furnari S, Fiss P C, Aguilera R V. Studying configurations with qualitative comparative analysis: best practices in strategy and organization research[J]. Strategic organization, 2018, 16(4): 482-495.

[102] Greenfield T. Organizations as social inventions: rethinking assumptions about change[J]. The journal of applied behavioral science, 1973, 9(5): 551-574.

[103] Gugiu P C, Coryn C, Clark R, Kuehn A. Development and evaluation of the short version of the Patient Assessment of Chronic Illness Care instrument[J]. Chronic illness, 2009, 5(4): 268-276.

[104] Hagenaars J A, McCutcheon A L (Eds.). Applied latent class analysis[M]. Cambridge University Press, 2002.

[105] Hahn Y, Wang L C, Yang H S. Does greater school autonomy make a difference? Evidence from a randomized natural experiment in South Korea[J]. Journal of public economics, 2018, 161: 15-30.

[106] Hallinger P, Heck R H. Leadership for learning: does collaborative leadership make a difference in school improvement? [J]. Educational management administration & leadership, 2010, 38(6): 654-678.

[107] Hallinger P, Murphy J. Assessing the instructional management behavior of pricipals[J]. The elementary school journal, 1985, 86(2):217-247.

[108] Hallinger P. Developing instructional leadership[M]//Developing

successful leadership. Dordrecht: Springer, 2010: 61 – 76.

[109] Hallinger P. Instructional leadership and the school principal: a passing fancy that refuses to fade away[J]. Leadership and policy in schools, 2005(4): 221 – 239.

[110] Hallinger P. Leading educational change: reflections on the practice of instructional and transformational leadership[J]. Cambridge journal of education, 2003, 33(3): 329 – 352.

[111] Hallinger P. Reviewing reviews of research in educational leadership: an empirical assessment[J]. Educational administration quarterly, 2014, 50(4): 539 – 576.

[112] Hallinger P. Instructional leadership and the school principal: a passing fancy that refuses to fade away[J]. Leadership and policy in schools, 2005, 4: 221 – 239.

[113] Hanushek E A, Link S, Woessmann L. Does school autonomy make sense everywhere? Panel estimates from PISA[J]. Journal of development economics, 2013, 14: 212 – 232.

[114] Harmon H L, Schafft K. Rural school leadership for collaborative community development[J]. The rural educator, 2009, 30(3): 4 – 9.

[115] Harris A. Distributed leadership and school improvement: leading or misleading? [J]. Educational management administration & leadership, 2004, 32: 11 – 24.

[116] Harrison C, Wachen J, Brown S, Cohen-Vogel L. A view from within: lessons learned from partnering for continuous improvement[J]. Teachers college record, 2019, 121(9): 1 – 38.

[117] Hayton J C, Allen D G, Scarpello V. Factor retention decisions in exploratory factor analysis: a tutorial on parallel analysis[J]. Organizational research methods, 2004, 7(2): 191 – 205.

[118] Heck R H, Hallinger P. Modeling the longitudinal effects of school leadership on teaching and learning[J]. Journal of Educational Administration,

2014, 52(5): 653 – 681.

[119] Heck R H, Hallinger P. Assessing the contribution of distributed leadership to school improvement and growth in math achievement [J]. American educational research journal, 2009, 46(3): 659 – 689.

[120] Heck R H, Larsen T J, Marcoulides G A. Instructional leadership and school achievement: validation of a causal model [J]. Educational administration quarterly, 1990, 26(2): 94 – 125.

[121] Holloway J, Nielsen A, Saltmarsh S. Prescribed distributed leadership in the era of accountability: the experiences of mentor teachers[J]. Educational management administration & leadership, 2018, 46(4): 538 – 555.

[122] Honig M I, Hatch T C. Crafting coherence: how schools strategically manage multiple, external demands[J]. Educational researcher, 2004, 33(8): 16 – 30.

[123] Hooper D, Coughlan J, Mullen M R. Structural equation modelling: guidelines for determining model fit [J]. Electronic journal of business research methods, 2008, 6(1): 53 – 60.

[124] Hubbard L, Datnow A. Design thinking, leadership, and the grammar of schooling: implications for educational change [J]. American journal of education, 2020, 126(4): 499 – 518.

[125] Hubers M D, Schildkamp K, Poortman C L, Pieters J M. The quest for sustained data use: developing organizational routines[J]. Teaching and teacher education, 2017, 67: 509 – 521.

[126] Hulpia H, Devos G, Van Keer H. The influence of distributed leadership on teachers' organizational commitment: a multilevel approach[J]. The journal of educational research, 2009, 103(1): 40 – 52.

[127] Jackson K M, Marriott C. The interaction of principal and teacher instructional influence as a measure of leadership as an organizational quality[J]. Educational administration quarterly, 2010, 48(2): 230 – 258.

[128] Jacob R, Goddard R, Kim M, Miller R, Goddard Y. Exploring the

causal impact of the McREL balanced leadership program on leadership, principal efficacy, instructional climate, educator turnover, and student achievement[J]. Educational evaluation and policy analysis, 2015, 37 (3): 314 -332.

[129] Javernick-Will A N. Organizational learning during internationalization: acquiring local institutional knowledge [J]. Construction management and economics, 2009, 27(8): 783 – 797.

[130] Jung T, Wickrama K A. An introduction to latent class growth analysis and growth mixture modeling[J]. Social and personality psychology compass, 2008, 2(1): 302 – 317.

[131] Kaplan L S, Owings W A. Assistant principals: the case for shared instructional leadership[J]. NASSP bulletin, 1999, 83(610): 80 – 94.

[132] Kavanagh K M, Fisher-Ari T R. Curricular and pedagogical oppression: contradictions within the juggernaut accountability trap [J]. Educational policy, 2020, 34(2): 283 – 311.

[133] Kedro M J. Coherence: when the puzzle is complete[J]. Principal Leadership, 2004, 4(8): 28 – 32.

[134] Ko J, Cheng Y C, Lee T T H. The development of school autonomy and accountability in Hong Kong: multiple changes in governance, work, curriculum, and learning [J]. International journal of educational management, 2016, 30(7): 1207 – 1230.

[135] Krovetz M L, Arriaza G. Collaborative teacher leadership: how teachers can foster equitable schools[M]. Corwin Press, 2006.

[136] Lai K C, Grossman D. Alternate routes in initial teacher education: a critical review of the research and policy implications for Hong Kong[J]. Journal of education for teaching, 2008, 34(4): 261 – 275.

[137] Lambert L. A framework for shared leadership[J]. Educational leadership, 2002, 59(8): 37 – 40.

[138] Lauri T, Põder K. School choice policy: Seeking to balance

educational efficiency and equity. A comparative analysis of 20 European countries[J]. European educational research journal, 2013, 12(4): 534 - 552.

[139] Lee M, Hallinger P, Walker A. A distributed perspective on instructional leadership in International Baccalaureate (IB) schools [J]. Educational administration quarterly, 2012, 48(4): 664 - 698.

[140] Leithwood K A, Poplin M S. The move toward transformational leadership[J]. Educational Leadership, 1992, 49(5): 8 - 12.

[141] Leithwood K, Jantzi D. Transformational school leadership effects: a replication[J]. School effectiveness and school improvement, 1999, 10(4): 451 - 479.

[142] Leithwood K, Jantzi D. Principal and teacher leadership effects: a replication[J]. School leadership and management, 2000, 20(4): 415 - 434.

[143] Leithwood K, Mascall B, Strauss T, Sacks R, Memon N, Yashkina A. Distributing leadership to make schools smarter: taking the ego out of the system[J]. Leadership and policy in schools, 2007, 6(1): 37 - 67.

[144] Leithwood K, Sun J P. The nature and effects of transformational school leadership: a meta-analytic review of unpublished research [J]. Educational administration quarterly, 2012, 48(3): 387 - 423.

[145] Leithwood K. Leadership for school restructuring[J]. Educational administration quarterly, 1994, 30(4): 498 - 518.

[146] Linnenluecke M K. Resilience in business and management research: a review of influential publications and a research agenda [J]. International journal of management reviews, 2015, 19:4 - 30.

[147] Little, J W. Teachers and colleagues[M]//Schools as collaborative cultures: creating the future now: chapter 9. Bristol, PA: The Falmer Press, Taylor and Francis, 1990: 164 - 193.

[148] Litz D, Scott S. Transformational leadership in the educational system of the United Arab Emirates [J]. Educational management administration and leadership, 2017, 45(4): 566 - 587.

[149] Liu Y. Distributed leadership practices and student science performance through the four-path model: examining failure in underprivileged schools[J]. Journal of educational administration, 2021, 59(4): 472 - 492.

[150] Liu Y. Focusing on the practice of distributed leadership: the international evidence from the 2013 TALIS[J]. Educational administration quarterly, 2020, 56(5): 779 - 818.

[151] Lortie D. Schoolteacher: a sociological study[M]. Chicago, IL: University of Chicago Press, 1975.

[152] Louis K S, Marks H M. Does professional community affect the classroom? Teachers' work and student experiences in restructuring schools[J]. American journal of education, 1998, 106(4): 532 - 575.

[153] Louis K S, Robinson V M. External mandates and instructional leadership: principals as mediating agents [J]. Journal of educational administration, 2012, 50(5): 629 - 665.

[154] Lu J, Hallinger P. A mirroring process: from school management team cooperation to teacher collaboration[J]. Leadership and policy in schools, 2018, 17(2): 238 - 263.

[155] Luschei T F, Jeong D W. School governance and student achievement: cross-national evidence from the 2015 PISA[J]. Educational administration quarterly, 2021, 57(3): 331 - 371.

[156] Major M L. How they decide: a case study examining the decision-making process for keeping or cutting music in a K - 12 public school district[J]. Journal of research in music education, 2013, 61(1): 5 - 25.

[157] Marcondes M I, Finholdt Angelo Leite V, Karl Ramos R. Theory, practice and research in initial teacher education in Brazil: challenges and alternatives[J]. European journal of teacher education, 2017, 40 (3): 326 - 341.

[158] Marks H M, Printy S M. Principal leadership and school performance: an integration of transformational and instructional leadership[J]. Educational

administration quarterly, 2003, 39(3): 370 -397.

[159] Marzano R J, Waters T, McNulty B. School leadership that works: from research to results[M]. Aurora, CO: ASCD and McREL, 2005.

[160] Maslowski R, Scheerens J, Luyten H. The effect of school autonomy and school internal decentralization on students' reading literacy[J]. School effectiveness and school improvement, 2007, 18(3): 303 - 334.

[161] McLaughlin M W, Talbert J E. Building professional learning communities in high schools: challenges and promising practices [M]// Professional learning communities: divergence, depth, and dilemmas. McGraw-Hill Education, 2007: 151 - 165.

[162] Merrill C, Daugherty J. STEM education and leadership: a mathematics and science partnership approach [J]. Journal of technology education, 2010, 21(2): 21 - 34.

[163] Meuer J, Fiss P C. Qualitative comparative analysis in business and management research[M/OL]//Oxford research encyclopedia of business and management,2020. https://static1.squarespace.com/static/602e9115cafb1a2421698 5bb/t/6040f232bbcd3b445625c2eb/1614869055459/Meuer+%26+Fiss+ORE+ 2020.pdf.

[164] Meyer A D. Adapting to environmental jolts[J]. Administrative science quarterly, 1982, 27(4): 515 - 537.

[165] Miles K H, Frank S. The strategic school: making the most of people, time, and money[M]. Corwin Press, 2008.

[166] Miller R J, Rowan B. Effects of organic management on student achievement [J]. American educational research journal, 2006, 43 (2): 219 - 253.

[167] Misangyi V F, Greckhamer T, Furnari S, Fiss P C, Crilly D, Aguilera R. Embracing causal complexity: the emergence of a neo-configurational perspective [J]. Journal of management, 2017, 43 (1): 255 - 282.

[168] Mishra P, Koehler M J. Technological pedagogical content knowledge: a framework for teacher knowledge[J]. Teachers college record, 2006, 108(6): 1017 - 54.

[169] Moon J M, Camburn E M, Sebastian J. Streamlining your school: understanding the relationship between instructional program coherence and school performance[J]. School effectiveness and school improvement, 2021: 1 - 20.

[170] Murphy J T. But aren't we extinct?: inhabited reform and instructional visibility in an open space school 40 years later[J]. Teachers college record, 2020, 122(9): 1 - 44.

[171] Murphy J, Vriesenga M, Storey V. Educational Administration Quarterly, 1979—2003: an analysis of types of works, methods of investigation, and influences[J]. Educational administration quarterly, 2007, 43(5): 612 - 628.

[172] Newmann F M, King M B, Youngs P. Professional development that addresses school capacity: lessons from urban elementary schools[J]. American journal of education, 2000, 108(4): 259 - 299.

[173] Newmann F M, Smith B, Allensworth E, Bryk A S. Instructional program coherence: what it is and why it should guide school improvement policy[J]. Educational evaluation and policy analysis, 2001, 23(4): 297 - 321.

[174] Nir A E. Educational centralization as a catalyst for coordination: myth or practice? [J]. Journal of educational administration, 2020, 59(1): 116 - 131.

[175] Nylund K L, Asparouhov T, Muthén B O. Deciding on the number of classes in latent class analysis and growth mixture modeling: a Monte Carlo simulation study[J]. Structural equation modeling: a multidisciplinary journal, 2007, 14(4): 535 - 569.

[176] OECD. Supporting Teacher Professionalism: Insights from TALIS 2013[R]. TALIS, OECD Publishing, Paris. DOI: 10.1787/9789264248601 -

en, 2016.

[177] Ogawa R T, Bossert S T. Leadership as an organizational property[J]. Educational administration quarterly, 1995, 31: 224 - 243.

[178] Oplatka I. Fifty years of publication: pondering the legacies of the Journal of Educational Administration[J]. Journal of educational administration, 2012, 50(1): 34 - 56.

[179] Oxley D. Creating instructional program coherence[J]. Principal's research review, 2008, 3(5): 1 -7.

[180] Paletta A. Improving students' learning through school autonomy: evidence from the international civic and citizenship survey[J]. Journal of school choice, 2014, 8(3): 381 - 409.

[181] Pan H W, Nyeu F Y, Chen J S. Principal instructional leadership in Taiwan: lessons from two decades of research[J]. Journal of educational administration, 2015, 53(4): 492 - 511.

[182] Park V, Datnow A. Co-constructing distributed leadership: district and school connections in data-driven decision-making[J]. School leadership and management, 2009, 29(5): 477 - 494.

[183] Parkhouse H, Massaro V R, Cuba M J, Waters C N. Teachers' efforts to support undocumented students within ambiguous policy contexts[J]. Harvard educational review, 2020, 90(4): 525 - 549.

[184] Peli G. Fit by founding, fit by adaptation: reconciling conflicting organization theories with logical formalization[J]. Academy of management review, 2009, 34(2): 343 - 360.

[185] Pennsylvania Department of Education. Framework for leadership: types of evidence[R/OL]. (2014). http://www.education.pa.gov/Documents/Teachers-Administrators/Educator％ 20Effectiveness/Principals％ 20and％ 20CTC％20Directors/General％20 -％20Framework％20for％20Leadership％ 20Evidence％20List.pdf.

[186] Peurach D J, Yurkofsky M M, Sutherland D H. Organizing and

managing for excellence and equity: The work and dilemmas of instructionally focused education systems[J]. Educational policy, 2019, 33(6): 812 - 845.

[187] Price H E, Weatherby K. The global teaching profession: how treating teachers as knowledge workers improves the esteem of the teaching profession[J]. School effectiveness and school improvement, 2018, 29(1): 113 - 149.

[188] Printy S M, Liu Y. Distributed leadership globally: the interactive nature of principal and teacher leadership in 32 countries[J]. Educational administration quarterly, 2021,57(2): 290 - 325.

[189] Printy S M, Marks H M, Bowers A J. Integrated leadership: how principals and teachers share instructional influence[J]. Journal of school leadership, 2009, 19(5): 504 - 532.

[190] Printy S M, Marks H M. Shared leadership for teacher and student learning[J]. Theory into practice, 2006, 45(2): 125 - 132.

[191] Qadach M, Schechter C, Da'as R. From principals to teachers to students: exploring an integrative model for predicting students' achievements[J]. Educational administration quarterly, 2020, 56(5): 736 - 778.

[192] Ragin C C. Redesigning social inquiry: fuzzy sets and beyond[M]. University of Chicago Press, 2008.

[193] Ragin C C. Set relations in social research: evaluating their consistency and coverage[J]. Political analysis, 2006, 14(3): 291 - 310.

[194] Raudenbush S W, Bryk A S. Hierarchical linear models (2nd edition)[M]. Newbury Park: Sage, 2002.

[195] Ridge N. Teacher quality, gender and nationality in the United Arab Emirates: a crisis for boys[R/OL]. (2010). Dubai School of Government, Dubai. https://www. researchgate. net/profile/Natasha-Ridge/publication/ 275603715_Teacher_Quality_Gender_and_Nationality_in_the_United_Arab_ Emirates _ A _ Crisis _ for _ Boys/links/55407a240cf2320416ed071d/Teacher-Quality-Gender-and-Nationality-in-the-United-Arab-Emirates-A-Crisis-for-Boys.pdf.

［196］Rihoux B, Ragin C C. Configurational comparative methods: qualitative comparative analysis (QCA) and related techniques［M］. Sage Publications, 2009.

［197］Robinson V M, Lloyd C A, Rowe K J. The impact of leadership on student outcomes: an analysis of the differential effects of leadership types［J］. Educational administration quarterly, 2008, 44(5): 635 – 674.

［198］Rogelberg S G, Luong A, Sederburg, M E, Cristol D S. Employee attitude surveys: examining the attitudes of noncompliant employees［J］. Journal of applied psychology, 2000, 85(2): 284 – 293.

［199］Rogelberg S G, Stanton J M. Understanding and dealing with organizational survey non-response［J］. Organizational research methods, 2007, 10: 195 – 209.

［200］Rosenholtz S J, Kyle S J. Teacher isolation: barrier to professionalism［J］. American educator, Winter, 1984: 10 – 15.

［201］Sanders M G, Harvey A. Beyond the school walls: a case study of principal leadership for school-community collaboration［J］. Teachers college record, 2002, 104(7): 1345 – 1368.

［202］Schechter C, Asher N. Principals' sense of uncertainty and organizational learning mechanisms［J］. International journal of educational management, 2012, 26: 138 – 152.

［203］Schechter C. Learning mechanisms in schools: conceptualization and empirical evidence［J］. Educational theory and practice, 2007, 29: 47 – 59.

［204］Schechter C. Organizational learning mechanisms: its meaning, measure, and implications for school improvement［J］. Educational administration quarterly, 2008, 44: 155 – 186.

［205］Schneider C, Wagemann C. Set-theoretic methods for the social sciences: a guide to qualitative comparative analysis［M］. Cambridge UK: Cambridge University Press, 2012.

［206］Sebastian J, Allensworth E, Wiedermann W, Hochbein C,

Cunningham M. Principal leadership and school performance: an examination of instructional leadership and organizational management[J]. Leadership and policy in schools, 2019, 18(4): 591 – 613.

[207] Shulman L S. Knowledge and teaching: foundations of the new reform[J]. Harvard Educational Review, 1987, 57(1): 1 – 22.

[208] Simons M, Kelchtermans G. Teacher professionalism in Flemish policy on teacher education: a critical analysis of the Decree on teacher education (2006) in Flanders, Belgium[J]. Teachers and teaching, 2008, 14 (4): 283 – 294.

[209] Smith B. Leadership for "The all of it": formalizing teacher-leader networks[J]. Teachers College Record, 2019, 121(3): 1 – 44.

[210] Spillane J P, Halverson R, Diamond J B. Investigating school leadership practice: a distributed perspective[J]. Educational researcher, 2001, 30(3): 23 – 28.

[211] Spillane J P. Distributed leadership [M]. San Francisco, CA: Jossey-Bass, 2006.

[212] Steensma H K. Acquiring technological competencies through inter-organizational collaboration: an organizational learning perspective[J]. Journal of engineering and technology management, 1996, 12(4): 267 – 286.

[213] Steinberg M P. Does greater autonomy improve school performance? Evidence from a regression discontinuity analysis in Chicago[J]. Education finance and policy, 2014, 9(1): 1 – 35.

[214] Stone D A. Policy paradox: the art of political decision making[M]. New York: W. W. Norton & Company, Inc, 2012: 11 – 15, 55, 82, 297, 274, 287 – 288.

[215] Stosich E L. Principals and teachers "craft coherence" among accountability policies[J]. Journal of educational administration, 2018, 56(2).

[216] Superfine B M, Gottlieb J J, Smylie M A. The expanding federal role in teacher workforce policy[J]. Educational Policy, 2012, 26(1): 58 – 78.

[217] Tabachnick B G, Fidell L S. Using multivariate statistics (6th ed.)[M]. Upper Saddle River, NJ: Pearson, 2013.

[218] Talbert J E. Professional learning communities at the crossroads: how systems hinder or engender change[M]//Second international handbook of educational change. Springer international handbooks of education, 2010 (23). Springer, Dordrecht.

[219] Tan C Y, Gao L, Shi M. Second-order meta-analysis synthesizing the evidence on associations between school leadership and different school outcomes[J]. Educational management administration & leadership, 2022, 50(3): 469 - 490.

[220] Tan C Y. Examining school leadership effects on student achievement: the role of contextual challenges and constraints[J]. Cambridge journal of education, 2018, 48(1): 21 - 45.

[221] Teh B R, Chiang H, Lipscomb S, et al. Measuring school leaders' effectiveness: an interim report from a multiyear pilot of Pennsylvania's framework for leadership[R/OL]. (2014). https://ies.ed.gov/ncee/edlabs/regions/midatlantic/pdf/REL_2015058.pdf.

[222] Todd L D, Cunningham W A, Shahar G. To parcel or not to parcel: exploring the question, weighing the merits[J]. Structural equation modeling, 2002, 9(2): 151 - 173.

[223] Toots A, Lauri T. Institutional and contextual factors of quality in civic and citizenship education: exploring possibilities of qualitative comparative analysis[J]. Comparative education, 2015, 51(2): 247 - 275.

[224] Urick A, Bowers A J. What are the different types of principals across the United States? A latent class analysis of principal perception of leadership[J]. Educational administration quarterly, 2014, 50(1): 96 - 134.

[225] Urick A, Liu Y, Ford T G, Wilson A S P. Does instructional leadership mediate effects of student home resources on opportunity to learn and math reasoning skills? A cross-national comparison of 4th grade students [J].

International journal of leadership in education, 2019, 24(6): 876 - 914.

[226] Urick A. Examining US principal perception of multiple leadership styles used to practice shared instructional leadership[J]. Journal of educational administration, 2016, 54(2): 152 - 172.

[227] Van Mieghem A, Verschueren K, Donche V, Struyf E. Leadership as a lever for inclusive education in Flanders: a multiple case study using qualitative comparative analysis[J]. Educational management administration & leadership, 2020.

[228] Vanderlinde R, Dexter S, van Braak J. School-based ICT policy plans in primary education: elements, typologies and underlying processes[J]. British journal of educational technology, 2012, 43(3): 505 - 519.

[229] Vangrieken K, Meredith C, Packer T, Kyndt E. Teacher communities as a context for professional development: a systematic review[J]. Teaching and teacher education, 2017, 61: 47 - 59.

[230] Vašutová J, Spilková V. Teacher education in Czech Republic[M]// European Dimensions of Teacher Education—Similarities and Differences, 2011: 193 - 224.

[231] Villani A, de Almeida Pacca J L, de Freitas D. Science teacher education in Brazil: 1950—2000[J]. Science and education, 2009, 18(1): 125 - 148.

[232] Virginia Department of Education. Principal evaluation training materials[R/OL]. (2012). http://doe. virginia. gov/teaching/performance _ evaluation/principal/training/index. shtml.

[233] Wahlstrom K L, Louis K S. How teachers experience principal leadership: the roles of professional community, trust, efficacy, and shared responsibility [J]. Educational administration quarterly, 2008, 44 (4): 458 - 495.

[234] Wang Y, Bowers A J, Fikis D J. Automated text data mining analysis of five decades of educational leadership research literature:

probabilistic topic modeling of EAQ articles from 1965 to 2014[J]. Educational administration quarterly. 2017, 53(2): 289 - 323.

[235] Wayman J C. Involving teachers in data-driven decision making: using computer data systems to support teacher inquiry and reflection[J]. Journal of education for students placed at risk, 2005, 10(3): 295 - 308.

[236] Williams T A. Organizational response to adversity: fusing crisis management and resilience research streams[J]. Academy of management annals, 2017, 11(2): 733 - 769.

[237] Wohlstetter P, Datnow A, Park V. Creating a system for data-driven decision-making: applying the principal-agent framework[J]. School effectiveness and school improvement, 2008, 19(3): 239 -259.

[238] Woodside A G. Embrace perform model: complexity theory, contrarian case analysis, and multiple realities [J]. Journal of business research, 2014, 67(12): 2495 - 2503.

[239] Woulfin S L, Rigby J G. Coaching for coherence: how instructional coaches lead change in the evaluation era[J]. Educational researcher, 2017, 46(6):323 - 328.

[240] Yoon I H, Barton A. Turnaround leaders' shifting gears in chronos and kairos time[J]. Journal of educational administration, 2019, 57 (6): 690 - 707.

[241] Yost D S, Vogel R, Rosenberg M D. Transitioning from teacher to instructional leader[J]. Middle school journal, 2009, 40(3): 20 - 27.

[242] Youngs P, King M B. Principal leadership for professional development to build school capacity[J]. Educational administration quarterly, 2002, 38(5): 643 - 670.

[243] Youngs P, Holdgreve-Resendez R T, Qian H. The role of instructional program coherence in beginning elementary teachers' induction experiences[J]. The elementary school journal, 2011, 111(3): 455 - 476.

[244] Yuan Y C. Multiple imputation for missing data: concepts and new

development[C/OL]. In Proceedings of the twenty-fifth annual SAS user's group international conference, SUGI, April 2000. Rockville, MD: SAS Institute Inc. https://support.sas.com/rnd/app/stat/papers/multipleimputation.pdf.

[245] Zeichner K. Competition, economic rationalization, increased surveillance, and attackson diversity: neo-liberalism and the transformation of teacher education in the US[J]. Teaching and teacher education, 2010, 26(8): 1544 - 1552.

[246] Zhan X, Anthony A B, Goddard R, Beard K S. Development, factorstructure, and reliability of the Shared Instructional Leadership Scalein public secondary schools [J]. Educational management administration & leadership, 2023, 51(1): 75 - 94.

[247] Žogla I. Pedagoúģija and educational sciences: competing traditions in the study of education[M]//Knowledge and the study of education: an international exploration. Oxford, UK: Symposium Books Ltd, 2017: 101 - 122.

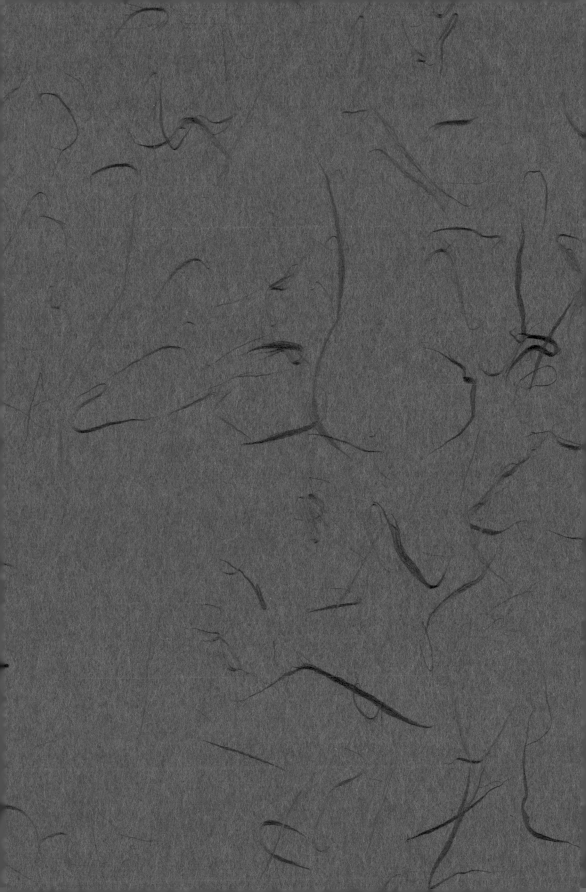